Latinitas in the Slavonic world

SPECIMINA PHILOLOGIAE SLAVICAE

Herausgegeben von
Holger Kuße
und Peter Kosta, Beatrix Kreß, Franz Schindler,
Barbara Sonnenhauser, Nadine Thielemann

BAND 192

Latinitas in the Slavonic world

Nine case studies

Edited by
Vittorio Springfield Tomelleri and
Inna Veniaminovna Verner

In collaboration with Anna Lukianowicz

Bibliografische Information der Deutschen Nationalbibliothek
Die Deutsche Nationalbibliothek verzeichnet diese Publikation
in der Deutschen Nationalbibliografie; detaillierte bibliografische
Daten sind im Internet über http://dnb.d-nb.de abrufbar.

Gedruckt auf alterungsbeständigem, säurefreiem Papier.
Druck und Bindung: CPI buch bücher.de GmbH, Birkach

ISSN 0170-1320
ISBN 978-3-631-73750-7 (Print)
E-ISBN 978-3-631-73751-4 (E-Book)
E-ISBN 978-3-631-73752-1 (EPUB)
E-ISBN 978-3-631-73753-8 (MOBI)
DOI 10.3726/b12285

© Peter Lang GmbH
Internationaler Verlag der Wissenschaften
Berlin 2018

Alle Rechte vorbehalten.

Peter Lang – Berlin · Bern · Bruxelles ·
New York · Oxford · Warszawa · Wien

Das Werk einschließlich aller seiner Teile ist urheberrechtlich geschützt.
Jede Verwertung außerhalb der engen Grenzen des Urheberrechtsgesetzes ist ohne
Zustimmung des Verlages unzulässig und strafbar. Das gilt insbesondere für
Vervielfältigungen, Übersetzungen, Mikroverfilmungen und die Einspeicherung und
Verarbeitung in elektronischen Systemen.

Diese Publikation wurde begutachtet.
www.peterlang.com

Editors' note

The contributions to the present volume are only partially based on papers delivered at the Humboldt-Kolleg *"The commented Psalter by Bruno of Würzburg. Latinitas in the Slavic world"* (Macerata, 22-23 September 2014, http://studiumanistici.unimc.it/en/research/conferences/humboldt-kolleg-macerata-2014). Therefore, its slightly different title can hardly be considered as an instance of the current usual and disputable habit of publishing proceedings of conferences or symposia in a somehow covert way for evaluation purposes.

This quite un- and anti-usual *exordium* requires some preliminary explanations. In 2014 the former Faculty of Letters and Philosophy of Macerata State University commemorated its fiftieth anniversary of education and research in the field of Humanities. By an irony of fate, at that time the celebrated institution no longer existed, as the university reform had cancelled the "old-fashioned" faculties, substituting them with the "modern" departments.

This nominal rather than substantial change had, as a consequence, that the Humboldt-Kolleg planned for that occasion – the first held in Macerata and at the same time the first in Italy on Slavonic philology – was eventually hosted at the Department of Humanities, which accorded a generous grant for the publication of the volume and the excursion to Loreto and Urbisaglia. The munificent financial support of the Alexander von Humboldt-Foundation, which deserves a sincere word of gratitude here, made possible the organisation and successful realisation of the event, which took place in a very peaceful and pleasant working atmosphere.

The aim of this workshop was to examine the contribution of *Latinitas* to the linguistic, theological and cultural development of the Slavonic world.

The starting point was supposed to be a concrete and particularly representative text, i.e. the Church Slavonic translation of the commented Psalter (*Expositio Psalmorum*) by Bruno, Bishop of Würzburg.

Unfortunately, half of the originally invited speakers, for different reasons, were unable to attend the meeting; moreover, half of the delivered talks were actually not submitted for publication. In spite of this, the original plan of the conference could be somehow preserved thanks to some colleagues and friends who kindly accepted to thematically enrich the already existing but quantitatively reduced kernel. We therefore would like to extend our thanks to all the contributors for their precious collaboration and remarkable patience.

In line with the requirements of the Alexander von Humboldt-Foundation the workshop hosted some young scholars, and we are very pleased to include their contributions here. The nine papers, written in Czech (3), English (1), German (1), Italian (1) and Russian (3), examine, from different perspectives, the cultural and linguistic relationship between Latin and (Church) Slavonic from the prehistoric period until the end of the Middle Ages, offering interesting material and providing fresh insights for comparison with other linguistic areas, epochs or textual traditions. Notwithstanding the different approaches used, all the papers collected in this volume share an empirical character: they actually present first-hand insights, refreshing ideas and hitherto unknown or unexplored material. They are not only about linguistic and textual contacts, but also contain, just through these contacts, the analysis of theological and philological ideas, which acted as a stimulus for further cultural development, independently of the sympathetic or hostile reception they received among Slavs.

Salvatore del Gaudio (*On Christian Latinisms in Old Church Slavonic*), building on his previous work on the linguistic contacts between Latin and Slavonic, provides a new interpretation of some Latin borrowings attested in Old Church Slavonic; his analysis rests upon the assumption that the linguistic and cultural contact between Latin and Slavonic speakers could have been much older than the Christian missions, which introduced the Slavs into history.

Miroslav Vepřek (*Towards the translation parallel of Latin omnipotens and Church Slavonic vьsedrъžitelь*) tackles the analysis of two translation equivalent pairs: Latin *omnipotens* - Old Church Slavonic вьсємогꙑи and Greek παντοκράτωρ - Old Church Slavonic вьседръжитєлъ. Trying to disentangle the intricate web of (inter)textual connections in some Old Church Slavonic translations, he shows how in Church Slavonic texts of Western (Czech) origin, where the Latin influence obviously made itself more noticeable, this lexical correspondence does not always hold true, as one can also find the Slavonic lexeme вьседръжитєлъ for Latin *omnipotens*. This lexical variation could be due to intensive contacts, in different directions, over the whole area of the diffusion of Church Slavonic.

Church Slavonic-Latin-Greek intertextual crossroads are also examined by **Jana Kuběnová** (*On the translation of Latin relative and final clauses in the Homilies of Gregory the Great*). A detailed syntactic analysis of relative and final clauses in another text of Czech provenance allows her to recognise and properly describe the intriguing interplay of translation from Latin and the textual tradition, i.e. the influence exerted by the already existing Old Church Slavonic Gospel text not only at the level of linguistic reproduction but also of later reception and adaptation.

The object of inquiry in **Kateřina Spurná**'s paper (*The second Church Slavonic Vita of Saint Wenceslas*) belongs to the same chronological frame. In a similar vein, the author devotes herself to a thorough linguistic analysis of a hagiographic text at all levels, showing the negative impact exerted by the often obscure Latin model upon the quality of the Slavonic translation.

A chronological jump of some centuries, together with a geographical displacement towards the North-East of the *Slavia*, introduces us to the next two papers, dealing with the newly translated literature, which originated at the court of Gennady, Archbishop of Novgorod the Great.

The paper by **Natal'ja Aleksandrovna Zjablicyna** (*Mistranslations in the Church Slavonic translation of the treatises "Rationes breves magni rabi Samuelis" and "Probatio adventus Christi"*) develops and discusses a typology of errors and mistranslations, as they occur in two polemical treatises against Jews. She distinguishes between textual errors, connected with the reception of the Latin original or the transmission of the Slavonic translation, and properly linguistic errors, where one can more closely observe the translation technique adopted by members of Gennady's circle.

With respect to the task of comparing the Slavonic translation with its Latin original, the importance of bilingual editions is practically pointed out by **Vittorio Springfield Tomelleri** (*The Confession of Faith by the Pseudo-Athanasius of Alexandria in the Church Slavonic translation of Dmitry Gerasimov*). His interlinear edition, based on all extant manuscripts of the Slavonic translation of the Athanasian Creed (*Quicumque*), can be seen as a reminder of the fundamental role that text editions still have in our discipline.

Latin can also be considered a really missing link between Greek and Church Slavonic in the translation device used by Maxim the Greek in Moscovite Rus' (first half of the sixteenth century). As is well known, Maxim rendered the Greek Psalter text into Latin, then his collaborators dictated their Slavonic translation to the scribes.

Maxim's translation of the Psalms is the focal point of **Catherine Mary MacRobert** (*Maksim Grek in linguistic context*), who examines the lexical and grammatical variation and attempts to place Maxim's translation into the broad and extremely complex textual transmission of the Slavonic Psalter.

Her analysis of nominalized infinitives demonstrates that the Slavonic text displays several commonalities with the fifth Psalter redaction (as documented in Gennady's Bible), circulating in East Slavonic lands and very well known to Maxim's Russian collaborators.

Maxim is rightly considered a prominent representative of Russian culture; his tremendous contribution to the Church Slavonic tradition cannot be overestimated. Yet, there are still many facets of his extraordinary activity to be revealed. **Inna Veniaminovna Verner** (*Loci communes in the European humanistic tradition: the correction of Biblical texts by Erasmus of Rotterdam and Maximus the Greek*) makes an important step in this direction: she undertakes a careful typological comparison between Maxim and Erasmus of Rotterdam, detecting the strong influence of Renaissance models on Maxim the Greek's translation of the Psalters.

The paper by **Elias Bounatirou** (*On the concept of error, based on the analysis of the "Novyj Margarit" by A. M. Kurbskij. The problem of the evaluation of linguistic correctness in historical Slavic texts*) provides an analysis of A. M. Kurbsky's *Novy Margarit*. Moving from the observation that there is a strong tendency to consider wrong every morpho-syntactic or lexical deviation from an alleged (Old) Church Slavonic "norm", he suggests that the multiple occurrence, in the same or in different texts, of a given anomalous phenomenon provides evidence of the fact that the anomaly does not really represent a mistake. The author offers an impressive range of noteworthy thoughts about the general problem of how to linguistically evaluate a translation.

The nine articles here too shortly presented are to be seen as independent contributions to the study of the fascinating history of the cultural contact between Latin and Church Slavonic; thus they share a lot of common elements at all levels. We sincerely hope that they will represent for the interested reader(s) a useful starting point for further reflections and research work.

Finally, we are deeply grateful to Prof. Dr. Holger Kuße for accepting to publish this collection of papers in the series "Specimina Philologiae Slavicae", bearing in its Latin name all the relevant topics involved in the volume.

Macerata – Moscow, August 2016   The editors

Content

Editors' note   5

Salvatore del Gaudio
Sui latinismi cristiani in paleoslavo   11-35

Miroslav Vepřek
K překladové paralele lat. *omnipotens* a stsl. vьsedrъžitelь   37-47

Jana Kuběnová
K překladu latinských vedlejších vět vztažných
a účelových v Besědách Řehoře Velikého   49-61

Kateřina Spurná
Druhá církevněslovanská legenda o sv. Václavu   63-81

Наталья Александровна Зяблицына
Переводческие ошибки в трактатах "Учителя Самуила
обличение" и "Доказательство пришествия Христа"   83-111

Витторио Спрингфильд Томеллери
"Исповедание веры" Псевдоафанасия Александрийского
(*Symbolum Athanasii*) в церковнославянском переводе
Дмитрия Герасимова. Введение   113-135
Интерлинеарное издание   137-171

Catherine Mary MacRobert
Maksim Grek in linguistic context   173-205

Инна Вениаминовна Вернер
Loci communes европейской гуманистической филологии:
справа библейских текстов Эразма Роттердамского и
Максима Грека   207-235

Elias Bounatirou
Zum Konzept ‚Fehler' am Beispiel der Analyse des „Novyj
Margarit" des A. M. Kurbskij. Die Frage der Bewertung
sprachlicher Richtigkeit in historischen slavischen Texten   237-280

Salvatore Del Gaudio

Sui latinismi cristiani in paleoslavo

Abstract: On Christian Latinisms in Old Church Slavonic
Old Church Slavonic (OCS) was codified with the intention of spreading Christianity among the Slavs; thus, the study of Christian terminology is of fundamental importance. There are many words of Judaic-Christian origin that the lexicon of OCS borrowed, either directly or indirectly, from ancient languages such as Hebrew, Greek, and Latin
This article intends to build on previous research dedicated to the problem of early Latin-Slavic language contacts and focuses on the way in which a small number of Latin loan-words, specifically related to the Christian Lexis, entered OCS texts.
After a characterization of the OCS lexicon and of the Latin lexical component in this liturgical language, the article contextualizes extra linguistic factors which determined the contacts. For illustrative purposes, an etymological analysis of select Latin lexemes follows. A discussion of controversial issues related to the area of provenance for specific Latinisms concludes the contribution.

Keywords: Latin loan-words, Old Church Slavonic, Language contacts, Christian terminology

Considerazioni preliminari

Lo studio della terminologia[1] di matrice cristiana è fondamentale per una lingua come lo slavo ecclesiastico antico, o paleoslavo, codificata allo scopo di evangelizzare gli Slavi già convertiti al cristianesimo. Sono notoriamente numerosi i lessemi, relativi alla sfera religiosa di origine giudaico-cristiana, mutuati dalle lingue dell'antichità (ebraico, greco e latino). Altrettanto evidente è il fatto che tra le lingue donatrici prevalga il greco, nella sua varietà media e/o bizantina, da cui è stata ricavata la gran parte dei modelli stilistico-grammaticali e lessico-derivazionali di riferimento. Tuttavia, come già osservato in passato, l'influsso latino, nel suo complesso, non è affatto trascurabile.

A nostro avviso, inoltre, i prestiti latini riguardanti la sfera religiosa e, in particolare, la tematica cristiana, sono stati oggetto di trattazioni incomplete. Pertanto la parte centrale del presente articolo sarà dedicata all'analisi etimologi-

---

[1] Anche se attualmente con "terminologia" ci si riferisce, in varie tradizioni linguistiche (come, per es., in area slava orientale), a un settore specifico e ormai autonomo della lessicologia, ossia a quello relativo ai termini che riguardano prevalentemente la sfera tecnico-scientifica, nel presente lavoro la parola indica una serie di termini appartenenti a un dominio linguistico particolare, quello religioso.

co-linguistica dei termini latini, numericamente non abbondanti, che designano concetti cristiani; al riguardo verranno formulate alcune ipotesi circa i modi e le rispettive aree di provenienza. A tal fine sarà opportuno in primo luogo caratterizzare e contestualizzare la componente non autoctona del lessico paleoslavo, con particolare riferimento al ruolo dei prestiti latini (§ 1.). Seguirà, quindi, una disamina dei principali fattori extra-linguistici che hanno determinato i modi di penetrazione dei latinismi nel lessico slavo ecclesiastico antico in seguito a contatti diretti o mediati da altre lingue dell'era volgare (§ 2.).

1. Componente non autoctona del lessico paleoslavo

Nei manoscritti che formano il canone paleoslavo – qui inteso nella sua accezione ristretta (cfr. rus. *uzkij kanon*), così come è rappresentata dall'edizione russa del dizionario di paleoslavo (SSL 1994), si contano circa 10.000 unità lessicali. Secondo Cejtlin (1977: 31), nei 17 documenti di provenienza antico bulgara sono attestate 9616 parole; a queste va aggiunta una cinquantina di lessemi contenuti nei Fogli di Kiev e nei Frammenti di Praga, di provenienza morava. Bisogna inoltre tener conto di altre parole, attestate in documenti la cui appartenenza al canone paleoslavo è controversa.

Dei 9616 lessemi considerati da Cejtlin, 7838 sarebbero slavi (Cejtlin 1977: 27). Di conseguenza, 1778, cioè meno del 20% del patrimonio lessicale, sarebbero stati presi in prestito da altre lingue. A questo repertorio bisogna aggiungere un numero indefinito di parole che non sono state registrate né nel canone strettamente paleoslavo, né tantomeno in quei testi che non fanno parte del *corpus* ristretto, ma che dovevano essere oralmente diffuse tra i parlanti dei dialetti protoslavi che costituivano la base del paleoslavo. È, dunque, plausibile ipotizzare l'esistenza di lessemi, nel nostro caso specifico di derivazione latina, in documenti non pervenutici.[2]

La relazione occorrente tra campi semantici e tematiche di riferimento contribuisce parimenti alla comprensione delle caratteristiche e delle ricorrenze lessicali paleoslave. La tematica religiosa è quella più ampiamente rappresentata, quindi termini relativi a questa sfera semantica, quali Богъ, Господь, ангелъ, ricorrono frequentemente a livello sia intratestuale che intertestuale. Seguono poi dei sottocampi legati al medesimo ambito, come ad esempio le denomina-

---

[2] A sostegno di questa ipotesi si potrebbe addurre la presenza di unità lessicali che ricorrono in un solo manoscritto (*hapax legomena*), quali, ad esempio, i sostantivi баба (As), гость (Supr), жаль (Mar) ecc. (Cejtlin 1977: 35-37).

zioni delle istituzioni (црькы); inoltre, tutta una serie di parole, in particolare verbi, si riferisce all'attività discorsiva e alla comunicazione tra l'uomo e la divinità.

Come fatto correttamente osservare da Suprun (1991: 38 = Suprun 2013: 188), un altro aspetto su cui gli studiosi del lessico paleoslavo, a cominciare da Jagić, hanno concentrato la loro attenzione, è la questione della variabilità lessicale, vale a dire l'uso di una o più parole e sinonimi slavi per rendere il medesimo termine, presumibilmente di origine greca. La monografia di L'vov (1966) dedica ampio spazio allo studio e al confronto di tali doppioni; sono indubbiamente plausibili le conclusioni cui giunge lo studioso, ovvero che il fenomeno della variazione lessicale sarebbe legato al luogo, al periodo e, aggiungiamo noi, all'orientamento culturale dello scrittorio in cui i manoscritti furono esemplati.

Secondo un'interpretazione ampiamente condivisa, il lessico slavo ecclesiastico antico, da un punto di vista etimologico, sarebbe per quattro quinti di origine slava. Si tratterebbe di parole ereditate dalla fase anteriore (protoslavo), oppure di forme da esse derivate e basate su tali formanti in ambito slavo ecclesiastico antico. Il dizionario di Sadnik e Aitzetmüller (1955) riporta 1180 gruppi di parole contenenti radici protoslave, la maggioranza delle quali sarebbe di origine indoeuropea; solo una parte minore avrebbe un etimo incerto. Di queste radici, circa 60 rappresenterebbero prestiti antichi, di cui un terzo, per esempio хлѣбъ, лихва, пѣнѧзь, sarebbe di origine germanica (protogermanico, gotico, antico alto tedesco); in numero considerevolmente minore i prestiti risalgono ad altre lingue e varietà da queste derivate, quali greco, latino, balcano-romanzo e altre lingue dell'area mediterranea (Suprun 1991: 39 = Suprun 2013: 190). Al greco è attribuita una decina di prestiti antichi, tra cui корабль, коуниа, порода, рака, собота; al latino sette, ovvero баниа, крамола, мата, оцьтъ, олътарь, поганъ, скриниа; ancor meno, infine, al balcano-romanzo e alle lingue dell'area mediterranea: клеврътръ, олѣи, вино, жидовинъ.[3]

---

[3] Notiamo che in alcuni manuali di paleoslavo, e talvolta perfino in monografie pubblicata in paesi slavi orientali, si tende a fare confusione fra latinismi e grecismi, assimilando i primi ai secondi e viceversa. A quanto ci risulta, nomi propri quali Аетии (lat. *Aetius*), toponimi Далматии (*Dalmatia*), denominazioni di mesi quali априль, декабръ, unità di moneta come динарь, sono latinismi, almeno in origine, e non grecismi (Suprun 1991: 40 = Suprun 2013: 191-192).

Concordiamo con la *communis opinio* della comunità scientifica, secondo la quale il greco, nella sua fase media o bizantina, abbia funto da modello di riferimento in ambito morfosintattico, stilistico e lessicale. Sicuramente non va sottovalutata la centralità del greco quale lingua tramite di prestiti dalle lingue semitiche (ebraico e aramaico), dal latino e da altre lingue della fascia mediterranea e medio-orientale; secondo un calcolo a campione, i grecismi e i prestiti filtrati dal greco ammonterebbero a circa il 5% di un testo (Cejtlin 1977: 27). Tuttavia ridurre il ruolo dei latinismi, in particolare quelli designanti concetti cristiani, a dei prestiti sporadici, e fissare cronologicamente il loro ingresso prevalentemente al periodo della missione morava, accomunandoli a tal guisa a una parte dei germanismi, ci pare una semplificazione eccessiva. Ribadiamo, pertanto, la tesi già espressa altrove: nei testi slavo ecclesiastici antichi, oltre ai grecismi veri e propri, sono presenti alcune decine di prestiti latini e/o greco-latini risalenti al periodo protoslavo, vale a dire prima della creazione della scrittura slava (Del Gaudio 2013: 64-69; 2014: 70-72). Queste parole erano già penetrate nelle varie parlate slave da cui attinsero i creatori della prima lingua liturgico-letteraria degli slavi.

Entrate a far parte dell'uso reale delle popolazioni slave indipendentemente dai limiti imposti da una tematica strettamente religiosa, esse rappresenterebbero, secondo alcune stime, meno dell'1% del lessico paleoslavo (Suprun 1991: 40 = Suprun 2013: 192). In base ai calcoli effettuati da chi scrive, la percentuale dei latinismi, tenuto conto delle forme dirette, di quelle derivate e di qualche inevitabile approssimazione, si attesterebbe intorno all'1,2% del lessico paleoslavo (Del Gaudio 2014a: 83).[4] Siffatta stima si fonda sul numero di voci complessive contenute nel già menzionato dizionario del paleoslavo (SSL 1994), che registra, a sua volta, il materiale lessicale contenuto nei manoscritti appartenenti al cosiddetto canone ristretto.

Se si postula, tuttavia, che il lessico di qualsiasi lingua rappresenta, a differenza della fonetica e della morfologia, un sistema più aperto, se ne deduce che il suo studio richiede una quantità e una multiformità di testi non sempre disponibili nella tradizione paleoslava, anche perché, come già sottolineato, numerosi testi non sono giunti fino a noi. Inoltre, se si prescinde dalle manipolazioni e interpolazioni successive, i testi pervenutici e le tematiche di fondo ivi

---

[4] I latinismi del canone paleoslavo riguardano i seguenti campi semantici: antroponimi, denominazioni dei mesi, toponimi, etnonimi, sostantivi che indicano *realia* tipici del mondo romano, forme derivate e aggettivi.

trattate afferiscono tutti alla medesima sfera comunicativa. Questo comporta una conseguente omogeneità dei campi semantico-lessicali e una ripetitività, più o meno costante, della terminologia specifica. Costituiscono, ovviamente, eccezione gli hapax e la sinonimia slavizzata di alcuni prestiti originari, ad esempio кєнтоүриоиъ vs сотникъ.
Si può, dunque, affermare, senza tema di eccessive generalizzazioni, che nessun manoscritto risalente al X-XI secolo contiene tutto il lessico oralmente in uso tra il periodo proto-slavo e quello paleoslavo.

2. Latinismi lessicali: excursus extra-linguistico

Se non si tiene debito conto del quadro complessivo dei fattori extra-linguistici che determinarono il contatto tra latino e altre lingue della tarda antichità e del primo medioevo, tra cui il paleoslavo, è difficile proporre un'interpretazione esaustiva della quantità e dei modi di penetrazione dell'elemento latino in quest'ultimo. I criteri intralinguistici, soprattutto quelli di impianto linguistico-comparativo, tipici delle ricostruzioni di fasi linguisticamente non attestate, se avulsi da un contesto multidisciplinare più ampio, quale quello storico-archeologico, etnolinguistico e geografico-linguistico, non rivelano appieno le diverse sfaccettature di un determinato fenomeno linguistico, sia questo di natura fonologica, lessicale o morfosintattica, e possono, pertanto, condurre a cronologie relative discutibili.

Uno degli aspetti evidenti dell'elemento latino in paleoslavo è costituito dal lessico. Sicuramente l'influsso del latino non si limita solo a questo ambito, ma coinvolge anche altri piani linguistici, quali la sintassi, punto su cui contiamo di ritornare in altra sede. Il lessico, al pari della toponomastica, è indice della dinamicità dei contatti tra una cultura e un'altra. I latinismi, nel caso specifico dello slavo ecclesiastico antico, possono essere stati assimilati per via scritta, conseguenza dell'alacre attività scrittoria, di copiatura e traduzione, ma possono essere altresì entrati nelle parlate protoslave prima e durante l'opera di evangelizzazione compiuta per il mezzo funzionale dello slavo ecclesiastico antico a cominciare dalla missione cirillometodiana poco dopo la metà del IX sec. A tale scopo, in alcuni studi precedenti abbiamo tentato di ricomporre un contesto di riferimento dei principali fatti di natura extra-linguistica nel quale inserire i contatti linguistico-culturali tra latinità e slavi. Nel caso particolare abbiamo provveduto a:

1) stabilire un nesso storico di continuità dei contatti intercorsi tra *latinitas* e mondo slavo, con particolare riferimento alle fasi antecedenti alla codificazione di uno dei suoi dialetti a base slavo meridionale (Del Gaudio 2011: 17-24; 2013: 49-75);

2) individuare e calcolare, con metodi tradizionali, il numero approssimativo di latinismi propri del corpus paleoslavo (Del Gaudio 2014a: 80-88).

Con riferimento al secondo punto, è lecito obiettare che alcuni dei lessemi classificati, a una prima sommaria analisi, come latinismi, meritino una ulteriore verifica empirica ed etimologica. Precisiamo che dall'originario novero dei latinismi vanno esclusi alcuni lessemi i quali, seppur potenzialmente mediati dal latino, risalgono ad altre lingue, tra cui l'antico alto tedesco e il greco: questo è per esempio il caso di крьстъ, манастырь, хартиіа.

Per quanto riguarda il primo punto, invece, è necessario introdurre delle precisazioni metodologiche e contenutistiche. Innanzitutto, è metodologicamente più corretto e conveniente inserire la questione dell'influsso latino nel suo contesto storico, riservando a una ricerca mirata gli eventuali contatti protostorici tra popolazioni proto-italiche e proto-slave avvenute nel corso dei millenni seguiti alla differenziazione della presunta unità linguistica indoeuropea e alla formazione delle singole famiglie linguistiche. Un tale approccio, infatti, implica la discussione di una serie di nodi irrisolti della slavistica e dell'indoeuropeistica, quali gli albori dell'etnogenesi degli slavi ('Urheimat'), l'esistenza, la collocazione e la ricostruzione del balto-slavo ecc.[5]

Occorre inoltre riconoscere che anche una trattazione delle relazioni intercorrenti tra popolazioni latinizzate e società viventi oltre i confini dell'impero ro-

---

[5] Sotto questo aspetto, appropriate sono state alcune obiezioni rivoltemi durante la mia relazione al XV Congresso degli Slavisti (Minsk 2013) da C. M. Vakareliyska e la critica, a tratti costruttiva, mossami di recente da Caldarelli (2014: 172-173). Non è mia intenzione in questo lavoro confrontarmi con Caldarelli, ma mi riservo di discutere le sue tesi in una prossima occasione; debbo tuttavia constatare ch'egli non sembra aver colto esattamente la sostanza del mio contributo, volto a rielaborare, in prima istanza, alcuni fatti extra-linguistici, proponendo una chiave di lettura diversa del contesto storico-linguistico circa le origini e le dimensioni del contatto latino-slavo. Un simile approccio intendeva porre le premesse per una valutazione successiva e più approfondita dei fatti strettamente linguistici.

mano nei primi secoli della nostra era, tra cui probabilmente gruppi protoslavi, richiama il problema dei territori che gli slavi occupavano prima del loro ingresso nella storia intorno alla metà del I millennio. D'altro canto, però, è pragmaticamente più agevole operare una prima analisi dei fatti extra- e intralinguistici quando si dispone almeno di alcune certezze storico-documentali e linguistiche di una delle due parti a confronto. Nel nostro caso il latino e i suoi sviluppi successivi fungono da fonte abbastanza sicura.

Prendendo le mosse da un profilo storico-linguistico già tracciato in precedenza (Del Gaudio 2013: 53-56), il contatto tra *latinitas* e mondo slavo, incluso il periodo della missione cirillo-metodiana, caratterizzato dall'introduzione della scrittura e dalla stesura dei primissimi testi liturgici, si dipana, a nostro avviso, secondo il seguente schema spazio-temporale:

1) I primi contatti storici tra popolazioni parlanti varietà di *sermo latinus* e popolazioni che usavano dialetti proto-slavi – non importa se questi ultimi fungessero da lingua franca o koiné (Curta 2004: 125-148), avvennero probabilmente in una vasta area estendentesi tra la penisola balcanica, la zona settentrionale del Ponto e i margini sud-occidentali di quella che è l'odierna Ucraina a cominciare dal II-III secolo, in seguito alle conquiste di Traiano. Tale quadro sembra parzialmente contraddire quanto asserito nel pregevole lavoro di Banfi (1989: 96), ossia che "l'elemento latino nelle lingue slave meridionali risale ad un periodo successivo all'insediamento degli slavi nei territori della penisola balcanica [...] successivo al VI sec. e appare mediato soprattutto dal greco bizantino". Suddetta affermazione, sebbene meno conservativa rispetto all'interpretazione che fissava l'influsso latino nei testi paleoslavi all'inizio della missione morava, rimane in linea con il principio logico secondo cui varietà di latino volgare (o protoromanzo) sarebbero entrate in contatto con parlate slave dopo la penetrazione di gruppi slavi nei territori dell'ex impero romano.

2) I contatti culturali e linguistici si consolidarono con lo stabilirsi di contingenti e legionari romanizzati nelle province danubiane di Tracia, Dacia, Moesia Inferior e Ponto settentrionale tra II e III sec. (Kryžyc'kyj 1998: 413; Baluch & Kocur 2005: 10; Tyščenko 2009; Del

Gaudio 2013: 59-64). Dalla fine di questa epoca cominciano alcune infiltrazioni di popolazioni originarie della Scandinavia (si pensi al caso dei Goti). Tuttavia, senza escludere a priori la loro frapposizione linguistico-culturale tra culture latinizzate e mondo protoslavo, non si può negare la possibilità che numerosi *realia* tipici del mondo romano fossero ben radicati su un vasto territorio e in diverse lingue dell'antichità e della prima era volgare, così come attestato in greco, gotico ecc.[6] Il latino e il greco erano sicuramente noti alle popolazioni alloglotte; le testimonianze epigrafiche latine e greche documentano la presenza di enclave bilingui o addirittura tri-quadrilingui. Ciò testimonia l'esistenza di centri in cui, oltre alla lingua locale (tracio, daco-misico, illirico), si parlavano anche greco e latino (Banfi 1989: 132-133). Si può dunque supporre che parole quali крамона, мата, олътарь, поганъ, скриниа e simili, ampiamente attestate in paleoslavo e diffuse, con i dovuti mutamenti fono-morfologici, in quasi tutte le lingue slave, siano entrate nello Slavo in una fase piuttosto antica.

3) Il V secolo e i due successivi vedono un incremento dei contatti tra popolazioni slave o slavizzate e il mondo latinizzato. Questo reciproco influsso linguistico-culturale investe soprattutto quegli slavi che si diressero verso i confini nord-orientali della penisola italiana, occuparono la Pannonia e/o si spinsero fin nella penisola ellenica, creando gruppi più o meno compatti nei Balcani già parzialmente romanizzati, in particolare nella zona posta a settentrione della linea Jireček.[7] Alle varietà linguistiche balcano-romanze e mediterranee si possono ricondurre parole quali клеврътъ, мъскъ, олъи etc.

4) L'inizio della missione cirillo-metodiana, nella seconda metà del IX sec., infine, accompagnata dall'opera di codificazione di varietà bul-

---

[6] In questo senso va letta la tabella presentata nel contributo di Minsk sulle corrispondenze e differenze lessicali nella versione del vangelo di Marco in latino, greco e gotico con le relative corrispondenze e/o sostituzioni in slavo-ecclesiastico antico (Del Gaudio 2013: 66-67; Caldarelli 2014: 177-178).

[7] Si è sottolineato altrove che tale linea non va intesa come un confine monolitico; essa costituisce, piuttosto, una demarcazione linguistico-areale labile, soggetta a modifiche, zone di transizione e isole linguistiche (Del Gaudio 2014b: 67-68).

gare occidentali (macedoni) con la conseguente attività di traduzione di testi liturgici, soprattutto di origine bizantina, segna la trasposizione scritta dei latinismi già noti agli slavi e la loro commistione con quei lessemi latini di natura dotta passati direttamente attraverso i testi, spesso in dipendenza dalle aree di composizione.

Va da sé che la mediazione greco-bizantina nella diffusione dei latinismi nelle lingue della prima era volgare debba essere stata alquanto consistente e duratura, come già più volte affermato da eminenti studiosi (Skok 1931: 371-378).[8]

Rimandando ad altra occasione il commento linguistico dei latinismi non strettamente pertinenti alla sfera religiosa quali кесарь / цѣсарь (e altre varianti),[9] комисъ, оцьтъ, presunti tali (олѣи) e numerosi altri, alcuni dei quali ampiamente illustrati in Boček (2010: 33-132),[10] nel prossimo paragrafo esamineremo la circoscritta terminologia religiosa di impronta latina cercando di spiegarne le modalità di prestito.

3. Termini cristiani di provenienza latina

In senso lato, e sul piano strettamente funzionale, si può affermare che tutti i latinismi, così come tutti i grecismi e i semitismi presenti nel canone slavo ecclesiastico antico riguardano principalmente, data la funzione liturgica svolta dai testi, la sfera religiosa e la terminologia giudaico-cristiana. Tuttavia, coerentemente con gli obiettivi del presente studio, ci limiteremo ad esaminare quei prestiti latini designanti espressamente concetti o oggetti legati al culto

---

[8] Per un resoconto della problematica si rimanda a Del Gaudio (2013: 56-58).

[9] A proposito della forma palatalizzata ribadiamo, contrariamente a quanto sostenuto da Caldarelli (2014: 178), che si tratta di una continuazione balcano-romanza con una diretta continuazione anche nel rumeno moderno il quale, oltre al lessema *împărat*, dispone parimenti della parola *cezar* (su quest'ultimo punto e sugli aspetti specifici delle palatalizzazioni cfr. Bidwell 1961: 113; Simeonov 1968: 121-131; Tagliavini 1982: 244-245; Banfi 1991: 62; Del Gaudio 2014b: 67; Merlo 2014: 165-197).

[10] Purtroppo solo di recente sono venuto a conoscenza dei lavori di Boček, trattanti argomenti simili e svolti contemporaneamente alle mie ricerche; ciò mi impone una revisione e una restrizione parziale dell'approccio di ricerca inizialmente adottato; per questa ragione dedicherò meno spazio ad alcuni dei lemmi già ampiamente trattati dal collega ceco.

cristiano. Inoltre, contrariamente a quanto accade in Boček (2010), non verranno presi in considerazione prestiti del tipo сжвота / совота (gr. σάββατον, lat. *sabbatum*), епискoпъ (gr. ἐπίσκοπος, lat. *episcopus*),[11] anche se alcuni di questi potrebbero avere avuto come riferimento un modello testuale o di traduzione latino. È noto, infatti, che i lessemi sopraindicati, nella loro forma originaria, risultano mutuati dall'ebraico e dal greco.[12]

Allo stato attuale della ricerca, tra i latinismi strettamente connessi alla terminologia cristiana annoveriamo i seguenti sostantivi: алтарь 'altare' (§ 3.1.), колада 'Natale' (§ 3.2.), комъкание 'comunione' (§ 3.3.), къмотра 'madrina' (§ 3.4.), мьша 'messa' (§ 3.5.), папа/папежь 'papa' (§ 3.6.), пастырь 'pastore' (§ 3.7.), поганинъ 'pagano' (§ 3.8.), прѣфация 'prefazione' (§ 3.9.) e оплатъ 'offerta' (§ 3.10.).

L'elenco contiene undici prestiti latini, di cui due in rapporto di sinonimia, alcuni dei quali facenti parte della religione e cultura romana; altri sostantivi, invece, relativi a epoche successive, riguardano l'ambito culturale cristiano. Un'analisi etimologica di questi lessemi servirà meglio a stabilire la cronologia relativa e i contesti d'uso.

3.1. La forma алтарь, così registrata nel "Dizionario di slavo ecclesiastico antico" (SSL 1994: 68), ricorre nel Salterio Sinaitico 42, 4; molto più diffusa è invece la variante олтарь, cui viene rinviato il lettore (SSL 1994: 411). Vasmer, nel "Dizionario etimologico del russo", fa risalire entrambe le forme al latino, ipotizzando una remota possibilità che questa parola sia stata mutuata tramite il greco medio ἀλτάριον. Generalmente si accetta come forma primaria олтарь; la seconda sarebbe derivata dalla prima per assimilazione vocalica (Fasmer 1986, I: 72). Secondo il Dizionario etimologico della lingua ucraina la forma *олтар* è da considerarsi voce dotta (ESUM 2003, IV: 183).

Degno di nota è il fatto che nel sistema vocalico del tardo protoslavo il fonema /a/ occupasse una posizione sostanzialmente arretrata rispetto alla posizione centrale della /a/ latina (Sussex & Cubberley 2006: 111) e forse più arretra-

---

[11] Per questioni tecniche sono stati omessi, negli esempi tratti dal greco, alcuni segni diacritici indicanti la spirantizzazione.

[12] Non si riesce a comprendere il motivo per cui Boček analizzi assieme ai latinismi anche alcuni grecismi lessicali, quali *diaconus, episcopus, sabbatum* (a sua volta un ebraismo), che pure trovano ampia corrispondenza in latino e sono stati adattati fono-morfologicamente a quest'ultimo.

ta della corrispondente vocale dell'ucraino moderno.[13] Non si può escludere quindi che si tratti di un prestito risalente ai primi secoli della nostra era. Un'ulteriore argomento di carattere extralinguistico a riprova di questa affermazione potrebbe essere il fatto che la parola *altar* in latino indicava in origine il luogo di sacrificio di culti pagani. La presenza di colonie romanizzate nella zona di Olbia (attuale regione di Odessa) e anche più a nord, con relativi ritrovamenti archeologici, induce a pensare che il *denotatum* latino fosse ampiamente diffuso già dai primi secoli. Se ne deduce, dunque, che esso potrebbe essere entrato nelle parlate protoslave in epoca anteriore alle grandi migrazioni del V-VI sec.

3.2. Nel caso di колѧда (SSL 1994: 289), la maggioranza degli studiosi sembra unanime nel ritenere che si tratti di un prestito entrato direttamente dal latino *kalendae / calendae*, senza tramite greco, anche se in quest'ultimo è attestata la forma καλάνδαι (Fasmer 1986, II: 299-300; ESUM 1985, II: 526-527).
È probabile che si tratti di un prestito penetrato ancora nel periodo protoslavo, intorno ai primi secoli dell'era volgare. Da un punto di vista linguistico si nota la resa tipica del gruppo consonantico latino *en* in posizione tautosillabica con la corrispondente nasale protoslava ę <ѧ>, ancora attestata in paleoslavo (Shevelov 1964: 583; Sussex & Cubberley 2006: 115-116); questa interpretazione è anche confermata in Boček (2010: 53).
A conferma dell'antichità di questo prestito, che doveva aver conosciuto una vasta diffusione, estendentesi dai Balcani al Mar Nero, già dai primi secoli dell'era volgare,[14] vi sono fatti di natura etnolinguistica. Si trattava, infatti, della designazione di festività religiose romane note lungo un vasto spazio geografico. L'avvento del cristianesimo deve aver provocato un'evoluzione semantica, con conseguente adattamento di questo lessema alle mutate condizioni socio-religiose (Tyščenko 2009).

---

[13] Si potrebbe tracciare un parallelo tra l'italiano standard e la realizzazione tendenzialmente arretrata di alcune varietà dialettali, ove la vocale a tende verso una pronuncia aperta [ɔ]; esempi concreti si trovano fra l'altro in alcune varietà di napoletano.

[14] In antico alto tedesco esso è attestato come *kalend* (informazione desunta dal seguente sito: http://www.koeblergerhard.de/ahd/ahd_k.html, ultimo accesso 21.01.2016).

3.3. Il sostantivo paleoslavo комъкание e il verbo комъкати (SSL 1994: 289), provenienti dal latino *communio*, *communicare*, si riferiscono al sacramento della comunione (cfr. anche slavo ecclesiastico, antico slavo orientale (russo) комъкати; bulg. комкам се). I termini ricorrono nell'Eucologio Sinaitico e nel codice di Supraśl. Illustri linguisti, fra i quali Meillet, Romanski, Bartoli e Berneker, concordano sul fatto che il prestito si riferisca al latino ecclesiastico (Fasmer 1986, II: 303); ne consegue che un concetto sacro pertinente al rito latino, quale quello del mistero dell'eucarestia, non potesse avere una vasta diffusione nei primi secoli dell'era cristiana, dato che il culto cristiano era ancora in fase di espansione e l'introduzione del latino come lingua della liturgia, con la concomitante traduzione in latino della Bibbia (*Vulgata*), ad opera di Sofronio Eusebio Girolamo, risale alla fine del IV secolo (Zagiba 1971: 157-158). È inoltre noto che tale versione dei libri sacri divenne di uso comune non prima del VI sec., arrivando a imporsi nella chiesa latina occidentale intorno al IX sec. Pertanto, la penetrazione di questo lessema nelle parlate slave potrebbe essere avvenuta non prima della formazione delle primitive entità territoriali slave in Europa e/o a seguito del contatto con la chiesa latino-germanica, quindi non prima del VI-VIII secolo; sembra dunque probabile che il termine, a nostro avviso semidotto, sia entrato a far parte del lessico paleoslavo all'inizio dell'attività scrittoria-traduttiva e liturgica nei territori bulgari, pannoni e moravi.[15]

3.4. Per ragioni esposte in precedenza (Del Gaudio 2014b: 70), e contrariamente ai dati forniti dal "Dizionario etimologico dello slavo ecclesiastico antico" (ESJS 1989, 7: 392), siamo inclini a interpretare il sostantivo къмотра (SSL 1994: 300) come il risultato di un latinismo dell'area balcano-romanza, penetrato nei dialetti slavi dopo l'insediamento definitivo di questi ultimi nella penisola balcanica, quindi non prima del VI-VII secolo; eppure, come osservano alcuni studiosi, una continuazione diretta del latino *commater* presenta alcune difficoltà nella resa di *o* con ъ (Fasmer 1986, II: 414).
D'altra parte, questa difficoltà è spiegabile se si postula la corruzione di una forma latina originaria con esiti simili in diverse varietà dialettali romanze in cui l'azione dell'apocope del nesso finale, e l'approssimazione di una *o* chiusa > *u*, avessero già dato un modello del tipo *cum(m)à*; in tal caso il passaggio *o* > *ŭ* > ъ sarebbe più facilmente spiegabile. Ciò confermerebbe l'ipotesi che la

---

[15] Su quest'ultimo punto si vedano anche Seliščev (1951: 25) e Ivanov (1989: 29).

forma colloquiale *kumà* (cfr. rus., ucr. e biel. *кума*) non possa essersi prodotta prima di cambiamenti significativi avvenuti nel latino parlato nelle regioni proto-romanze; questi ultimi si sarebbero realizzati in maniera completa solo nel V secolo;[16] a favore dell'origine balcano-latina argomenta il "Dizionario etimologico della lingua ucraina" (ESUM 1989, III: 138).

Un esito simile potrebbe aver parimenti intaccato il latino *compater* > *kumpàtr* > *kumpà* > *kum(p)*, che si ritrova in diverse lingue slave nella forma *kum*. Secondo Skok (1972, II: 231-32) si tratterebbe invece di un ipocoristico di *commater*. Alcuni linguisti, sulla scia di Miklosich (EWSS 1886: 154-55; Bartoli 1908: 38; Desnickaja 1978: 46), pongono la forma къмотръ in diretta relazione con il lat. *compater*; altri, invece, come osservato da Boček (2010: 75),[17] fanno derivare il femminile къмотра da къмотръ.[18]

3.5. Anche senza svolgere un'approfondita analisi semantica del latino *missa*, estrapolato dal costrutto analitico del latino ecclesiastico "*ite, missa est*", così come ampiamente illustrato in Boček (2010: 128) e, prima di lui, nel "Dizionario etimologico della lingua ucraina" (ESUM 1989, III: 446), la maggioranza degli studiosi tende a considerare la forma paleoslava мьша (SSL 1994: 339) un indubbio prestito latino.[19]

Non è affatto semplice, invece, stabilire il grado di adattamento fono-morfologico, così come il periodo e l'area di irradiazione di tale prestito; concordiamo con Boček, secondo il quale l'originale area di diffusione della parola avrebbe coinciso con la zona di influenza del Patriarcato di Aquileia, comprendente alcuni territori slavi occidentali e sud-occidentali:

---

[16] Numerosi romanisti sono inclini ad attribuire il passaggio fondamentale dal latino parlato al romanzo - anche se quest'ultimo non sarà coscientemente usato nella scrittura ancora per alcuni secoli – al V sec. (cfr. Renzi & Andreose 2009: 178).

[17] "Někteří badatelé soudí, že primární bylo ve slovanštině maskulinum къmotrъ a femininum je od něj odvozeno".

[18] Per un'ampia trattazione su alcuni aspetti specifici di questo lessema si rimanda allo stesso Boček (2010: 72-82).

[19] Nel caso di forme simili all'italiano *messa*, tipiche di alcune lingue slave, tra cui il gruppo orientale (cfr. rus. *месса*, ucr. *меса* ecc.), si tratta evidentemente di prestiti posteriori dalle lingue romanze, quali francese e italiano.

Vzhledem ke geografickému rozšíření slovanského slova – v západní oblasti jihoslovanského areálu a u západních Slovanů (přičemž stsl. tvar je moravismus a vsl. tvary polonismy) – se jako nejpravděpodobnější jeví předpoklad, že sl. *mьša je výsledkem christianizačního působení akvilejského patriarchátu u Slovanů (Boček 2010: 131-132).

Più complicata appare la spiegazione dell'esito palatale di *ss* > *š* e il fatto che il lessema era noto e doveva essere presente in aree slave più vaste di quelle supposte dallo studioso ceco, come si discuterà a proposito dei moravismi nel prossimo paragrafo (cfr. *infra* § 4.). L'esito *mьša*, che invece Ivanov (1989: 28), considerando arcaismo la forma del Messale di Kiev мьшѣ, attribuisce alla palatalizzazione di *s* dopo *ĭ* e davanti a vocale anteriore [æ] (lat. *missa* > sl. *mĭsa > *mьšě*), potrebbe anche essere messo in relazione con varietà parlate di balcano-romanzo, tendenzialmente non uniformi, con esiti simili a quelli di alcuni dialetti dell'area italiana nord-orientale, in cui il processo di sonorizzazione e successiva palatalizzazione avrebbe creato l'esito [ʃ]. Esso potrebbe essere, dunque, un adattamento protoslavo con antecedenti balcano-romanzi. In proto-rumeno si assiste al passaggio lat. *ĭ* > *ę*; da questa vocale chiusa e pronunciata in maniera indistinta sarebbe scaturito sl. > *ь*; quindi lat. *missa* > rom. *męssa > sl. *mьša; si potrebbe anche ipotizzare un passaggio più lineare dal lat. *ĭ* > sl. *ь* (Bidwell 1961: 116-117; Tagliavini 1982: 237-238; Račeva 1986: 20; Boček 2010: 131).
Meno probabile ci appare la mediazione del greco bizantino μίσσα < lat. *missa*, come postulato da altri studiosi (Skok 1972, II: 430-431); nel caso del greco si tratta di un prestito dotto entrato nel periodo bizantino in forma prevalentemente scritta (Sophocles 1990: 762), come mostra l'esito diverso che si trova nel greco moderno μάζα.

3.6. I lessemi папа e папежь (SSL 1994: 442) possono essere considerati sinonimi poiché entrambi designano il pontefice romano. Il primo sembra essere una continuazione del greco πάπας, mentre la seconda forma costituirebbe un cosiddetto moravismo.[20]
La forma папежь è ampiamente attestata nelle lingue slave occidentali (cfr. ceco *papež*, slovacco *pápež*, polacco *papież*) e sud occidentali (sloveno *pâpež*); quest'ultimo un tempo, prima della venuta dei magiari nella piana pannonica,

---

[20] Sulla questione dei moravismi si rimanda al paragrafo successivo.

doveva costituire un *continuum* tra gli Slavi occidentali e quelli meridionali. Siamo d'accordo con la spiegazione tradizionalmente attribuita a questa parola: si tratterebbe di un greco-latinismo penetrato nelle parlate slave di queste regioni, oltre che nei testi paleoslavi, a seguito dell'attività missionaria del clero bavarese nel periodo antecedente il IX secolo. Il termine deriverebbe dall'antico alto tedesco *bâbes* (antico bavarese *papes*[21]), adattato a queste varietà di alto tedesco dal latino volgare *pāpa* + *pontifex* (Fasmer 1987, III: 200-201; ESUM 2003, IV: 281).

3.7. L'origine del sostantivo paleoslavo пастырь (SSL 1994: 443), dal latino *pastorem*, è trattata con una certa cautela nei dizionari etimologici e negli studi più recenti sull'argomento. Secondo alcuni potrebbe trattarsi di una formazione autoctona slava, ovvero un derivato dal verbo *pasti* mediante aggiunta del suffisso –*tyrь* (Šega 2006: 92). Secondo un'opinione più tradizionale, sostenuta fra gli altri da Meillet e Vondrák, si tratterebbe invece di un latinismo passato in slavo attraverso varietà germaniche/antico alto tedesche (Fasmer 1987, III: 215; ESUM 2003, IV: 311). Noi, invece, propendiamo per l'interpretazione latina tradizionalmente attribuita a tale lessema da Meyer-Lübke (REW 1935: 6279). Ci appare come più probabile l'ipotesi che il termine latino *pastor* sia stato accolto *in toto* in una vasta area in cui era invalso il rito cristiano-latino, visto che esso, a differenza di пастоухъ (SSL 1994: 443), implica una connotazione più specificamente religiosa.

3.8. Поганъ / поганинъ (SSL 1994: 457), oltre alle forme derivate, è unanimemente considerato un antico prestito dal latino *pāgānus*, entrato in proto-slavo probabilmente già nei primi secoli della nostra era, come attesta il passaggio di *ā* > *o* (Fasmer 1987, III: 294-295; ESUM 2003, IV: 472-473). Meillet (1902: 185), a questo proposito, sottolinea che tale prestito è sconosciuto al germanico. La parola latina originariamente indicava l'abitante di un *pāgus* (quartiere periferico di una città, poi "villaggio"). Quindi, per estensione, esso poteva indicare una persona rozza/rustica. In epoca cristiana il termine assunse la connotazione di barbaro, infedele, idolatra, straniero e, quindi, "pagano".

---

[21] L'oscillazione consonantica delle labiali iniziali alto tedesche è spiegabile con l'assenza di una unità grafica, dato che ogni scriba tendeva a riprodurre i suoni del proprio dialetto (Bosco Coletsos 2003).

Tale connotazione negativa si conserva in numerose lingue slave tra cui l'ucraino, ove l'aggettivo *pohanyj* implica l'accezione di cattivo, impuro, malvagio e simili. In russo, oltre al significato religioso, ormai arcaico, il termine indica qualcosa di immondo. In bulgaro, infine, il sostantivo *poganec* si riferisce a una persona sgradevole.

3.9. Прѣфаціиа (SSL 1994: 554), chiaramente riconducibile al latino *praefatio*, indica indubbiamente un latinismo pertinente alla sfera liturgica di rito latino. Tale parola, non attestata in greco, deve quindi aver avuto una vasta diffusione in quei territori soggetti all'influsso della chiesa romana. Il lemma è, per ovvie ragioni, assente in alcuni dei dizionari etimologici delle lingue slave moderne; secondo il dizionario di slavo ecclesiastico antico, esso è attestato solo nei Fogli di Kiev (SSL 1994: 554).

3.10. Lo stesso dicasi per la forma оплатъ (Auty 1964), che occorre soltanto nei Fogli di Kiev (SSL 1994: 414); questa parola conserva la medesima vocale iniziale del latino *oblatus/oblāta*. Si può ipotizzare un prestito avvenuto dopo la stabilizzazione del vocalismo tardo proto-slavo (o slavo comune), dunque, secondo la cronologia tradizionale, nella seconda parte del I millennio. Inoltre, siccome si tratta di una forma verbale dotta e usata durante la liturgia latina, il termine non si riferisce a dei *realia* tipici del mondo romano e, in senso lato, della latinità. Crediamo, dunque, che si tratti di un prestito colto penetrato nel canone paleoslavo attraverso l'opera di traduzione o che, data la sua scarsa frequenza, sia stato adottato dai discepoli di Metodio in quei territori, come la Moravia, dove era già invalso l'uso del latino. Il fatto, poi, che sia avvenuta una desonorizzazione della bilabiale [b] > [p], può indurre a pensare a un influsso della varietà di latino parlato dal clero tedesco (sulla possibile mediazione bavarese cfr. anche Zagiba 1971: 161). Come già accennato, le varietà orali antico alto tedesche erano soggette a una certa differenziazione, e sicuramente poteva esserci discrepanza tra realizzazione fonica (pronunzia) e grafia. Se ne desume, dunque, che il prestito debba essere avvenuto in area slava occidentale (morava), per influsso dell'antico alto tedesco,[22] in un

---

[22] La tendenza alla desonorizzazione di alcune consonanti sonore (dentali, labiali ecc.) è un tratto tipico dei dialetti dell'area tedesco meridionale; essa è particolarmente attiva in area dialettale bavarese /b/ > /p/ (Braune 1886: 66), qui citato dal seguente sito: http://www.koeblergerhard.de/ahd/ahd_o.html (ultimo accesso 21.01.2016).

lasso temporale non molto distante dall'inizio dell'attività missionaria slava. Il lemma *oblāta* è parimenti riportato nel dizionario online di antico alto tedesco; il fatto che la grafia conservi l'ortografia latina non impedisce una realizzazione fonica differente.

Tra i lessemi non strettamente pertinenti alla sfera liturgica possiamo menzionare la forma paleoslava соударь (SSL 1994: 685) < lat. *sudarium* con corrispondenza nel greco σουδάριον (Sophocles 1900: 1001); essa è presente in Giovanni 20,7 dei codici Mariano e Assemani. Il suo uso circoscritto nel canone paleoslavo, così come la sua assenza nelle lingue slave moderne, inducono a pensare a un prestito latino mediato dal greco attraverso l'opera di traduzione.

Anche a proposito di lessemi originariamente greci, quali per esempio манастырь (cfr. lat. *monasterium*), мънихъ (lat. *monachus*) ecc., si potrebbe scorgere l'intermediazione del latino, sebbene tale ipotesi rimanga controversa (Fasmer 1986, II: 649) e, in alcuni casi, non sia stata neppure presa in considerazione (ESUM 1989, III: 506).

4. Alcune precisazioni sulla provenienza dei latinismi

L'origine e l'iniziale zona di irradiazione dei latinismi tipici del paleoslavo sono, a parte alcune autorevoli eccezioni (Seliščev 1951: 23-26; Desnickaja 1978: 42-51; 1983: 76-95; 1987: 3-36), di solito collocati geograficamente in una zona slavo occidentale non meglio identificata e cronologicamente in un'epoca non molto distante dall'inizio della missione cirillo-metodiana. In base a tale interpretazione, caratteristica della paleoslavistica del XX secolo, la diffusione di numerose parole latine, soprattutto quelle concernenti la terminologia e il culto cristiano, sarebbe il frutto dell'attività missionaria del clero latino-germanico operante in questi territori. Tali lessemi sarebbero entrati nelle parlate slave occidentali e, di conseguenza, nei primi testi slavo ecclesiastici antichi, prevalentemente attraverso la mediazione di dialetti germanici (antico alto tedeschi).

A questo quadro d'insieme si aggiunge la controversa questione dei moravismi lessicali, vale a dire parole specificamente attribuite all'area slava occidentale, tra cui alcuni prestiti latini.

Si noti inoltre che anche recenti manuali, di impostazione monografica, tendono a rafforzare l'interpretazione secondo la quale i prestiti latini di matrice cristiana sarebbero penetrati nelle parlate slave occidentali e, quindi, nei testi paleoslavi, attraverso i canali precedentemente illustrati e discussi. Trunte, ad esempio, attribuisce l'esistenza di prestiti quali поганинъ, мьша е мънихъ, tanto per limitarci ad alcuni dei lessemi analizzati al paragrafo precedente, a una sorta di slavone cristiano precirillo-metodiano, "intriso" di elementi lessicali latini e da lui definito slavone cristiano (*Christenslavisch*), al quale lo slavo ecclesiastico avrebbe attinto:

> Dieselben Grundsätze galten aber nicht nur für Romanen und Germanen, sondern auch für Slaven, und so entstanden seit dem 8. Jahrhundert nicht nur althochdeutsche Taufgelöbnisse, Poenitentialen und Bibelparaphrasen, sondern auch ein vorkyrillomethodianisches Christenslavisch, von dem noch das Kirchenslavische zehren sollte (Trunte 2012: 56).

Questo idioma si sarebbe diffuso oralmente, prima della missione cirillo-metodiana, nell'area slava occidentale, per effetto dell'opera di evangelizzazione delle popolazioni non alfabetizzate che abitavano queste regioni. Pur riconoscendo la verosimiglianza dell'esistenza di uno slavone cristiano nelle zone slave soggette a una più immediata influenza latino-germanica, dove operava il clero franco-bavarese e in cui diverse parole di tradizione latina dovevano essere in uso già da qualche tempo (cfr. Zagiba 1961), non possiamo escludere una loro diretta continuazione in aree più meridionali della penisola Balcanica. In questo territorio, infatti, si conservavano tracce di latino-balcanico, rinvigorito dai nuovi contatti con il papato, stabiliti per ottenere la conversione di popolazioni slavo-meridionali e la giurisdizione religiosa di alcuni dei territori da loro abitati.

Qualche anno prima si era espressa su un punto simile Marcialis (2005: 31-33), precisando che

> [...] i moravismi lessicali sono invece lessemi di origine slava occidentale, latina e germanica, quali апостоликъ (appellativo del papa), комъкати (dare la comunione, comunicare), папежь, постъ, мьша [...]. Realtà localmente differenziate si esprimono bene nel lessico: Costantino e Metodio operano in zone della Slavia che già da diversi decenni conoscono bene il cristianesimo[23] e, da esperti missionari, ritengono dannoso sosti-

---

[23] In realtà queste zone già da qualche secolo conoscevano il cristianesimo.

tuire una terminologia cristiana già affermata. In paleoslavo vengono così accolti sia lessemi greci che gli slavi cristiani della zona di Salonicco avevano appreso oralmente nella loro pronuncia popolare [...] sia lessemi latini introdotti in Moravia e in Pannonia dai missionari tedeschi.

Il medesimo concetto, anche se con alcune appropriate modifiche, è stato riproposto nell'edizione successiva del manuale (Marcialis 2007: 32). L'affermazione riguardante il modo di penetrazione dei grecismi e il fatto che alcuni di questi fossero già noti a quegli slavi che vivevano nella zona di Salonicco / Tessalonica (Seliščev 1951: 15-16) ci trova perfettamente concordi (Del Gaudio 2014: 71). D'altra parte, l'attribuzione di alcuni dei latinismi di cui sopra all'intervento del clero tedesco e l'uso circoscritto di questi ultimi alla sola Pannonia e Moravia, ci appare come un'eccessiva semplificazione di quanto espresso tradizionalmente sull'argomento.

In realtà, la questione dei moravismi, in particolare su che cosa debba essere considerato tale, è più complessa di quanto si fosse soliti giudicare fino ad alcuni decenni or sono. Studi più recenti hanno infatti messo in luce come tracciare una netta divisione tra quello che era il territorio etnico-culturale e linguistico della Moravia e i territori dominati nel IX secolo, al tempo di Simeone, da popolazioni bulgaro-slave, non sia affatto compito agevole. Inoltre, occorre tenere in debita considerazione anche una continuità linguistica, culturale e religiosa, soprattutto per quanto riguarda l'uso del latino a scopo liturgico. Che i domini settentrionali della Bulgaria del IX-X secolo si protendessero verso la Pannonia e la Moravia e che, inoltre, nella prima fossero rimasti dei relitti linguistici di tipo balcano-romanzo, è un dato di fatto inconfutabile. Ne consegue che alcuni dei latinismi, tradizionalmente attribuiti alla zona morava a seguito dell'influenza del clero latino-germanico, vadano rivisitati in una nuova prospettiva. Anzi, la zona balcanica ha preservato elementi di latino volgare solo marginalmente presenti nei territori della Moravia che erano collocati sul *limes* nord-orientale del mondo romano.

Pur non negando a priori il concetto di moravismo, come sembra implicare Stankov in una serie di articoli correlati (Stankov 2006: 29-52; 2008: 40-71), concordiamo con lo studioso bulgaro che l'area linguistico-culturale definita morava, e il rapporto tra questa e altre entità slave esistenti nella fase precedente e successiva alla missione cirillo-metodiana, vadano reinterpretati alla luce di studi più recenti. Solo un numero limitatissimo di lessemi latini pertinenti alla sfera religiosa può, a nostro modo di vedere, essere ricondotto a una zona slava occidentale e sud occidentale, frapposta tra il regno franco a nord-ovest e il regno bulgaro nella parte sud-orientale. Come mostra l'analisi condotta nel paragrafo precedente, suffragata da studi etimologici di altri studiosi, il numero di prestiti latini di probabile provenienza slava occidentale, definibili "moravismi", è considerevolmente più esiguo di quanto non supposto finora; tra questi includiamo i sostantivi оплатъ, пр҃фацига e папежь. Nel caso dei primi due si tratta, probabilmente, di voci dotte, entrate direttamente in seguito all'attività traduttoria svolta in area slava occidentale e influenzate da messali latini (a proposito dell'ultimo esempio, si rimanda alla spiegazione etimologica fornita in precedenza, cfr. *supra* § 3.6.).

Va comunque specificato che nel presente lavoro non sono stati considerati *рованни* e simili;[24] allo stesso modo sono stati tralasciati quei lessemi non attestati nel canone paleoslavo, ma di chiara impronta latina, quali, ad esempio *krǔž* < lat. *crŭcem*; quest'ultimo, analizzato da Stieber (1966/1974), ricorre in altri manoscritti slavo-ecclesiastici e in numerose lingue slave, soprattutto occidentali, cfr. ceco *křiž*, polacco *krzyż* (Boček 2010: 82-90).

Stabilire, infine, la provenienza e la cronologia esatta del prestito мьша è decisamente più complesso. Riteniamo pertinente l'analisi di Stankov (2006: 43), secondo il quale il termine doveva essere già noto nelle sfere dotte della Bulgaria intorno alla metà del IX secolo, come dimostrano diversi frammenti di lettere inviate dal papa Nicola I in risposta alle sollecitazioni dello zar Boris (ad esempio "similiter et de codice ad faciendas *missas* asserimus"). Esistono inoltre prestiti latini, preservati nei dialetti bulgari, con esiti fonetici simili a quelli del lessema in questione, ad esempio *мъшелник* derivato da мьшель / мъшелъ < lat. *misellus* e attestato nel XII sec.; a questi ultimi Stankov, riferendosi a uno studio precedentemente svolto da Račeva (1986: 20), attribuisce un'origine latino-balcanica.[25]

---

[24] Per una parziale trattazione dell'argomento cfr. Del Gaudio (2011: 160-162); sull'enigmatico рованни / рованине si rimanda a Tomelleri (in corso di stampa).

[25] Per maggior precisione va aggiunto che Račeva (ibid.), oltre a indicare il latino balcanico come fonte primaria, non esclude completamente l'ipotesi della mediazione germanica nella diffusione di alcuni prestiti riguardanti la terminologia cristiana in "bulgaro antico" (paleoslavo).

Conclusioni

Dopo una disanima iniziale della componente non autoctona del lessico paleoslavo, nel § 1. abbiamo constatato che la componente latina, secondo stime fondate su precedenti ricerche condotte da chi scrive, ma che necessitano di ulteriori verifiche etimologiche e quantitative, rappresenterebbe circa l'1,2% dell'intero patrimonio lessicale proprio dei manoscritti tradizionalmente attribuiti al canone paleoslavo ristretto. Il numero delle parole di origine latina molto probabilmente aumenterebbe se si considerassero tutti i manoscritti slavo ecclesiastici.

Allo scopo di offrire una contestualizzazione extralinguistica dei fatti analizzati, sono stati riproposti, nel § 2., i punti salienti del contatto linguistico tra latino e protoslavo avvenuti nel periodo precedente la missione cirillo-metodiana.

La provenienza dei latinismi presi in esame nel § 3. (cui se ne potrebbero aggiungere anche altri non pertinenti alla terminologia cristiana e alla sfera religiosa), benché sia stata spesso messa in relazione al contatto avvenuto in una presunta area slava occidentale, tradizionalmente definita morava, tra varietà germaniche (antico alto tedesche) e slave, potrebbe invece, a buon diritto, essere attribuita ad uno spazio linguistico-culturale più vasto.

Pur senza entrare nella complessa questione dei 'moravismi', sulla quale non abbiamo assunto una posizione netta per mancanza di elementi specifici sull'argomento, ci sentiamo di poter ribadire il ruolo decisivo del latino-balcanico e, più in generale, dei contatti latino-protoslavi. Questi ultimi, come affermato in precedenti occasioni, sono parimenti estendibili alle regioni collocate al di là del *limes* danubiano (zona del Ponto settentrionale).

Nelle regioni situate nella vasta area geografica che si estendeva tra i Balcani e il Ponto settentrionale, infatti, insediamenti bilingui e/o plurilingui avrebbero favorito l'interazione tra forme di latino, greco e parlate locali, con le quali le componenti protoslave sicuramente intrattennero rapporti commerciali, subendone l'influenza culturale; in tal modo sarebbe stata favorita la diffusione di una serie di latinismi entrati nei dialetti protoslavi già nei secoli che precedettero le grandi ondate migratorie del V-VI secolo.

Bibliografia

Auty (1964) – Robert Auty, *Old Church Slavonic Oplatŭ*, «Revue des Études Slaves» 40, 1: 13-15.
Banfi (1989) – Emanuele Banfi, *Linguistica Balcanica*. Bologna: Zanichelli.
Banfi (1991) – Emanuele Banfi, *Storia linguistica del Sud-Est europeo*. Milano: Angeli.
Baluch & Kocur (2005) – Василь Олексійович Балух, Віктор Петрович Коцур, *Історія стародавнього Риму*. Чернівці: Книги XXI.
Bartoli (1908) – Matteo G. Bartoli, *Riflessi slavi di vocali labiali romane e romanze, greche e germaniche*. In: *Zbornik u slavu Vatroslava Jagića*. Berlin: Weidmannsche Buchhandlung, 30-60.
Bidwell (1961) – Charles Bidwell, *The Chronology of Certain Sound Changes in Common Slavic as Evidenced by Loans from Vulgar Latin*, «Word» 17, 2: 105-127.
Boček (2010) – Vít Boček, *Studie k nejstarším romanismům ve slovanských jazycích*. Praha: Nakladatelství Lidové noviny.
Bosco Coletsos (2003) – Sandra Bosco Coletsos, *Storia della lingua tedesca*. Torino: Rosenberg & Sellier.
Braune (1886) – Wilhelm Braune, *Althochdeutsche Grammatik*. Halle: Niemeyer.
Caldarelli (2014) – Raffaele Caldarelli, *On Latin-Protoslavic Language Contacts. Some Remarks on a Recent Paper by Salvatore Del Gaudio*, «Studi Slavistici» 11: 171-181.
Cejtlin (1977) – Раля Михайловна Цейтлин, *Лексика старославянского языка. Опыт анализа мотивированных слов по данным древнеболгарских рукописей X-XI вв.* Москва: Наука.
Curta (2004) – Florin Curta, *The Slavic Lingua Franca*, «East Central Europe» 31, 1: 125-148.
Desnickaja (1978) – Агния Васильевна Десницкая, *О ранних балкано-восточнославянских лексических связях*, «Вопросы языкознания», 2: 42-51.
Desnickaja (1983) – Агния Васильевна Десницкая, *К вопросу о раннеисторических языковых связях восточных славян с балканским лингвистическим ареалом*, «Славянское языкознание» 9: 76-95.
Desnickaja (1987) – Агния Васильевна Десницкая, *К изучению латинских элементов в лексике балканских языков*. In: Агния Васильевна Десницкая (отв. ред.), *Romano-Balcanica. Вопросы адаптации латинского языкового элемента в балканском ареале. Сборник научных трудов*. Ленинград: Наука, 3-36.
Del Gaudio (2011) – Salvatore Del Gaudio, *Early Latin–(East) Proto-Slavic Contacts*. In: Katrin Bente Fischer, Gertje Krumbholz und Marija Lazar (Hrsg.), *Beiträge der Europäischen Slavistischen Linguistik (Polyslav 2010)*, Bd. 14 (Die Welt der Slaven – Sammelbände / Сборники 43). München-Berlin: Sagner, 17-24.
Del Gaudio (2013) – Salvatore Del Gaudio, *Latin – Proto Slavic Language Contacts and their Reflexes in Early Old Church Slavonic Texts*. In: Marcello Garzaniti et al. (a cu-

ra di), *Contributi italiani al XV Congresso Internazionale degli Slavisti*. Firenze: Firenze University Press, 49-75.

Del Gaudio (2014a) – Сальваторе Дель Гаудіо, *Лексичні латинізми у старослов'янській мові*, «Актуальні проблеми української лінгвістики. Теорія і практика» 28: 80-88.

Del Gaudio (2014b) – Сальваторе Дель Гаудио, *Способы проникновения латинизмов в старославянский язык*, «Palaeobulgarica / Старобългаристика» 38, 1: 62-76.

ESJS (1989-2008) – *Etymologický slovník jazyka staroslověnského*. Praha: Academia.

ESUM (1982-2012) – *Етимологічний словник української мови*, в 7 томах. Київ: Наукова думка.

EWSS (1886) – Franz Miklosich, *Etymologisches Wörterbuch der slavischen Sprachen*. Wien: Braumüller.

Fasmer (1986-1987) – Макс Фасмер, *Этимологический словарь русского языка*, в четырех томах. Москва: Прогресс.

Ivanov (1989) – Вячеслав Всеволодович Иванов, *Латынь и славянские языки. Проблемы взаимодействия*. In: Геннадий Григорьевич Литаврин, Вячеслав Всеволодович Иванов (отв. ред.), *Развитие этнического самосознания славянских народов в эпоху зрелого феодализма*. Москва: Наука, 25-35.

Köbler (2014) – Gerhard Köbler, *Althochdeutsches Wörterbuch*, 6. Auflage. http://www.koeblergerhard.de/ahdwbhin.html (13.07.2016).

Kryžyc'kyj (1998) – Сергій Дмитрович Крижицький, *Давня історія України* II. Київ: Либідь.

L'vov (1966) – Андрей Степанович Львов, *Очерки по лексике памятников старославянской письменности*. Москва: Наука.

Marcialis (2005) – Nicoletta Marcialis, *Introduzione alla lingua paleoslava* (Biblioteca di Studi Slavistici 1). Firenze: Firenze University Press.

Marcialis (2007) – Nicoletta Marcialis, *Introduzione alla lingua paleoslava* (Manuali umanistica 8). Firenze: Firenze University Press.

Meillet (1902) – Antoine Meillet, *Études sur l'étymologie et le vocabulaire du vieux slave*. Paris: Bouillon.

Merlo (2014) – Roberto Merlo, *Un problema trascurato di fonetica storica romena: la "palatalizzazione delle velari" tra eredità latina e interferenze slave*, «Dacoromania», serie nouă, 19, 2: 165-197.

Račeva (1986) – Marija Račeva, *The Bulgarian dialect word мъшелник and some of the earliest Latin borrowings in Bulgarian*, «Балканско езикознание» 29: 19-21.

Renzi & Andreose (2009) – Lorenzo Renzi, Alvise Andreose, *Manuale di linguistica e filologia romanza*, III edizione. Bologna: Il Mulino.

REW (1935) – Wilhelm Meyer-Lübke, *Romanisches etymologisches Wörterbuch*. Heidelberg: Winters Universitätsbuchhandlung.

Sadnik & Aitzetmüller (1955) – Linda Sadnik, Rudolf Aitzemüller, *Handwörterbuch zu den altkirchenslavischen Texten*. Heidelberg, s-Gravenhage: Winter / Mouton.

Šega (2006) – Agata Šega, *Lessico etimologico di latinismi e di romanismi antichi in sloveno*. In: Elisa Corino, Carla Marello, Cristina Onesti (a cura di), *Atti del XII Congresso Internazionale di Lessicografia (Torino, 6-9 settembre 2006)/Proceedings of the XII EURALEX International Congress (Torino, Italia, 6th-9th September 2006)*, vol. 1. Alessandria: Dell'Orso, 89-96.

Seliščev (1951) – Афанасий Матвеевич Селищев, *Старославянский язык*. Москва: Государственное учебно-педагогическое издательство министерства просвещения РСФСР.

Shevelov (1964) – George Y. Shevelov, *A Prehistory of Slavic. The Historical Phonology of Common Slavic*. Heidelberg: Winter.

Simeonov (1968) – Борис Симеонов, *Към въпроса за ранните латински заемки в старобългарски*. In: Владимир И. Георгиев (ред.), *Славянска филология. Доклади и статии за VI Международен конгрес на славистите*, X: Езикознание. София: Издателство на Българската Академия на Науките, 121-131.

Skok (1931) – Petar Skok, *Byzance comme centre d'irradiation pour le mots latins des langues balkaniques*, «Byzantion» 6: 371-378.

Skok (1971-1974) – Petar Skok, *Etimologijski rječnik hrvatskoga ili srpskoga jezika*. 1–4. Zagreb: Jugoslavenska Akademija Znanosti i Umjetnosti.

Sophocles (1900) – Evangelinos Apostolides Sophocles, *Greek Lexicon of the Roman and Byzantine periods*, memorial edition. New York: Charles Scribner's Sons.

SSL (1994) – Раля Михайловна Цейтлин, Радослав Вечерка, Эмилия Благова (под ред.), *Старославянский словарь (по рукописям X-XI веков)*. Москва: Русский язык.

Stankov (2006) – Ростислав Станков, *О лексических моравизмах в древних славянских рукописях*. In: *Преславска книжовна школа*, том 9. Шумен: Университетско издателство, 29-52.

Stankov (2008) – Ростислав Станков, *О лексических моравизмах в древних славянских рукописях* (3). In: *Преславска книжовна школа*, том 10. Шумен: Университетско издателство, 40-70.

Stieber (1966/1974) – Zdzisław Stieber, *Rzym, Krzyż i Żyd*. In: Idem, *Świat językowy Słowian*. Warszawa: Państwowe wydawnictwo naukowe, 136-137 [originariamente pubblicato in «Rocznik Slawistyczny» 26, 1966, 1: 33-34].

Suprun (1991) – Адам Евгеньевич Супрун, *Старославянский язык*. Минск: Университетское [ristampato in Suprun 2013: 132-229].

Suprun (2013) – Адам Супрун, *Выбраныя працы*. Мінск: РІВШ / Acta Alba Ruthenica.

Sussex & Cubberley (2006) – Roland Sussex, Paul Cubberley, *The Slavic Languages*. Cambridge: University Press.

Tagliavini (1982) – Carlo Tagliavini, *Le origini delle lingue neolatine*. Bologna: Patron.

Tomelleri (in corso di stampa) – Vittorio Springfield Tomelleri, *Altkirchenslavische Westslavismen oder Ghostwords? Der Fall Wenzel*, «Wiener Slavistisches Jahrbuch», Neue Folge, 5 (2017).

Trunte (2012) – Nikolaos H. Trunte, *Slavia Latina. Eine Einführung in die Geschichte der slavischen Sprachen und Kulturen Ostmitteleuropas* (Slavistische Beiträge 482, Studienhilfen 17). München-Berlin: Sagner.

Tyščenko (2009) – Костянтин Миколайович Тищенко, *Італія і Україна: тисячолітні етномовні контакти*. Київ: Аквілон-Плюс.

Zagiba (1961) – Franz Zagiba, *Die bairische Slavenmission und ihre Fortsetzung durch Kyrill und Method*, «Jahrbücher für Geschichte Osteuropas», Neue Folge, 9, 1: 1-56.

Zagiba (1971) – Franz Zagiba, *Das Geistesleben der Slaven im frühen Mittelalter. Die Anfänge des slavischen Schrifttums auf dem Gebiete des östlichen Mitteleuropa vom 8. bis 10. Jahrhundert* (Annales Instituti Slavici, Veröffentlichungen des Institutum Salisburgo-Ratisbonense Slavicum, Salzburg – Wien – Regensburg, 7). Wien et al.: Hermann Böhlaus Nachfolger.

Miroslav Vepřek

K překladové paralele lat. *omnipotens* a stsl. vьsedrъžitelь*

Abstract: Towards the translation parallel of Latin *omnipotens* and Church Slavonic vьsedrъžitelь

The lexical correspondences, Greek παντοκράτωρ – Church Slavonic вьседръжитель and Latin *omnipotens* – Church Slavonic вьсемогъı, appear to be a traditional and logical pattern in Church Slavonic translations. In the present article, different cases are analyzed. First, the more complicated situation with the lexeme is presented and explains that it need not always be considered as a bohemism/moravism. For example, South Slavonic authors (from Bulgaria/Macedonia) used the form as a parallel to Greek παντοδύναμος. Second, the author provides select cases when the lexeme was used as a translation of Latin *omnipotens* in the Church Slavonic texts of Czech origin. Documented in the *Prayer of St. Gregory*, the *Second Church Salvonic Life of St. Wenceslas*, the noun was translated directly from the Latin term *omnipotentia*. Conversely, the same noun in the *Prayer to the Holy Trinity* has no direct lineage to the Latin model. Instead the noun was compiled from several sources, including texts translated from Latin. This fact can be interpreted in the context of the Church Slavonic literature of the 11th century. New translations in a larger spectrum of genres were appearing in this period. Thus, authors naturally adopted lexemes from texts of other Church Slavonic redactions. For example, lexical parallels between Czech Church Slavonic texts and writings of John the Exarch are well documented. The blending of Western and Eastern and Greek and Latin elements appears typical for Czech Church Slavonic. However, Latin influence was prevalent.

Keywords: translations, translation technique, lexicology, Church Slavonic

Úvod

Titul našeho pojednání se na první pohled jeví jako jistý protimluv. Lexikální materiál staroslověnštiny a církevní slovanštiny totiž podává tradičně vymezený vzorec, že lat. *omnipotens* bývá překládáno za pomoci slov. вьсемогъı, zatímco stsl. a csl. вьседръжитель slouží jako paralela řeckému kompozitu *παντοκράτωρ*.

Přesto však v textech některých církevněslovanských památek českého původu nacházíme výjimky, které si dle našeho názoru zasluhují pozornost a jimž se budeme věnovat níže.

Zastavme se ponejprve u lexému вьсемогъı. Toto kompozitum je v některých slavistických pracích poněkud schematicky chápáno jako moravismus/bohe-

---

* Studie vznikla v rámci projektu GAČR č. 13-09671S Hlaholský misál Vojtěcha Tkadlčíka – nová církevní slovanština v současných českých římskokatolických liturgických textech.

mismus, či alespoň jako příznak „západního" původu staroslověnských a církevněslovanských textů.[1]
Nejnověji se důkladné analýze tohoto lexému věnoval F. Čajka, který poukazuje na další dvě motivace užívání slova вьсемогꙑ v památkách nejstaršího slovanského spisovného jazyka (Čajka 2007). Řadu případů je třeba vysvětlovat jako vliv tradiční „normy" slovní zásoby staroslověnštiny a církevní slovanštiny, což platí zejména o doložení sledovaného lexému v památkách ruského původu. Můžeme totiž důvodně předpokládat, že kompozitum вьсемогꙑ přešlo do ruského prostředí spolu se staršími texty, a to ať už přímo českocírkevněslovanskými, či dokonce velkomoravskými (zprostředkovanými ovšem českými a bulharsko-makedonskými opisy).
Výskyt lexému v rukopisech bulharsko-makedonské provenience však vysvětluje i další motivace jeho užití – totiž jako kalk řeckého kompozita παντοδύναμος. Tuto paralelu v památkách makedonského původu podrobila důkladné analýze Z. Ribarova (Ribarova 2005a: 34-35). Můžeme též souhlasit s hypotézou, že lexém вьсемогꙑ náležel původně do archaické (snad předcyrilometodějské) vrstvy velkomoravských křesťanských termínů, který byl na slovanském jihu posléze funkčně využit jako paralela řeckého παντοδύναμος.[2] Obdobně charakterizuje situaci v rukopisech bulharských (např. v textech Jana Exarchy) F. Čajka na základě důkladné excerpce lexikografických databází (Čajka 2007: 194).
Dle Z. Ribarové nacházíme poněkud odlišnější stav v lexikálním systému církevněslovanského jazyka redakce chorvatské. Zde se četněji vyskytuje kompozitum вьсемогꙑ, a to i v případech, kdy paralelní texty makedonské provenience užívají lexém вьседрьжитель. Naproti tomu je kompozitum вьседрьжитель hojněji doloženo v „biblických" kontextech (Ribarova 2005b: 368). Lexikální materiál *Rječniku crkvenoslavenskog jezika hrvatske redakcije* dokazuje, že se jedná zejména biblické pasáže z breviářů a misálů, které navazují na starší texty, snad s kořeny v cyrilometodějské tradici, přeložené z řečtiny (Rječnik 2003: 18).[3]

---

[1] V tomto duchu viz např. Cejtlin (1977: 230), Páclová (1971: 278), Večerka (2010: 99).
[2] Ze staroslověnských a církevněslovanských textů makedonského původu jsou doložena též synonyma вьсемощьнъ a вьсесильнъ (Ribarova 2005b: 368).
[3] Otázka vztahu chravátskohlaholského středověkého písemnictví a velkomoravské tradice je značně složitá a její podrobnější charakteristika přesahuje možnosti tohoto příspěvku, proto se jí blíže nezabýváme.

V některých takových případech by snad bylo možno zvažovat hypotézu, že písaři charvátskohlaholských rukopisů a misálů mohli vědomě „archaizovat" jazykové prostředky a navzdory znění lat. předlohy obsahující lexém *omnipotens* užili grécismu вьседръжитєль. Jsme si vědomi, že se jedná o hypotézu, kterou by musela podložit důkladná analýza všech jednotlivých výskytů daného lexému, takže ji v žádném případě nepovažujeme za nespornou; na druhou stranu však nás vede k úvahám o jisté paralele s užíváním daných kompozit v památkách českého původu.

1. Lat. *omnipotens* – stsl. a csl. вьседръжитєль
Zde totiž nacházíme výše uvedený „paradox" – překlad lat. *omnipotens* grécismem вьседръжитєль. Konkrétně se jedná o jeden doklad z *Modlitby sv. Řehoře* (§ 1.1.), jeden doklad odvozeného substantiva вьседръжитєльствиє z *Druhé svatováclavské legendy o sv. Václavu* (§ 1.2.) a posléze několik dokladů z textu *Modlitby ke sv. Trojici* (§ 1.3.), u níž však přímou latinskou paralelu (prozatím?) neznáme, i když tento církevněslovanský text evidentně pochází z prostředí západní, latinské církve z Čech konce 11. století.

1.1. *Modlitba sv. Řehoře* patří k památkám, jež nebyly doposud zcela probádány. Po prvním upozornění na její hypotetický český původ A. I. Sobolevským (1905) až teprve edice z roku 2013 přináší základní předpoklady pro její další zkoumání (Vepřek 2013). Nicméně v doprovodné studii k této edici jsme přinesli dostatek důkazů, že se jedná o překlad z latiny (paralelním textem je ve středověku velmi rozšířená modlitba *Oratio sancti Gregorii*, dochovaná minimálně v téměř třech desítkách rukopisů od 9. do 15. století) a o církevněslovanský text, jehož vznik můžeme klást do Čech nejspíše do 11. století. Csl. znění se dochovalo ve třech verzích ruskocírkevněslovanských[4] – nejstarší z *Jaroslavského modlitebního sborníku* ze 13. století, jedné srbskocírkevněslovanské (Čajka 2014) a její část také jako přídavný text ve staroslověnském *Dimitrijově žaltáři* (Stankovska 2015) z 11./poč. 12. století.

1.2. Naproti tomu tzv. *Druhou staroslověnskou legendu o sv. Václavu* (dle svého objevitele nazývanou též *Legendou Nikoľského*) můžeme považovat za

---

[4] Podle ústního sdělení kolegy Františka Čajky jsou další rukopisné verze zachované v rukopisech Kyjevsko-pečorské Lávry.

památku, která byla v minulosti mnohokrát podrobena důkladným analýzám. Její český původ dnes pokládáme prakticky za nesporný; nejčastěji je její vznik kladen do Sázavského kláštera, některé pozoruhodné lexikální a překladatelské paralely ukazují, že by snad mohla pocházet z podobné překladatelské školy jako nejrozsáhlejší církevněslovanská památka českého původu – tzv. *Besědy sv. Řehoře Velikého* (podrobněji k této problematice i se shrnutím dosavadní literatury předmětu viz Vepřek 2004).

K oběma jmenovaným památkám se zřejmě přimykají též výše zmíněná *Modlitba sv. Řehoře* a *Modlitba vyznání hříchů* (u ní můžeme nalézt cenné lexikální shody s *Druhou stsl. legendou o sv. Václavu*, např. любитель v překladu lat. *amator*, substantivum издрѣшеник aj. (Vepřek 2013: 86). Charakteristickým překladatelsko-stylistickým prostředkem je ve všech čtyřech jmenovaných textech též hendiadys, tedy překlad jednoho slova originálu dvěma (výjimečně též více) synonymy.[5]

1.3. *Modlitbu ke sv. Trojici*[6] považujeme za pozdní produkt sázavské literární školy, který vznikl až v posledním desetiletí existence slovanského Sázavského kláštera. Tuto skutečnost prokázal zejména V. Konzal, dle něj terminus post quem představuje rok 1086 – jedná se o datum umučení světců z Ostende (sv. Knuta, Benedikta a Albána), jejichž jména jsou zařazena do souboru invokací (Konzal 1991: 20). Modlitba je dochována z ruského prostředí, a to ve dvou verzích. První z nich představuje zlomek vydaný I. A. Šljapkinem (Šljapkin 1884), přičemž podrobnému zkoumání byl prozatím podroben tento zlomek; delší verze byla publikována A. S. Archangelským (Archangeľskij 1884) a na novou detailní analýzu teprve čeká.[7] Badatelé se doposud zabývali především interpretací souboru světců, emendací nejasných míst a rekonstrukcí uvedených jmen.

---

[5] O užití hendiadys v *Besědách sv. Řehoře Velikého* a ve *Druhé stsl. legendě o sv. Václavu* souhrnně pojednala E. Bláhová (Bláhová 1993: 430), která navázala na starší práci J. Reinharta, zabývající se podrobně tímto jevem v *Besědách sv. Řehoře Velikého* (Reinhart 1986).

[6] Až po dopsání této studie byl publikován velmi důležitý a podnětný článek zabývající se podrobně textovou a lexikální analýzou *Modlitby ke sv. Trojici* (viz Mikulka 2015); výsledky jeho zkoumání tak bohužel nejsou v naší stati zohledněny.

[7] Důležitý krok k dalšímu zkoumání bude jistě umožněn díky chystané nové edici, kterou připravují pracovníci Slovanského ústavu AV ČR v Praze. Těmto kolegům, jmenovitě zejména F. Čajkovi, srdečně děkuji za poskytnutí dosud nepublikovaných materiálů.

2. Textové paralely církevněslovanských modliteb českého původu

Ve světle novějších poznatků se však ukazuje jako velmi důležité analyzovat také zbývající pasáže modlitby. Při komparaci s dalšími paraliturgickými památkami českého původu totiž můžeme zjistit, že jsou do textu *Modlitby ke sv. Trojici* zahrnuty pasáže *Modlitby vyznání hříchů* a *Modlitby sv. Řehoře*. Důležité je zjištění, že tyto úryvky jsou do textu organicky vkomponovány na několika místech, což nás vede k přesvědčení, že znění dochované v delší verzi modlitby by mohlo zachovávat výslednou redakci textu, která přešla z českého prostředí do ruských středisek církevní slovanštiny. Bylo by jistě velmi žádoucí podrobně prozkoumat zbývající pasáže modlitby, které mohou obsahovat další citace či alespoň ohlasy dobových slovanských a případně též latinských modliteb. Pro ilustraci uveďme alespoň dva příklady začlenění úryvků výše zmíněných modliteb do textu (citované pasáže podtrhujeme):[8]

2.1. citace z *Modlitby vyznání hříchů*

ТЫ БО ЄСИ РАЗДРѢШИТЕЛЬ ДУШАМЪ И ТѢЛОМЪ. ТЫ БО ЄСИ ЗБАВИТЕЛЪ[9] ВѢРУЮЩИМЪ Е ТА. ТЫ БО ЄСИ ѴПОВАНЇЄ ТРУЖАЮЩИМСѦ. ТЫ БО ЄСИ НАСТАВНИКЪ НАРОДОМЪ. ТЫ БО ЄСИ ТВОРЄЦЪ ВСѢМЪ ТВАРЄМЪ, ТЫ БО ЄСИ ЛЮБИТЄЛЪ ВСѦКОМУ ДОБРУ. ТЫ БО ЄСИ ВЛАДЫКА ВСѢМЪ СИЛАМЪ НЄБЄСНЫМЪ. ТЫ БО ЄСИ СВѢТЪ СВѢТА ВЛАДѢѦ ДНЄМЪ И НОЩИЮ И ВСѢМИ ЧАСЫ. ТЫ БО ЄСИ ИСТОЧНИКЪ СВѦТЫНѦМЪ. ТЫ БО ЄСИ ИСПОЛНЕНЇЄ С͠ТАГО ДУХА И СПАСЄНЇЄ ВСѢМЪ ЧЕЛОВѢКОМЪ. ТЫ БО ЄСИ ЦАРЬ ЦАРЄМЪ И ЄДИНЪ ГОСПОДЬ ГОСПОДЄМЪ. ВЛАДѢѦ ВЫШИНИМИ И ПРЄИСПОДНИМИ (Archangel'skij 1884: 9)

2.2. citace z *Modlitby sv. Řehoře*

ТѢМ ЖЄ МОЛЮ ТИ СѦ БЛАГЇИ ГОСПОДИ ДОЛГОТРЬПѢЛИВЄ ДА МИ ПОДАСИ ТРЬПѢНЇЄ И ВЪЗДЄРЖАНЇЄ. СМѢРЄНЇЄ. КРОТОСТЬ. ИСТИННУ ЛЮБОВЬ. ВѢРУ. ЧААНЇЄ И ВСЮ НАДЕЖЮ БЛАГУ. ДА ВОЗМОГУ ПРЄБЫВАТИ ВЪ ДОБРЫХЪ ДѢЛЄХ. И СТВОРИ СЄРДЦЄ МОЄ ВОСХОТѢТИ ОТВЄРГЪ ВСЄ ЗЛОЄ. ИЖЄ ГЛАГОЛАХ И СТВОРИХ И ПОМЫСЛИХ ВЪ УНОСТИ МОЄЙ. ѦЖЄ НЄ УГОДИЛЪ БУДУ ТЄБѢ (Archangel'skij 1884: 6)

---

[8] Zde i níže citujeme csl. text z edice A. S. Archangelského (1884).

[9] Povšimněme si zde absence počátečního и-; ve shodě s vývojem na českém jazykovém území bychom mohli tento jev považovat za hláskoslovný bohemismus.

Domníváme se, že tyto dva příklady výborně dokumentují skutečně organické začlenění citací do textu *Modlitby ke sv. Trojici*, jakkoliv podrobné textologické zkoumání bude ještě v budoucnu zapotřebí.

3. Použití slova вьседръжитєль v památkách českého původu

Nyní se podrobněji zaměříme na centrální otázku naší stati, kterou jsme nastínili v úvodu, totiž na výskyt substantiva вьседръжитєль v csl. památkách českého původu a jeho případnou ekvivalenci k lat. *omnipotens*. V *Modlitbě sv. Řehoře* tento doklad nacházíme v pasáži s odpovídajícím zněním lat. předlohy:[10]

тєбє молю гӥ іс҃є х҃є вьседєржитєлю · да ѿпоустиши мнѣ вьса грѣхꙑ моꙗ (Jar, 77a 10-14)[11] – *Te deprecor d(omi)ne d(eu)s omnip(oten)s ut dimittas mihi om(ni)a peccata mea*

Derivát – denominativní abstraktum вьседръжитєльствиѥ – nacházíme v *Druhé stsl. legendě o sv. Václavu* v úryvku s lat. paralelou:[12]

тамж(є) божїємъ вьседръжитєльствїємъ часто свѣтащим'са (kap. 23, ř. 75-76) – *Ibi vero divina saepius corruscante omnipotentia*

V *Modlitbě ke sv. Trojici* se vyskytuje kompozitum вьседръжитєль dvakrát, a to v pasážích:

a) занєжє ожєстѣ ми сєрдцє ꙗко и камєнь[13] зѫбами грѣховьными. сшєд с пѫти праваго заблѫдихсꙗ во тмѣ грѣховьнѣи. нѣсть бо конца и краꙗ моим бєсчислєньіым грѣхомъ ими жє быхъ опаакань [sic] отъ аг҃г҃ла. ими жє быхъ поношєнїє и смѣхъ врагом. о ими жє быхъ осѫжєнъ разноличным мукам

---

[10] Pasáž citujeme dle snímku Jaroslavského sborníku.
[11] Citujeme dle nové edice lat. textu (Vepřek 2013: 125).
[12] Csl. i lat. text citujeme dle edice J. Vašici (Vašica 1929: 117, 133).
[13] Záměrně zde uvádíme delší textový úryvek, poněvadž také pasáž ожєстѣ ми сєрдцє ꙗко и камєнь je možno považovat za citaci z *Modlitby sv. Řehoře*. Jedná se tedy o další svědectví o tvůrčím postupu autora (kompilátora?) *Modlitby ke sv. Trojici*, který citace organicky včleňoval do textu.

бесконечнымъ. но тъ милостивыи вседръжителю невидимыи отче. прїими нынѣ мое покаанїе (Archangeľskij 1884: 11)

b) и помилүи мены + (гд)и [sic] боже царю вседръжителю всеы вселенныы. молю ти см азъ недостоины грѣшны рабъ твои. и͞мр. (Archangeľskij 1884: 14)

Na prvním místě bychom samozřejmě neměli opomenout otázku, zda se sledovaný lexém nacházel již v archetypech památek, tedy v prvotních verzích vzniknuvších v českém prostředí. Existuje totiž jistá možnost, že kompozitum вьседръжитель a jeho derivát вьседръжительствиѥ byly do textů včleněny namísto hypotetického prvotního вьсемогъı až sekundárně při jejich opisování v ruském prostředí jako projev záměrné grécizace textu. Proti této hypotéze však svědčí dle našeho názoru několik skutečností –

1. v ruskocírkevněslovanských památkách je lexém вьсемогъı dobře doložen (srov. výše) a ruští písaři tak zřejmě neměli motivaci toto slovo nahrazovat;

2. sledované lexikální jednotky nacházíme ve více památkách českého původu (dokonce i žánrově různorodých);

3. v *Modlitbě ke sv. Trojici* nacházíme paralelně obě synonymní kompozita (mimo výše zmíněných dvou dokladů substantiva вьседръжитель jsme z delší verze modlitby vyexcerpovali tři případy výskytu slova вьсемогъı).[14]

Skutečnost, že lexém v csl. památce českého původu neodpovídá lat. předloze, nýbrž paralelnímu ekvivalentu řeckému (ačkoliv se nejedná o překlad z řečtiny), je konečně též v souladu s charakteristickými jazykovými prvky české církevní slovanštiny, které byly zjištěny u poměrně většího počtu dalších případů. Podle I. Páclové (Páclová 1971) totiž můžeme identifikovat skupinu kompozit z českocírkevněslovanských památek, jež překládají lat. nesložené slovo (případně sousloví), ale přesnou slovotvornou i sémantickou

---

[14] V edici A. S. Archangelského je nalezneme na stranách 7, 8 a 9.

paralelu nacházíme v řečtině. Jedná se např. o následující adjektiva či participium prézentu aktiva (Páclová 1971: 281-282):

зълооүстъ – překlad lat. *levis eloquio* – řec. paralela κακόστομος (z Besěd sv. Řehoře Velikého);

лютосръдиѥ – překlad lat. *crudelitas* – řec. paralela σκληροκαρδία (z Besěd sv. Řehoře Velikého);

вьсевѣдъі – lat. *qui omnia scit* – řec. paralela παντοδαής (z *Druhé stsl. legendy o sv. Václavu*).

Závěry

Domníváme se, že právě do toho kontextu velmi dobře zapadá užití grécismu вьседръжитєль v textech vzniknuvších v českocírkevněslovanském prostředí, na nějž chceme upozornit. Položme si otázku, co vedlo překladatele z latiny při převodu lat. *omnipotens*, případně *omnipotentia* či tvůrce originální modlitby v prostředí vlivu západní církve k užití tohoto grécismu. Dalo by se uvažovat o autorově vzdělání v řeckém jazyce, avšak to nepovažujeme za nezbytně nutný předpoklad, navíc se domníváme, že hypotézy o eventuální hlubší znalosti řečtiny v českých kulturních centrech 10.-11. století jsou přinejmenším problematické (srov. blíže Vepřek 2010).
Jako další možné vysvětlení se jeví snaha o záměrnou archaizaci textu dle původní „normy" staroslověnského jazyka, které byla i po stránce lexikální ovlivněna řečtinou. Byť některé grécismy mohli čeští autoři či překladatelé a kompilátoři církevněslovanských památek znát ze starších rukopisů pocházejících svým textovým původem z velkomoravského období, ani tuto možnost však v případě konkrétního lexému вьседръжитєль nepovažujeme za příliš pravděpodobnou – velkomoravská staroslověnština, na niž česká církevní slovanština přímo navazuje, užívala latinismu вьсємогъі přinejmenším dubletně, ne-li většinově (srov. např. *Kyjevské listy*, kde je paralela lat. *omnipotens* – вьсємогъі zcela pravidelná).
Daleko pravděpodobnější se jeví vykládat užití sledovaného lexému, ale i dalších výše zmíněných lexikálních jednotek jako snahu o přiblížení se jazyku a stylu dalších soudobých staroslověnských památek jiných redakcí. Nemůžeme sice hovořit o bezproblémové a automatické komunikaci českých středisek

církevněslovanské vzdělanosti (zejména Sázavského kláštera) s jinými soudobými centry nejstaršího slovanského spisovného jazyka, nicméně k takovýmto kontaktům a výměnám rukopisů zřejmě v daném období docházelo. Tuto hypotézu dosvědčují už jen cesty českých rukopisů zejména na Kyjevskou Rus; můžeme důvodně předpokládat, že slovanské památky byly do Čech taktéž importovány. A že se nejednalo zřejmě jen výlučně o vzájemné vztahy českoruské, ale též o vazby na prostředí jihovýchodoslovanské (pravděpodobně zejména prostřednictvím slovanských klášterů v Uhrách), o tom svědčí skutečnost, že pozoruhodné paralely nacházíme v lexikálních shodách památek českého původu s bulharskými texty, na něž upozornily zejména E. Bláhová a Ž. Ikonomova (Blagova & Ikonomova 1993). Především v 11. století byl prakticky ve všech tehdy existujících redakcích staroslověnštiny a církevní slovanštiny rozšiřován korpus textů, žánrově různorodějších. Zřejmě v tomto období bylo zapotřebí též obohatit slovní zásobu i mimo klasický biblický a liturgický kontext (srov. Mareš 1963: 248). Jak soudí E. Bláhová,

> staroslověnština – nebo církevní slovanština, jak bývá někdy nazývána již pro toto období – byla jak autory, respektive překladateli, tak uživateli chápána jako jazyk obecně slovanský (*slověnьskъ*) a autoři nejlepší kvalit (jako např. bulharský Jan Exarcha a český překladatel Besěd Řehořových) obohacovali svůj slovník jak o výrazy z vlastního prostředí, tak o výrazy z prostředí jiných, málo užívané a přece obecně srozumitelné (Bláhová 1993: 427).

Díky migraci rukopisů a čilým kulturním kontaktům se tak mohly do jisté míry stírat dřívější tradiční teritoriální příznaky jednotlivých lexémů.
Prolínání západních a východních vlivů v různých rovinách (např. i v povaze textů liturgických) se ukazuje jako typické pro českou redakci církevní slovanštiny, i když samozřejmě vliv západní a působení latiny je třeba považovat za převažující. Tato skutečnost nejen že ukazuje na důležitost zkoumání českocírkevněslovanských památek jako svébytného celku, nýbrž také na jejich význam v rámci celého písemnictví nejstaršího slovanského spisovného jazyka. A závěrem je jistě velmi pozitivní konstatovat, že řada otázek v této problematice zůstává dosud nezodpovězena.

Literatura

Archangeľskij (1884) – Александр Семенович Архангельский, *Любопытный памятник русской письменности XV века* (Памятники древней русской письменности и искусства 50). С.-Петербург: Типография С. Добродеева.

Blagova & Ikonomova (1993) – Эмилия Благова, Живка Икономова, *Лексические совпадения Бесед Григория Двоеслова и Второго Жития Вячеслава с лексикой Иоанна Экзарха*, «Palaeobulgarica / Старобългаристика» 17, 3: 13-26.

Bláhová (1993) – Emílie Bláhová, *Ke klasifikaci českocírkevněslovanských památek*, «Slavia» 62: 427-442.

Bláhová (2006) – Emílie Bláhová, *Literární vztahy Sázavy a Kyjevské Rusi*. In: Petr Sommer (ed.), *Svatý Prokop, Čechy a střední Evropa*. Praha: Nakladatelsví Lidové noviny, 219-234.

Cejtlin (1977) – Раля Михайловна Цейтлин, *Лексика старославянского языка. Опыт анализа мотивированных слов по данным древнеболгарских рукописей X-XI вв.* Москва: Наука.

Čajka (2007) – František Čajka, *K staroslověnskému a církevněslovanskému вьсємогꙑ*. In: Jiří Koten (ed.), *Prostor v jazyce a literatuře. Sborník z mezinárodní konference*. Ústí nad Labem: Univerzita J. E. Purkyně, 193-196.

Čajka (2014) – František Čajka, *Srbscírkevněslovanský rukopis Modlitby sv. Řehoře*. In: Pavel Kouřil (ed.), *Cyrilometodějská misie a Evropa – 1150 let od příchodu soluňských bratří na Velkou Moravu*. Brno: Archeologický ústav AV ČR, 288-290 (v tisku).

Konzal (1991) – Václav Konzal, *Otazníky kolem církevněslovanské modlitby k sv. Trojici a českých vlivů na literaturu Kyjevské Rusi*, «Slavia» 60: 8-23.

Mareš (1963) – František Václav Mareš, *Греческий язык в славянских культурных центрах Чехии XI века*, «Byzantinoslavica» 24: 247-249.

Mikulka (2015) – Tomáš Mikulka, *Ke genezi církevněslovanské Modlitby ke svaté Trojici*, «Slavia» 84: 372-396.

Páclová (1971) – Ilona Páclová, *K otázce lexikálních grécismů v staroslověnských památkách s latinskou předlohou*. In: Marta Bauerová, Markéta Štěrbová (eds.), *Studia palaeoslovenica*. Praha: Academia, 277-284.

Reinhart (1986) – Johannes Reinhart, *Une figure stylistique dans la traduction vieux-slave des «Homélies sur les Evangiles» de Grégoire le Grand en comparaison avec les textes Scripturaires*. In: Jacques Fontaine et al. (eds.), *Grégoire le Grand: Actes du colloque international du CNSR, Chantilly, Centre culturel Les Fontaines, 15-19 septembre 1982* (Colloques internationaux du Centre National de la Recherche Scientifique 612). Paris: Édition du Centre National de la Recherche Scientifique, 597-606.

Ribarova (2005a) – Зденка Рибарова, *Јазикот на македонските црковнословенски текстови*. Скопје: Македонска академија на науките и уметностите.

Ribarova (2005b) – Zdenka Ribarova, *Uz nekoliko kršćanskih termina u makedonskim csl. tekstovima*. In: Stjepan Damjanović (ed.), *Drugi Hercigonjin zbornik*. Zagreb: Hrvatska sveučilišna naklada, 367-372.

Rječnik (2003) – Zoe Hauptová (ed.), *Rječnik crkvenoslavenskoga jezika hrvatske redakcije – Lexicon linguae slavonicae redactionis croaticae – Slovesa knigъ slověnskihъ ezikomъ hrъvatskimъ angliiskimъ grъčskimъ i latinskimъ skazaema*, 11: vrědьnь[1] – vsue. Zagreb: Staroslavenski zavod Hrvatskoga filološkog instituta

Sobolevskij (1905) – Алексей Иванович Соболевский, *Несколько редких молитв из русского сборника XIII века*, «Известия Отделения русского языка и словесности Императорской Академии наук» 10, 4: 66-78.

Stankovska (2015) – Petra Stankovska, *Psalterium Demetrii Sinaitici (monasterii sanctae Catharinae codex slav. 3/N) adiectis foliis medicinalibus*, «Slavia» 84 (v tisku).

Šljapkin (1884) – Илья Александрович Шляпкин, *Любопытный памятник русской письменности XV века. Сообщение члена-корреспондента Императорского Общества любителей древней письменности А. Архангельского. С.-Пб. 1884. (Памятники древней письменности)*, «Журнал Министерства народного просвещения», шестое десятилетие, часть CCXXXVI (Ноябрь), критика и библиография: 267-269.

Vašica (1929) – Josef Vašica, *Druhá staroslověnská legenda o sv. Václavu. Úvod a text s českým i latinským překladem*. In: Josef Vajs (ed.), *Sborník staroslovanských literárních památek o sv. Václavu a sv. Lidmile*. Praha: Česká akademie věd a umění, 71-135.

Večerka (2010) – Radoslav Večerka, *Staroslověnská etapa českého písemnictví*. Praha: Nakladatelství Lidové noviny.

Vepřek (2004) – Miroslav Vepřek, *K lexikální příbuznosti dvou českocírkevněslovanských památek*, «Studia bohemica» 9: 101-107.

Vepřek (2010) – Miroslav Vepřek, *K otázce vlivu řečtiny na slovanské písemnictví přemyslovských Čech v 10. a 11. století*, «Bohemica Olomucensia» 2, 22-28.

Vepřek (2013) – Miroslav Vepřek, *Modlitba sv. Řehoře a Modlitba vyznání hříchů v církevněslovanské a latinské tradici*. Olomouc: Univerzita Palackého.

Jana Kuběnová

K překladu latinských vedlejších vět vztažných a účelových v Besědách Řehoře Velikého

Abstract: On the translation of Latin relative and final clauses in the Homilies of Gregory the Great

Besědy by Gregory the Great (Bes) is known as an Old Church Slavonic translation of 40 homilies by Pope Gregory the Great. This translation most likely originated in the second half of 11th century in Sazava cloister. In the homily texts there are a number of Bible quotes from the Old and the New Testament, but the majority of quotes come from the Gospels.
This article focuses on different ways of translating relative and final clauses in Gospel pericopes in Bes. Gospel quotes are found in all homilies, so both pieces of text can give scholars insight into the ways in which the Bes text can be compared with parallel parts in the oldest Old Church Slavonic Gospel translation.
Relative clauses are translated in two different ways in Bes: by a clause or by a participle.
To render Latin final clauses with imperfect subjunctive, several methods of translation are used, namely да + conditional, infinitive, supine, да + present indicative; Latin final clauses in present subjunctive are translated by means of a subordinate clause with a conjunction (да + present indicative).

Keywords: Gregory the Great, Besědy, relative clauses, final clauses, Old Church Slavonic Gospel

Úvod

Pod názvem Besědy Řehoře Velikého (Bes) je znám církevněslovanský (csl.) překlad 40 homilií papeže Řehoře Velikého na evangelia, který vznikl pravděpodobně v 2. polovině 11. století v Sázavském klášteře.
Jedná se o nejrozsáhlejší českocírkevněslovanskou památku, která obsahuje 40 Řehořových homilií, a na závěr jsou připojeny texty dvou modliteb (*Slovo boleštichъ radi* a *Molitva o izbavlenii otъ blǫda*). Csl. text se zachoval v mladších ruských opisech ze 13.–18. století; prozatím je známo 16 relativně úplných rukopisů a řada úryvků ve sbornících (podrobněji viz Konzal 2005a, 2006).
V textu homilií se vyskytuje řada biblických citátů, starozákonních i novozákonních, nejvíce citátů je z evangelií. Úryvek z evangelia se objevuje v úvodu každé homilie, většinou se jedná o verš či dvojverší z evangelní perikopy,

na níž je homilie přednášena; také v samotném textu homilie se nachází mnoho evangelních citátů. Na důležitost zkoumání evangelních úryvků poukázal F. V. Mareš, který upozorňuje na shody s nejstarším zněním staroslověnského (stsl.) evangelního překladu, ale také na podobnosti s překladem staročeským (Mareš 1963).
Podrobněji se evangelním citátům v Bes věnovala I. Páclová, která v Bes nachází citáty shodné s řečtinou a nejstaršími evangelními překlady, dále pak biblické citáty shodující se s řečtinou, ale od nejstaršího stsl. překladu se odlišující, a také skupinu citátů odlišující se od řeckého i latinského originálu i od stsl. překladu (Páclová 1970).
Vybranými evangelními citáty, konkrétně těmi, které se nacházejí v Bes a zároveň v Novljanském breviáři – charvátskohlaholské památce, se zabývala P. Stankovska-Fetková, která ve shodě s Marešem a Páclovou konstatuje, že překladatel Bes převádí biblické citáty většinou ad hoc z latiny, ale vyskytují se zde také citáty shodné s nejstarším stsl. evangelním překladem (Fetková 1996).
Překladové technice z latiny do církevní slovanštiny, také na materiálu Bes, se ve svých studiích věnuje V. Konzal (Konzal 1994, 2005, 2012) a M. Vepřek (Vepřek 2013).
V tomto článku se zaměříme na způsob překladu lat. vedlejších vět vztažných a účelových v evangelních úryvcích v Bes. Citáty z evangelií se vyskytují ve všech homiliích, takže nám mohou poskytnout obraz o způsobu překladu v celé památce, zároveň je lze srovnat s paralelními místy nejstaršího stsl. překladu.

1. Latinské vedlejší věty vztažné

V překladech z řečtiny se setkáváme za řec. participium, které se vyskytuje především se členem, s dvěma způsoby překladu do staroslověnštiny; jednak pomocí složeného participia nebo vedlejší větou s иже. V evangelních citátech v Bes, které jsou překladem z latiny, jsou lat. vedlejší věty vztažné (na paralelním místě v řeckém textu se často objevují participia se členem) do staroslověnštiny převáděny vedlejší větou s иже nebo složeným participiem. Sledujeme-li způsob překladu lat. vedlejších vět vztažných v biblických verších v Bes, musíme zohlednit také možný vliv nejstaršího staroslověnského překladu, který byl pořízen z řečtiny a jenž mohl mít vliv na překladatele Bes.

K překladu latinských vedlejších vět 51

V homilii č. 19 se nachází verš Mt 20,12 (1); znění citátu v Bes se od nejstaršího stsl. evangelního překladu, zde reprezentovaného Mariánským kodexem, odlišuje ve všech jazykových rovinách. V Bes se za lat. vedlejší větu vztažnou vyskytuje vedlejší věta se spojkou иже, na paralelním místě v Mar[1] participium:

(1) **Mt 20,12** (H 19; 93bα2-7)
  Lat.: *Hi novissimi una hora fecerunt, et pares illos nobis fecisti qui portavimus pondus diei et aestus?*
  Bes: сии послѣдьнии ѥдиноѵ годиноѵ дѣлаша и равьнъіⰻа с нами створи иже понесохомъ брѣма дне и знои?
  Mar: како сыⰻ послѣдьнаⰻа. единъ часъ сътворьша. и равъны намъ сътворилъ ⰻа еси. понесъшеимъ таготѫ дьне и варъ?
  Řeč.: οὗτοι οἱ ἔσχατοι μίαν ὥραν ἐποίησαν, καὶ ἴσους ἡμῖν αὐτοὺς ἐποίησας τοῖς βαστάσασι τὸ βάρος τῆς ἡμέρας καὶ τὸν καύσωνα;

Součástí šesté homile je úryvek Mt 11,6, v němž v lat. předloze vidíme vedlejší větu vztažnou, kterou překladatel Bes převádí pomocí vedlejší věty se spojkou иже (2). Na odpovídajícím místě v Mar se nachází tatáž vedlejší věta jako překlad řec. ἐὰν μὴ σκανδαλισθῇ, tedy vedlejší věty nikoli participia. Absence tvaru slovesa быти v první části verše v Bes, jenž nemá odpovídající ekvivalent v lat. předloze, nás vede k domněnce, že překladatel převáděl text lat. originálu bez vlivu stsl. evangelních textů, takže také v druhé části verše nepředpokládáme, že by užití vedlejší věty bylo ovlivněno nejstarším stsl. biblickým překladem:

(2) **Mt 11,6** (H 6; 21aα20-22)
  Lat.: *Beatus qui non fuerit scandalizatus in me*
  Bes: блаженъ иже не блазнитъ сѧ о мнѣ
  Mar: и блаженъ естъ иже не съблазнитъ сѧ о мьнѣ
  Řeč.: μακάριός ἐστιν ὃς ἐὰν μὴ σκανδαλισθῇ ἐν ἐμοί

Verš Mt 11,6 se v šesté homilii objevuje ještě jednou, ale nacházíme v něm odlišnost v užitém slovesném tvaru (3). Ve verši uvedeném výše se po spojce nachází tvar ind. préz. aktiva (stejně jako v Mar), ale v druhém případě se v

---

[1] Zkratky stsl. památek užíváme dle úzu Slovníku jazyka staroslověnského (SJS).

Bes po spojce setkáváme se spojením nt-ového participia slovesa сълазнити a tvaru боудеть, lze se domnívat, že překladatel zde napodobuje lat. *scandalizatus fuerit*. V Uvarovském rkp.² (dále zkracujeme Uvar) vidíme vedlejší větu: иже не съблазнить са ѡ мнѣ, která se shoduje s textem v Mar. Tuto shodu je možné vysvětlit pozdějším sblížením evangelních citátů z Bes se stsl. evangelním překladem. Nereflektování lat. *est* v první části verše je zřejmě způsobeno vlivem přímé lat. předlohy, neboť se nacházejí lat. rukopisy, v nichž se tvar *est* v této homilii nevyskytuje:

(3) **Mt 11,5-6** (H 6; 20bα15-bβ2)
Lat.: [...] *et beatus est <u>qui non fuerit scandalizatus in me</u>*
Bes: [...] и блаженъ <u>иже не съблазна са ѡ мнѣ боудеть</u>
Mar: [...] ι блаженъ естъ <u>иже не съблазнитъ са о мьнѣ</u>
Řeč.: [...] καὶ μακάριός ἐστιν <u>ὃς ἐὰν μὴ σκανδαλισθῇ ἐν ἐμοί</u>

V evangelních citátech v Bes se setkáváme s překladem lat. vedlejších vět vztažných participiem, často se taková místa shodují se zněním nejstaršího stsl. evangelního překladu, a mnohdy nelze rozhodnout, zda se jedná o přímý vliv stsl. evangelního textu nebo o vliv velkomoravské překladové školy, kdy se za řec. participium kladlo v staroslověnštině složené participium nebo vedlejší věta se spojkou иже – dva synonymní způsoby překladu (Večerka 1961). Stejně tak je lat. vedlejší věta vztažná překládána vedlejší větou s иже nebo participiem:

(4a) **J 1,24** (H 7; 30aβ1-2)
Lat.: *Et <u>qui missi fuerant</u> erant ex Pharisaeis*
Bes: и <u>послани</u> бѣша ѿ фарисеи
Mar: ι <u>посъланиι</u> бѣахѫ отъ фарисѣи
Řeč.: Καὶ <u>ἀπεσταλμένοι</u> ἦσαν ἐκ τῶν φαρισαίων

(4b) **Mt 4,18-19** (H 5; 17bα13-bβ1)
Lat.: [...] *vidit duos fratres, Simonem, <u>qui vocatur Petrus</u>, et Andream fratrem ejus*
Bes: [...] видѣ два брата симона • <u>нарицаѥмаго</u> (гл‹агола›емаго Uvar) петра • и андрѣиа брата ѥмоу

---
² Jedná se o mladší ruskocírkevněslovanský rukopis Bes datovaný do 14. / 15. století.

Mar: [...] видѣ дъва брата. симона нарицаюмааго (рекомаго Sav) петра. и аньдрежъ брата юго

Řeč.: [...] εἶδεν δύο ἀδελφούς, Σίμωνα τὸν λεγόμενον Πέτρον καὶ Ἀνδρέαν τὸν ἀδελφὸν αὐτοῦ

V obou příkladech vidíme, že lat. vedlejší věta vztažná je v Bes přeložena participiem, v žádném ze sledovaných variantních rukopisů nenacházíme syntaktickou odlišnost. V J 1,24 (4a) si můžeme všimnout, že v Bes je užit jmenný tvar participia, kdežto v Mar je participium skloňováno složeně. V Mt 4,18-19 (4b) nacházíme lexikální variantu гл‹аголл›ѥмаго v Uvarovském rukopise, toto různočtení se neshoduje ani s variantou uvedenou na odpovídajícím místě v Sav (рекомаго).

Srovnáváme-li překlad lat. vedlejších vět vztažných v Bes s paralelním místem v stsl. evangeliích, nacházíme také citáty, kdy je lat. vedlejší věta vztažná v Bes přeložena participiem, na odpovídajícím místě v Mar pak vidíme vedlejší větu s иже. Např. v šesté homilii (5) je dvakrát uveden verš Mt 11,8, který je v Bes přeložen vždy stejným způsobem, za lat. vedlejší větu vztažnou je užito participium, ale z nejstaršího stsl. evangelního překladu je doložena vedlejší věta s иже jako překlad řec. participia φοροῦντες:

(5) **Mt 11,8** (H 6; 22aβ6-13) + **Mt 11,8b²** (H 6; 22aβ18-21)
Lat.: [...] *Ecce qui mollibus vestiuntur in domibus regum sunt*
Bes: [...] се ѡдѣющии са макъкъіми ризами въ цр҃ихъ домъхъ соуть
Mar: [...] се иже макъка носатъ. въ домохъ цр҃(их) сѫтъ
Řeč.: [...] ἰδοὺ οἱ τὰ μαλακὰ φοροῦντες ἐν τοῖς οἴκοις τῶν βασιλέων εἰσίν

O synonymitě užití participia nebo vedlejší věty s иже za lat. vedlejší větu vztažnou mohou svědčit doklady stejných evangelních veršů, v nichž je doložen překlad jednou participiem podruhé vedlejší větou. Ve verši Mt 5,44 si můžeme všimnout, že z homilie č. 38 je v rukopisu Q³ uvedena varianta, která koresponduje se zněním nejstaršího stsl. evangelního překladu (6b). Je pravděpodobné, že k této shodě došlo pozdějším sblížením evangelních citátů v Bes a staršího stsl. biblického překladu:

---

[3] Mladší rukopis Bes ruské redakce z 14. století.

(6a) **Mt 5,16**
Lat.: [...] *et glorificent Patrem vestrum qui in coelis est*
Bes[1]: [...] и прославать ѿць вашь соущии на нбсьхъ (H 11; 49aα19-22)
Bes[2]: [...] и прославать ѡць вашь иже на нбсехъ ѥсть (H 13; 63aβ 9-15)
Mar: [...] и прославатъ ѿца вашего иже ѥсть на нбсехъ
Řeč.: [...] καὶ δοξάσωσιν τὸν πατέρα ὑμῶν <u>τὸν ἐν τοῖς οὐρανοῖς</u>

(6b) **Mt 5,44**
Lat.: *Diligite inimicos vestros, benefacite his <u>qui oderunt vos</u>*
Bes[1]: любите врагъи ваша добро творите <u>ненавидѧщимъ васъ</u> (H 35; 256bβ13-18)
Bes[2]: любите врагъи ваша добро творите тѣмъ иже васъ ненавидѧть (H 38; 289bα4-7) – <u>ненавидѧщимъ васъ</u> (Q)
Mar: любите врагъи ваша. благсловите клънѫштаѩ въi. добро творите <u>не-навидѧштиимъ васъ</u>
Řeč.: [...] ἀγαπᾶτε τοὺς ἐχθροὺς ὑμῶν καὶ προσεύχεσθε ὑπὲρ <u>τῶν διω-κόντων ὑμᾶς</u>

K užití obou překladatelských způsobů mohla vést překladatele snaha o stylistickou disimilaci. V homilii č. 20 se nachází verš Lk 14,11, v němž v lat. předloze vidíme dvě vedlejší věty vztažné (7); první z nich překladatel převádí vedlejší větou, druhou pak participiem:

(7) **Lk 14,11** (H 20; 101aα10-12)
Lat.: *Omnis <u>qui se exaltat</u> humiliabitur, et omnis <u>qui se humiliat</u> exaltabitur*
Bes: вьсакъ <u>иже сѧ възносить</u> оунизить сѧ и всакъ <u>съмѣрѧи сѧ</u> възнесеть сѧ
Mar: ѣко вьсѣкъ <u>възносѧи сѧ</u> съмѣритъ сѧ. и <u>съмѣрѣѩи сѧ</u> вьзнесетъ сѧ
Řeč.: ὅτι πᾶς <u>ὁ ὑψῶν ἑαυτὸν</u> ταπεινωθήσεται, καὶ <u>ὁ ταπεινῶν ἑαυτὸν</u> ὑψωθήσεται

V šesté homilii je uveden verš J 1,29, který je citován také v Nikodémově apokryfním evangeliu (Nicod), tedy další českocírkevněslovanské památce přeložené z latiny (8). Můžeme vidět, že překlad v Bes i Nicod je shodný a zároveň odpovídá stsl. evangelnímu znění ze Zogr, As, Ostr. Je možné, že znění v českocsl. památkách je ohlasem staršího stsl. evangelního překladu, protože v obou památkách je lat. vedlejší věta vztažná převedena participiem:

(8) **J 1,29**
Lat.: *Ecce Agnus Dei, ecce qui tollit peccatum mundi*
Bes: се агньць бжии въземлаи грѣхъі всего мира (H 6; 34аα6-8)
Nicod: се агнець божии въземлаи грѣхъі всего мира (XVIII; 56, 19)
Mar: се агнецъ бжии. въземлаи грѣхъі мира вьсего (въсего мира Zogr, As, Ostr)
Řeč.: ἴδε ὁ ἀμνὸς τοῦ θεοῦ <u>ὁ αἴρων</u> τὴν ἁμαρτίαν τοῦ κόσμου

2. Latinské vedlejší věty účelové

V této části se v evangelních úryvcích v Bes zaměříme na překlad lat. vedlejších vět účelových se spojkou *ut* (popř. v záporu *ne*) a konjunktivem prézentu, který je užit po čase hlavním; konjunktivem imperfekta, jenž se v latině vyskytuje v účelových větách po čase vedlejším. Je potřeba si uvědomit, že v rámci kategorie způsobu staroslověnšitna odpovídající paralelu k lat. konjunktivu nemá.

V rámci evangelních citátů bylo z Bes excerpováno 25 lat. vedlejších vět účelových, 12 s konj. prézentu, 13 s konj. imperfekta. Všech dvanáct lat. vedlejších vět účelových s konj. préz. je převáděno pomocí spojky да a ind. prézentu. Např. v homilii č. 17 se s takovým způsobem překladu setkáváme ve verši Lk 10,2:

(9) **Lk 10,2** (H 17; 115bβ21-116aα4)
Lat.: [...] *rogate ergo dominum messis, ut mittat operarios in messem suam*
Bes: [...] молить (sic!) гнъ жатвъі да послеть дѣлателѣ на жатвоу свою
Mar: [...] молите са оубо гноу жатвѣ да изведетъ дѣлателѧ на жатвѫ своѭ
Řeč.: [...] δεήθητε οὖν τοῦ κυρίου τοῦ θερισμοῦ <u>ὅπως</u> ἐργάτας ἐκβάλῃ εἰς τὸν θερισμὸν αὐτοῦ

Sledujeme-li lat. vedlejší věty účelové s konj. imperfekta, můžeme si všimnout několika způsobu překladu.

2.1. да + kondicionál

(10a) **Mt 4,1** (H 16; 79aα19-22)

Lat.: *In illo tempore, ductus est Jesus in desertum a Spiritu, ut tentaretur a diabolo*

Bes: въ ѡно врѣма • веденъ і҃съ въ поустыню д҃хмь • да искоушенъ бы былъ • дїаволомь – искоуситъ са ѿ дїавола (Uvar) – да искушаемъ будеть дыаволомь (Q)

Mar: тъгда за̀. възведенъ бы и҃съ д҃хомъ въ поустынѫ искѫситъ са ѿ дїавола

Řeč.: [...] Τότε ὁ Ἰησοῦς ἀνήχθη εἰς τὴν ἔρημον ὑπὸ τοῦ πνεύματος πειρασθῆναι ὑπὸ τοῦ διαβόλου

(10b) **Lk 2,1** (H 8; 25bα18-21)

Lat.: *In illo tempore, exiit edictum a Caesare Augusto, ut describeretur universus orbis*

Bes: въ ѡно врѣма изиде заповѣданїе ѿ ц҃ра аvгоуста да написана бы вса вселенаа – написати всю вселеною (Uvar, Jegor)

Mar: їзиде повелѣнїе отъ кесарѣ аvъгоуста написати вьса оуселенѫѭ

Řeč.: [...] ἐξῆλθεν δόγμα παρὰ Καίσαρος Αὐγούστου ἀπογράφεσθαι πᾶσαν τὴν οἰκουμένην

(10c) **J 4,47** (H 28; 183bα19-bβ3)

Lat.: [...] *et rogabat eum ut descenderet, et sanaret filium ejus*

Bes: [...] и молаше и да исцѣлилъ бы с҃на его – да исцѣлить с҃на его (Q)

Mar: [...] и молѣаше и. да сънидетъ и ісцѣлитъ с҃на его

Řeč.: [...] καὶ ἠρώτα ἵνα καταβῇ καὶ ἰάσηται αὐτοῦ τὸν υἱόν

Tento způsob překladu je v excerpovaném materiálu užit sedmkrát, ve výše citovaných dokladech se v některých z mladších rukopisů Bes setkáváme s variantami. Ve verši Mt 4,1 varianta z Uvar odpovídá znění nejstaršího stsl. evangelního překladu (10a), lze se domnívat, že text Bes v Uvar byl později upraven opisovačem podle stsl. evangelního překladu, který mu byl znám. Různočtení z rkp. Q neodpovídá žádnému ze stsl. evangelních překladů, ani překladů mladších.[4]

---

[4] Textologické srovnání jsme provedli na základě edice Alekseeva (2005).

V citátu Lk 2,1 varianty z Uvar a Jegor[5] korespondují s textem v Mar, objevuje se zde tedy infinitiv bez spojky да (10b). Variantní čtení z rkp. Q ve verši J 4,47 se shoduje s tvarem v Mar (10c); v tomto citátu si můžeme ve všech sledovaných rukopisech Bes všimnout chybějícího překladu tvaru lat. slovesa *descendere*, odpovídající ekvivalent se nachází také v Mar jako překlad tvaru řec. slovesa καταβαίνειν.

2.2. Infinitiv

Infinitiv je jako překladový prostředek užit v našem materiálu (nepočítáme-li různočtení) třikrát; ve verši Mt 22,11, který se v Bes vyskytuje dvakrát (11a) a Mc 16,1 (11b). Na paralelním místě nejstašího stsl. evangelního překladu se v obou případech nachází, zřejmě vlivem řeckého originálu, jiný syntaktický prostředek než infinitiv:

(11a) **Mt 22,11** (H 38; 294bα4-8)
Lat.: *Intravit autem rex ut videret discumbentes; et vidit ibi hominem non vestitum veste nuptiali*
Bes: въл︢ѣзе ц︢рь видѣти възлежащаіа и видѣ тоу ч︢лвка не wбълчена въ ризоу брачьноуıо
Mar: въшедъ же ц︢рь видѣтъ възлежащихъ. видѣ тоу ч︢ка не облъчена въ одѣание брачъное
Řeč.: εἰσελθὼν δὲ ὁ βασιλεὺς θεάσασθαι τοὺς ἀνακειμένους εἶδεν ἐκεῖ ἄνθρωπον οὐκ ἐνδεδυμένον ἔνδυμα γάμου

(11b) **Mc 16,1** (H 21; Uvar74aα26-30)
Lat.: *In illo tempore, Maria Magdalene, et Maria Jacobi, et Salome emerunt aromata, ut venientes ungerent Jesum*
Bes: въ wно︢ марıа магдалѕіни и марıа ніаковла и саломни шьдъше коупиша масти и помазати ис︢а
Mar: ι минѫвъши соботѣ. марие магдалини. ι марие иѣковлѣ и саломи. коупиша ароматъі. да пришедъша помажѫтъ ι
Řeč.: καὶ διαγενομένου τοῦ σαββάτου Μαρία ἡ Μαγδαληνὴ καὶ Μαρία ἡ τοῦ Ἰακώβου καὶ Σαλώμη ἠγόρασαν ἀρώματα ἵνα ἐλθοῦσαι ἀλείψωσιν αὐτόν

---

[5] Ruskocírkevněslovanský rukopis Bes z 15. stoleti.

2.3. Supinum

Supinum se vyskytuje v excerpovaném materiálu jedenkrát jako varianta v Uvar ve verši Mt 4,1, a to pravděpodobně vlivem znění stsl. evangelního překladu (10a). Dále se s překladem lat. vedlejší věty účelové s konj. ipf. pomocí supina setkáváme v citátu J 1,19, v Mar si opět můžeme všimnout jiného syntaktického prostředku, který v stsl. textu reflektuje řeckou předlohu (12). Také na základě této syntaktické odlišnosti můžeme konstatovat, že překlad tohoto biblického místa v Bes nebyl ovlivněn nejstarším stsl. evangelním překladem:

(12) **J 1,19** (H 7; 28aα6-11)
Lat.: *In illo tempore, miserunt Judaei a Jerosolymis sacerdotes et levitas ad Joannem, <u>ut interrogarent eum</u>*
Bes: въ ино врѣмѧ послаша июдѣи ѿ иероусалима законьникъі и диіакъі къ иѡаноу <u>въпроситъ іего</u>
Mar: и се естъ съвѣдѣтельство иоаново. егда послаша июдѣи отъ илма. иереіѧ и левьѣитъі. <u>да въпросѧтъ и</u>
Řec.: Καὶ αὕτη ἐστὶν ἡ μαρτυρία τοῦ Ἰωάννου, ὅτε ἀπέστειλαν οἱ Ἰουδαῖοι ἐξ Ἱεροσολύμων ἱερεῖς καὶ Λευίτας <u>ἵνα ἐρωτήσωσιν αὐτόν</u>

2.4. Да + ind. préz.

Tento způsob překladu, který je užíván také při překladu lat. vedlejších vět účelových s konj. préz., nacházíme v excerpovaném materiálu dvakrát, při překladu téhož biblického místa, Lk 14,17, jež je uvedeno v homilii č. 34:

(13) **Lk 14,17** (H 34; 263bα20-24)
Lat.: *misit servum suum hora coenae dicere invitatis <u>ut veniret</u>*
Bes: посла же рабъ свои въ годиноу вечера повѣдати званъімъ <u>да придоутъ</u>
Mar: и посъла рабъ свои въ годъ вечера решти зъванъімъ <u>градѣте</u>
Řec.: [...] καὶ ἀπέστειλεν τὸν δοῦλον αὐτοῦ τῇ ὥρᾳ τοῦ δείπνου εἰπεῖν τοῖς κεκλημένοις · <u>ἔρχεσθε</u>

Ani v sledovaných variantních rukopisech Bes na těchto místech nenacházíme variantní čtení, ale vidíme zde odlišnost od stsl. překladu, zde reprezentovaného textem Mariánského kodexu. Syntaktický rozdíl je zde zřejmě způsoben neslovanskými předlohami.

Závěry

Na základě analýzy excerpovaných lat. vedlejších vět vztažných a účelových v evangelních citátech v Besědách Řehoře Velikého můžeme vyslovit následující závěry:

1. Lat. vedlejší věty vztažné jsou do církevní slovanštiny v Bes převáděny dvěma synonymními způsoby – participiem nebo vedlejší větou se spojkou иже.

2. Lat. vedlejší věty účelové s konj. prézentu jsou ve všech případech přeloženy odpovídající vedlejší větou se spojkou да a ind. prézentu.

3. Lat. vedlejší věty účelové s konj. imperfekta jsou v Bes překládány čtyřmi způsoby: nejčastěji pomocí spojky да a kondicionálu, dále pak infinitivem, supinem a také stejným způsobem jako lat. vedlejší věty účelové s konj. préz., tedy vedlejší větou se spojkou да a ind. prézentu.

4. Mladší rukopisy Bes se na několika místech shodují se zněním nejstaršího staroslověnského evangelního překladu, zde reprezentovaného Mariánským kodexem, a odlišují se od Pogodinského rukopisu. Lze se domnívat, že k pozdějšímu sblížení citátů z Bes se starším stsl. překladem došlo u úryvků, které opisovač identifikoval jako evangelní a upravil je podle znění, které mu bylo známo. Jedná se především o citáty, které předcházejí samotnému textu homilie.

Literatura

Alekseev (2005) – Анатолий Алексеевич Алексеев, *Евангелие от Матфея в славянской традиции.* Санкт-Петербург: Российское Библейское Общество.

Étaix (1999) – Raymond Étaix (ed.), *Gregorius Magnus Homiliae in evangelia* (Corpus Christianorum, series latina, 141). Turnhout: Brepols.

Fetková (1996) – Petra Fetková, *Biblické citáty z homilií Řehoře Velikého v Novljanském breviáři a v Besědách,* «Wiener Slavistisches Jahrbuch» 42: 63-79.

Fetková (1999) – Petra Fetková, *40 homilií na evangelia Řehoře Velikého v charvátském církevněslovanském překladu ve srovnání s překladem českocírkevněslovanským,* «Slovo» 47-49: 133-168.

Jagić (1883) – Vatroslav Jagić (ed.), *Quattuor evangeliorum versionis palaeoslovenicae codex Marianus glagoliticus. Characteribus cyrillicis transcriptus.* Berlin: Weidmann.

Konzal (1994) – Václav Konzal, *Latinské participium futuri v staroslověnském překladu (Responze latinské syntaxe v českocsl. památkách I.),* «Slavia» 63: 193-205.

Konzal (2005a) – Václav Konzal (ed.), *Čtyřicet homilií Řehoře Velikého na evangelia v českocírkevněslovanském překladu.* 1. díl. Praha: Slovanský ústav Akademie věd České republiky.

Konzal (2005b) – Václav Konzal, *Latinské gerundium a gerundivum v stsl. překladu (Responze lat. syntaxe v českocírkevněslovanských památkách II.),* «Slavia» 74: 167-190.

Konzal (2006) – Václav Konzal (ed.), *Čtyřicet homilií Řehoře Velikého na evangelia v českocírkevněslovanském překladu.* 2. díl. Praha: Slovanský ústav Akademie věd České republiky.

Konzal (2012) – Václav Konzal, *Latinský ablativ absolutní v staroslověnském překladu (Responze latinské syntaxe v českocírkevněslovanských památkách III.),* «Slavia» 81: 190-203.

Kyas (1985) – Vladimír Kyas, *K evangelnímu textu církevněslovanských Besěd.* In: Johannes Reinhart (ed.), *Litterae slavicae medii aevi Francisco Venceslao Mareš sexagenario oblatae* (Sagners Slavistische Sammlung 8). München: Sagner, 179-183.

Mareš (1963) – František Václav Mareš, *Česká redakce církevní slovanštiny v světle Besěd Řehoře Velikého (Dvojslova),* «Slavia» 32: 417-451 (Citováno dle: *Cyrilometodějská tradice a slavistika.* Praha: Torst, 2000, 368-402).

Merk (1942) – Augustinus Merk, *Novum Testamentum Graece et Latine.* Roma: Pontificium Institutum Biblicum.

Páclová (1970) – Ilona Páclová, *K otázce vlivu řečtiny na církevněslovanské památky s latinskou předlohou.* In: *Studia balcanica Bohemo-Slovaca.* Brno: Matice moravská, 213-218.

Páclová (1976) – Ilona Páclová, *Přehled staro- a novozákonních lekcí Besěd Řehoře Velikého,* «Slavia» 45: 36-45.

SJS: Josef Kurz, Zoe Hauptová (eds.), *Slovník jazyka staroslověnského. Lexicon linguae palaeoslovenicae*, t. I – IV. Praha: Academia, 1966, 1973, 1982, 1997.

Vaillant (1968) – André Vaillant (ed.), *L'évangile de Nicodème. Texte slave et latin*. Genève–Paris: Droz.

Večerka (1961) – Radoslav Večerka, *Ke konkurenci vztažných vět a participií v staroslověnštině*, «Sborník prací Filozofické fakulty brněnské univerzity», A: Řada jazykovědná, 10, č. A9: 35-46.

Vepřek (2013) – Miroslav Vepřek, *Církevněslovanské památky českého původu s latinskou předlohou*, «Slavia» 82: 240-250.

Kateřina Spurná

Druhá církevněslovanská legenda o sv. Václavu

Abstract: The second Church Slavonic Vita of Saint Wenceslas
The present paper provides a basic analysis of the translation techniques used for the Second Old Church Slavonic Life of Saint Wenceslas. This legend belongs to a group of texts, such as the Forty Gospel Homilies of St. Gregory the Great, which were translated from Latin into Old Church Slavonic in the territory of Early Medieval Bohemia in the 11th century.
The quality of the Old Church Slavonic translation of the Life of Saint Wenceslas has been often called into question. This does not depend on the translator's limited knowledge of Old Church Slavonic, but rather on the difficulty of the Latin original, from which the Slavonic translation was made. This legend has not been thoroughly studied yet. Specifically, the relationship between the Old Church Slavonic translation and the original Latin legend of Gumpold has not been taken into account.
Due to the relationship between the Old Church Slavonic text and Gumpold's legend, it is extremely important to study and analyze the translation techniques of specific Latin syntactical constructions into Old Church Slavonic, such as of the ablative absolute, the infinitive constructions, gerund and gerundive constructions.

Keywords: Old Church Slavonic, Gumpold's Legend, Second Old Church Slavonic Life of St. Wenceslas, Translation techniques from Latin

Úvod

Druhá církevněslovanská legenda o svatém Václavu (dále VencNik) neboli legenda Nikol'ského náleží do okruhu církevněslovanských textů, které byly přeloženy z latiny na území přemyslovských Čech pravděpodobně v 2. polovině 11. století.[1] Navzdory významu legendy pro dějiny české literatury a jazyka, nebyl vlastní text, stejně jako překladová technika z latiny do staroslověnštiny obecně (např. Matějka 1968), doposud podroben komplexní jazyko-

---

[1] K dalším textům spadajícím do této skupiny a tohoto období řadíme především nejrozsáhlejší českocírkevněslovanskou památku Besědy Řehoře Velikého (dále Bes). Na společné rysy VencNik a Bes upozornila ve svém článku Bláhová 1993. K dalším českocírkevněslovanským textům viz Mareš 1979 a Thomson 1983. K problematice českocírkevněslovanského písemnictví obecně nejnověji viz studii Z. Hauptové 1998. V současné době se textům spojeným s českým prostředím raně přemyslovských Čech věnuje F. Čajka 2011 a M. Vepřek 2013.

vé analýze,[2] částečně byl však materiál legendy zpracován v sérii článků, tzv. Responzích latinské syntaxe v českocírkevněslovanských památkách V. Konzala, jež vyšly postupně v časopise Slavia (Konzal 1994, 2005 a 2012). Jak však upozornil ve výše zmíněných studiích právě V. Konzal, každá jednotlivá památka přeložená z latiny musí být podrobena samostatné analýze. Úvodem ke komplexnímu zhodnocení překladové techniky VencNik je i tato stručná studie.

1. Gumpoldova legenda

Dnes dochovaný církevněslovanský text VencNik je překladem latinské legendy Gumpoldovy (dále Gump), již na přání císaře Oty II. sepsal mantovský biskup Gumpold v poslední třetině 10. století (Brunhölzl 1992: 391 a 614; Manitius 1923: 182-184).[3] Legendě byl v průběhu 19. a 20. století přisuzován rozdílný význam a rozličné postavení v rámci ostatních Václavských legend. Dobrovský považoval Gumpolda za nejstarší latinskou Václavskou legendu (Ludvíkovský 1973-1974: 278), naopak velmi negativně ji hodnotil na poč. 20. století Pekař (1906: 40) a nejnověji také Třeštík (2008: 123). Obsáhlá diskuze v odborné literatuře probíhala také nad vztahem Gump a ostatních václavských legend, především *Crescente fide* a legendy tzv. Kristiána. Gump je ve své podstatě stylistickým přepracováním a rozšířením základní latinské legendy *Crescente fide*, kterou měla tato nová legenda ve své době zřejmě nahradit. Na rozdíl od *Crescente fide* se jedná o text velmi syntakticky komplikovaný a rétoricky bohatý (Brunhölzl 1992: 391), který však poněkud paradoxně, jak si dále ukážeme, neposkytuje především z hlediska některých syntaktických jevů dostatek materiálu pro konkrétní závěry z hlediska překladové techniky z latiny do církevní slovanštiny.

Gump se dochovala celkem v šesti kompletních opisech a v podobě úryvků také v breviářích (Pekař 1906: 39-40).[4] Nejznámějším opisem je nepochybně text obsažený na ff. 18v–37r (Zachová 2010: 19) v tzv. Wolfenbüttelském ko-

---

[2] Od vydání Vašicovy edice ve Vajsově sborníku v roce 1929 (o tomto vydání podrobněji viz dále), se nicméně VencNik nikdo systematicky nevěnoval.

[3] Snad mezi lety 967 až 983, kdy byl Ota II. titulárně císařem.

[4] Samozřejmě není vyloučeno, že v dosud nezpracovaných rukopisných fondech knihoven či klášterů neexistují i opisy další. Části legendy se také mohou vyskytovat v breviářích, což je i případ rukopisu NK VI E 13. Za konzultaci k této problematice děkuji Mgr. Michalu Dragounovi.

dexu, dnes uloženém pod sig. Cod. Guelf 11.2. Aug. 4° v oddělení rukopisů Herzog August Bibliothek ve Wolfenbüttelu (Zachová 2010: 11). Další opis Gump je pod sign. G 5[5] uložen v Knihovně pražské metropolitní kapituly při Archivu Pražského hradu (Podlaha 1923: 87-88). Dále se text Gump nachází na ff. 38r–42v v rukopise č. 9829 dnes uloženém v Bibliothèke Royale de Belgique v Bruselu (Gheyn 1905: 200). Prozatím jediné kritické vydání Gump připravil G. H. Pertz v rámci řady MGH (Pertz 1841);[6] edice je založena na třech výše uvedených rukopisech, za základní text byl coby nejstarší vybrán Wolfenbüttelský rukopis. Dále je Gump dochována na ff. 94r–104r v rukopise uloženém pod sign. MS. theol. oct. 162 ve Staatsbibliothek Preussischer Kulturbesitz v Berlíně (Fingernagel 1991: 21-22). Text Gump je dochován také v rukopisné sbírce Universitätsbibliothek Erlangen-Nürnberg pod sign. Ms 413, vol 3, ff. 113r–123v. Posledním dnes známým opisem Gump je pak rukopis Boll. 152 nacházející se v knihovně Société des Bollandistes v Bruselu (Pekař 1906: 39).[7] Fragmenty této legendy jsou dochovány také v breviářích uložených v NK ČR, např. sign. VI.E.13, XII.D.138, XXIII.D.142 a XXIII.D.156.

2. Rukopisné dochování VencNik

Text VencNik se dochoval ve dvou ruskocírkevněslovanských opisech.[8] Starší rukopis Kazaňský (dále K), mineja na měsíc září, pochází buď z konce 15. nebo z poč. 16. století. Rukopis náležel původně Soloveckému klášteru a později Kazaňské duchovní akademii. Dnes je uložen v Ruské národní knihovně v Petrohradě pod sign. Solov 500, text církevněslovanské legendy se nachází na ff. 274r–290v.[9]

Vzhledem k místu a době vzniku rukopisu nacházíme v textu četné hláskoslovné a morfologické rysy typické pro ruskocírkevněslovanské texty, např.

---

[5] Tento opis užil Josef Dobrovský pro svou edici Gump (Dobrovský 1819: 53-115). Ve stejném kodexu se nacházejí i další významné legendy, např. Kristián.

[6] Gump je v článku citována podle této edice, vždy číslo strany a řádků, pro lepší orientaci je přidáno i číslo kapitoly.

[7] Gump se nachází na ff. 136–142.

[8] K hlaholskému protografu srov. Vašica (1929: 73-74).

[9] Všechny doklady v článku jsou citovány podle tohoto rukopisu, není-li v závorce za citátem uvedeno jinak. V závorce u citovaného místa je zkratka K také uvedena v případě, že jsou citovány ve stejném kontextu i jiné edice či rukopis Petrohradský.

absenci nosových hlásek: глꙋбокое (274v8–9), рꙋками (287v26), ꙋзами (287v28), znak а má hláskovou platnost ꙗ, přičemž tyto znaky se volně změňují: старость мъногоживотьнаа (274r17), видаше (278r8), вѧчеславъ (283r22), je doložena záměna є s ѣ: изъра себе намѣсьтника (276r24), цѣлованїемъ (284r26), телесъ (286r25), praslovanské *dj se ve VencNik reflektuje dle očekávání jako ž: оутверьжаа (275r28), хожаше (280v19), роженїа[10] (283r6), za praslovanské *tj/ktj nacházíme reflex č, proprium вѧщеславъ se tak důsledně píše s č – вѧчеславѣ (274r2), вѧчеслава (275r20), nepravidelnosti se pochopitelně objevují i v psaní jerů, spíše ojedinělé jsou doklady plnohlasí: např. дорогомиръ (281v1). Naopak z archaičtějších rysů morfologických lze jmenovat zachování duálu u sloves, např. прегрѣшиховѣ (283r8), сътвориховѣ (283r9), престаховѣ (283r9), či ojedinělé dochování supina, např. на свое ложе спⷮа изыде (284r27–28).

Druhým rukopisem, v němž je text VencNik dochován, je rukopis Petrohradský (dále **P**) z 16. století. Původně náležel borovskému klášteru sv. Pafnucia, v roce 1908 byl odevzdán archivu Sv. Synodu v Petrohradě a dnes je uložen ve Státním historickém archivu tamtéž pod sign. № 4025,[11] text VencNik se nachází na ff. 371v–386v (Nikol'skij 1909: 1-77).

Rozdíly mezi oběma rukopisy jsou převážně pravopisného charakteru, např. **P** častěji zachovává jer v poloze napjaté: тоностью (5, 4–5), хитростью (7, 10). Na některých místech má **P** čtení lepší než **K**:

(1)
желають (**K**: 274r15) × желаѥⷮ (**P**: 2, 9)[12] za lat. *desiderat*
дръжина (**K**: 284v3) × дрꙋжина (**P**: 53, 4)

Některé úseky textu chybí v **K**:

(2a)
жена етера (**P**: 73, 1)

Dále obsáhlejší úsek v kap. 22:

---

[10] Ojediněle ale i původní *žd*, např. роженїѥ (276r21), шсоужденїемъ (277v21).
[11] Citováno podle Рукописи Синода, фонд № 834, инвентарная опись 3, s. 893–899. V tomto popisu je chybně uvedeno, že VencNik se nachází na ff. 356–370.
[12] Text rukopisu P je citován (strana, řádek) podle Nikol'ského edice.

(2b)
а дрЅзїи ѡлЅчени слЅха своего и гла житїе свое в ненависти всѣ свои ближнии злѣ ѡкон҄чаша (P: 59, 16-17)

Jiné úseky naopak chybí v rukopise P:

(3)
počátek textu Мца сеп҄тавра въ ки днь почина́ет са [...] (274r1)

Některá místa v rukopise **K** působí spíše jako do textu omylem vsunuté glosy (o této problematice viz dále):

(4)
аще и вса имѣнїа да въ на носилѣ на нем҄же при не́ же тамо тамо принесѹ та
(289v27–29)

Text VencNik byl "objeven"[13] v roce 1904 ruským badatelem N. K. Nikol'-ským, který po relativně delší době v roce 1909 připravil také první edici této památky (Nikol'skij 1909),[14] v níž je paralelně uveden text obou rukopisů spolu se zněním Gump pod nimi. V poměrně obsáhlém úvodu k edici se Nikol'skij zabývá také problematikou předloh legendy. Poprvé tak upozornil na skutečnost, že kromě Gump byly pro církevněslovanského překladatele zdrojem pravděpodobně i další latinské legendy. Za nedostatek Nikol'ského edice lze považovat to, že v latinském textu Gump nejsou nikde vyznačeny úseky, které nemají paralely v církevněslovanském překladu.
Podruhé byl text odborné veřejnosti zpřístupněn v publikaci Josefa Vajse *Sborník literárních památek o sv. Václavu a sv. Ludmile* (Vašica 1929). Edice textu, kterou připravil Josef Vašica, je založena na rukopise **K**, varianty z rukopisu **P** jsou uvedeny v poznámkách pod čarou. Limitem této edice je především skutečnost, že zjevné chyby, ale i nejasná místa rukopisu Vašica mnohdy opravoval a následně rekonstruoval a znění textu reálně existující v rukopisech je tak často patrné pouze z poznámek pod čarou:

---

[13] Existence mladší slovanské legendy o sv. Václavu byla známa sestavitelům katalogů rukopisů již před tímto datem (Nikol'skij 1909, I–II; Slavík 1929: 842). Skutečnou pozornost si text ale získal až s vydáním Nikol'ského.
[14] Již v průběhu prací posílal Nikol'skij kopie textu legendy J. Pekařovi.

(5)
печально (Vaš: 7, 17) × пе͡тлѣннѡ (**K**: 278r2), печѧ͡лѣно (**P**: 21, 6)
но ѡбаче надъ҄ сими заблоуж(е)нїемъ ѕлым подавлеными (Vaš: 7, 42–43)[15] × но ѡбаче на̑ симъ заблоу͡ѥнїе · ѕлы̑ подавленїем (**K**: 278r25 – 26) – но ѡба̑ на̑ си҃ заблоу͡ѥнїе · ѕлы̑ подавленїе҃ (**P**: 21, 20–22, 1)

Text edice je sice, jak již bylo řečeno výše, založen na rukopise **K**, kde však Vašica považoval znění **P** za lepší, uvedl toto čtení a znění **K** je pak zachyceno pouze v poznámce:

(6)
прѣж(е) оувѣдѣли есмъ (Vaš: 1, 14) × оувидѣли есмъ (**K**: 275v3)
свѣтѧщимисѧ (Vaš: 6,1) × свѧтѧщими сѧ (**K**: 277r29)

Vedle církevněslovanského textu je paralelně uveden novočeský překlad, úseky, které nemají oporu v latinské předloze, jsou vyznačeny proložením znaků. Latinská předloha je uvedena jako celek až za vlastním církevněslovanským textem, což do jisté míry znesnadňuje vzájemné srovnání latinského a církevněslovanského znění. Úseky latinského textu Gump, které nemají církevněslovanskou paralelu, Vašica v edici vynechal. Naopak text VencNik, který nemá předlohu v Gump, přeložil Vašica do latiny.[16]

3. Předloha VencNik

Problematikou předloh VencNik se v obsáhlém úvodu ke své edici zabýval již Nikol'skij, stejně tak se tomuto problému věnoval i Vašica (1929: 75-83) a Králík (1962).[17] Jakékoliv definitivní vyřešení této otázky však dnes naráží především na absenci moderních edic některých latinských legend, které by přicházely v úvahu pro srovnání, tedy *Crescente fide* a především pak Gump.[18] Jak již bylo uvedeno výše, jediná kritická edice Gump pochází z 19. století, další texty byly zpřístupněny pouze v rámci řady *Prameny k dějinám českým* (Fontes rerum Bohemicarum 1873). Rukopis obsahující kompletní

---
[15] Citováno podle Vašisovy edice (kapitola a řádek).
[16] Vašicův překlad csl. úseků do latiny se v literatuře někdy omylem objevuje jako skutečná latinská předloha (Konzal 2005: 183).
[17] K tomu srov. Spurná (2013).
[18] Edice Kristiánovy legendy srov. Ludvíkovský (2012).

text české recenze *Crescente fide* (dále Cres$_{boh}$) vydal J. Ludvíkovský v roce 1958.[19] Nejnověji se dochovanými rukopisy bavorské recenze nejstarší latinské legendy (dále Cres$_{bav}$) zabýval D. Kalhous (2013).

Otázkou diskutovanou v literatuře zůstává také to, zda překladatel pracoval primárně s Gump a ostatní úseky doplňoval z dalších dostupných legend, či zda měl k dispozici nám dnes neznámou latinskou kompilaci, nazývanou v odborné literatuře "Slovanský Gumpold" (Vašica 1929: 75-76; Mareš 2000: 294-295).

Druhá varianta se nejeví jako příliš pravděpodobná, protože mezi částmi přeloženými z Gump a nepřeloženými jsou patrné značné stylistické a syntaktické rozdíly, Vašica např. hodnotí styl úseků nepřeložených z Gump jako prostý a narativní (na toto upozornil již Nikol'kij 1909: IV; srov. také Vašica 1929: 75, Mareš 2000: 297). Otázkou tedy je, jak by takto stylisticky nejednotný latinský text mohl fungovat jako celek. Z prologu a třiceti kapitol Gump bylo do církevní slovanštiny kompletně a bez vynechávek přeloženo pouze osm odstavců. Některé odstavce nebyly přeloženy vůbec (odstavce 9, 14 a 17), z dalších byly přeloženy jen krátké úseky nebo jednotlivé věty (např. odstavce 11, 15 a 16). Při celkovém srovnání přeložených a nepřeložených částí je zřejmé, že nepřeložené úseky se nacházejí především v prostřední části textu.[20] V první a poslední třetině se naopak překladatel snažil doplnit církevněslovanský text o detailnější či přesnější informace z dalších latinských legend:

(7a)
ц҃ртвоующемъ съчас҃тное памати пресвѣтлыимъ ц҃рмъ еирѣхом · фратьс҃кіимъ и римс҃кимъ (275v23–25), спьтигнѣвъ · сн҃ъ боривоевъ (275v28), в градъ нарицаемыи бꙋдеть · к попиноу именем҃ оученꙋ · наоучити к҃нигамъ оучити дань бы (276v1–2) srov.

Cres$_{boh}$: *a quodam reverenti presbytero nomine Ucino*
Cres$_{bav}$: *a quodam presbytero nomine Uenno*

---

[19] Další rukopis české recenze se nachází spolu s Gumpoldovou legendou v rukopise G 5 Pražské metropolitní kapituly, k tomu srov. Ludvíkovský (1958).

[20] Jistě zajímavé by bylo ptát se i po důvodech toho, proč si překladatel vybral k přepracování zrovna tuto část Gumpoldovy legendy. Pokud by jeho kritériem byla obtížnost předlohy, zřejmě by se pokusil přepracovat i úvod a první kapitolu Gump, které svou náročností výrazně převyšují zbytek textu.

Dále také

(7b)
и ст҃мѹ и вер҃хов҃ному ап҃лоу петрѹ памѧти ѹт҃нѣ ѡснова (276r8–6)
Cres:[21] *et aliam quoque in honore sancti Petri, apostolorum principis (condidit)*

Zajímavou otázkou je také to, zda zdrojem doplňků byla pro církevněslovanského překladatele Gump bavorská nebo česká recenze *Crescente fide*. Na některých místech je církevněslovanskému překladu bližší recenze bavorská, jinde naopak česká:

(8)
идѣте и р҃ците съчаст҃ному сн҃ѹ моемѹ вѧчеславу (282v9–10)
Cres_boh: *ite, narrate filio meo, felici Venezlao, dicentes*
Cres_bav: *haec narrate filio meo, felici Vendezlavo dicentes*

(9)
хоцѹ ѡс҃новати цр҃квъ стомоу витѹ хв҃ѹ мѹч҃нкоу (282v6-7)
Cres_bav: *opto condere ecclesiam domino deo in honorem sancti <u>Viti martyris Cristi</u>*
Cres_boh: *opto condere ecclesiam Domino Deo in honorem sancti Viti*

Ve VencNik najdeme i úseky nepřeložené z Gump, které poukazují na to, že překladatel zřejmě pracoval i s ústní tradicí, např. ѩко҄ пов҄дають мнози прежнїм (286r26–27), dále pak závěr posledního odstavce:

(10)
проповѣдаа ст҃нїю ст҃го вѧчеслава по всеи ꙁемли фра҃стѣи · и многа же ина ꙁнаменїа ѩже и до н҃нѣшаго дне бывають оу ст҃го мука ѩже бг҃ъ творитъ по мат҃и своеи · емѹже есть слава и держава съ сн҃омъ і дх҃омъ ст҃ымъ н҃нѣ і пр҃но и во вѣки вѣкомъ аминь (289v27 – 290r4)

---

[21] Obě verze Cres zde mají shodné znění.

4. Překladová technika

S problematikou předloh VencNik úzce souvisí i překladová technika z latiny do církevní slovanštiny. Lze si pochopitelně vybrat z široké palety jevů, které by měly být podrobeny detailnímu zkoumání.[22] V první řadě se jedná o jevy syntaktické, tedy absolutní konstrukce, infinitivní vazby, obsahové propozice a další typy vět vedlejších příslovečných. Na pomezí morfologie a syntaxe pak stojí překlad gerundia a gerundiva a vazeb s nimi spojených.

Obsahové propozice[23] lze podle tradičního pojetí rozčlenit na propozice oznamovací, tázací a snahové. Bohužel materiál VencNik neobsahuje dostatečné množství dokladů pro podrobnější analýzu a definitivní závěry. Můžeme zde najít pouze jedenáct infinitivních vazeb. I na základě takto omezeného materiálu lze alespoň konstatovat, že překladatel zřejmě neměl zažitý jednotný postup pro překládání těchto konstrukcí. Můžeme zde identifikovat překlad pomocí vazby dvou akuzativů (11a), překlad participiem v nominativu (11b):

(11a)
suspensus namque, ut vera bonorum testantur dicta virorum, post biennium, non aliter quam viva et sana solent hominum capita, florenti canicie per pilos <u>crescere atque candescere visus est</u> (26: 222, 30–32)[24]
повѣшенъ ꙗко истинныи свѣдѣтельствоують повѣсти · двою лѣтѹ мимошѣшоу · не инако но ꙗко и живъи и цѣлъи ѹлком вла сѣдинъ телесныи · и ногъти растоущи
(P: растоуща) светаща видѣно бы (288v17–22)

(11b)
et ecce corpus carnea adhuc mole integrum et per cuncta vulnera sanum, apparentibus tantum plagarum signis, nisi solum vulnus fraterno ense factum, quod se dehiscens sanguine <u>visum est manare</u> (23: 221, 40–43)
и се тѣло плотїю и еще цѣло ꙗвиса и ѿ всѣ̄ ꙗзвы, ꙗ ѿ брана меча · из неꙗ и еще кровъ тепла видаше са текѹщи (287r21–25)

Překladatel měl zřejmě představu o fungování latinské syntaxe, protože se snažil postihnout rozdíl mezi přítomným a minulým infinitivem:

---

[22] Pro srovnání např. studie P. Fetkové k *Bes* (Fetkova 1997-1999).
[23] Nepoužíváme zde výraz obsahová věta, který nepokrývá i infinitivní vazby.
[24] Text *Gump* je citován podle Pertzovy edice s uvedením čísla kapitoly.

(12)

mansisse fertur eadem civitate, qua sanctum requiescit corpus, mulier quaedam visu orbata, manuum recurva inflexione ab ipso jam ortu contracta, omni usu, manibus per naturam concesso privata (28: 223, 3–5)
повѣдаетъ са бывшши въ томъже градѣ · идѣже стго тѣло почиваеⷮ · (P add: жена етера) видѣнїа ѹчию лишена · рѫкама же слѹка ѿ роженїа своего (289r19–22)

Velmi málo materiálu VencNik poskytuje také v otázce překladu futura a futurálních konstrukcí, nevyskytuje se zde např. žádný doklad pro opisné časování aktivní typu *laudaturus sum*. Participium futura aktiva se vyskytuje v textu legendy celkem šestkrát, pětkrát ve funkci shodného přívlastku (např. 13a, 13b) a jednou jakou součást infinitivní vazby, kde je přeloženo prostým infinitivem (13c):

(13a)
rem [...] *futuram* (15: 219, 8–9) – совѣт бѹдѹщїи (282r29)

(13b)
brevis tamen seriola subnotationis [...] *memorabilis viri nomen gestorumque insignes mentiones paulo post declaratura* (prol: 213, 30–33)
но ѡбаче кратъкимъ сказанїемъ [...] паманаго моужа има и дѣанїа и знаменїа · памати мало потоⷨ проіавленыа (275r6–13)

(13c)
natum unicum [...] *in clericatus officium dei servitio* [...] *se daturum promisit* (25: 222, 20–22)
и снъ свои единочадыи [...] на [на] слоужбоу бжїю въ клирикъ [...] ѡбѣщаⷥ вдати (288r29–288v2)

Relativně obsáhlý materiál poskytují pro hlubší analýzu doklady gerundia a gerundiva (podrobně Konzal 2005). Zajímavé jsou především ty případy, kdy ablativ gerundia, zcela v souladu s tendencemi středověké latiny, nabývá významu participia prézenta aktiva (Konzal 2005: 171). V mnoha případech je gerundium do církevní slovanštiny přeloženo pomocí aktivního participia prézenta:

(14)
per terras eundo magnificavit (27: 223, 2)
по всѣ́ землѧмъ ходѧ величаа словесы проповѣдааше (289r18–19)

Gerundium v dativu, které je obecně spíše vzácností, se v Gump nevyskytuje, genitiv gerundia se často překládá deverbativním substantivem:

(15)
probandi causa (21: 221, 16) – искоушенїа ра̑ (286r7–8).

sensuque vera intellegendi desidiores (7: 216, 4)
оумомъ истины разоумѣнїа ленѣвѣиша (287v8–9)

Rozmanité jsou také překlady gerundiva, pomocí participia prézenta pasiva (16a), infinitivem (16b):

(16a)
exsecrabili memoria scribendus Bolezlaus (19: 220, 25)
мерʹзое (sic!) памѧти написаемыи болеславъ (284v16–17)

(16b)
ut neque hoc saeculariter agendum omisisset (5: 214, 42–43)
да сего земъсʹки творити не wпоустилʹсѧ бы (277r1)

Úplnější výsledky přináší analýza překladu latinské polovětné konstrukce ablativu absolutního. Obecně lze konstatovat, že čím je překlad daného latinského textu mladší, tím častěji je ekvivalentní vazba dativu absolutního nahrazována jinými výrazovými prostředky, např. vedlejšími větami, souřadně připojenou hlavní větou apod. (Spurná 2014: 68-69). Ve VencNik se ablativ absolutní překládá často ekvivalentní vazbou dativu absolutního, např.:

(17)
nobis a tanta sapientium ac docta loquacitate admodum seiunctis (prol: 213, 30)
намъ кʹ таковы̄ премудры̄ и оучены̄ словесъ чину привѧзавʹшемʹсѧ (275r5–6)

quasi paulatim surgentibus diaboli detrimentis (1: 214, 6)
аки помалꙋ въстаюшїй дїаволѫ пагꙋбѣ (275v11)

nimium se refutante (4: 214, 34–35)
вел'ми са емоу ѿпроіаціꙋ (276v13–14)

ferro resiliente et signum vulneris nec notante (19: 220, 34)
не [sic!] мечю ѿскочившꙋ и знаменїа раны не іавившꙋ̑ (285r1–2)

Specifikem VencNik, především co se týče počtu výskytů, je užití vazby instrumentálu absolutního (Konzal 2012: 198), např.:[25]

(18)
regnante felicis memoriae praeclarissimo rege Heinrico (2: 214, 12)
ц҃ртвоующемъ съуас'тное памати пресвѣтлымъ ц҃рмъ еирѣхом (275v23–25)

in quibus postmodum innumera miracula annuatim ope divina cooperante fulserunt (2: 214, 18)
в нюже посѣ҇ оустроенїи · бес'численаіа чюдеса лѣты миноующа · и м҃тїю б҃жїею дѣлающꙋ іавліаетса (276r6–8)

Obtížnost latinské předlohy také vedla k chybným překladům a rozličným vyšinutím z vazby (Konzal 2012: 200–202):

(19)
cuius itaque ingenio celeri capacitate divinitus instructo (4: 214, 30)
егоже поистин'нѣ ходожьство къ с'корѣишемоу разꙋмꙋ б҃жтвеномоу направленъ (276v3–5)

Navzdory výše uvedeným odchylkám však překladatel zřejmě chápal dativ absolutní jako ještě relativně živý výrazový prostředek, protože ho užíval i na místech, která nemají předlohu v Gump:

---

[25] K instrumentálu absolutnímu v charvátskohlaholských textech srov. Mihaljević & Reinhart (2005: 67).

(20)
и стм꙼ꙋ самомꙋ то видѣвъ'шꙋ (283r14–15)
никомоӱ не вѣдоущꙋ съвѣта сего (283r19)
слышано́ же знамениемъ з'вона (284v9–10)
семоу же чюдеси быв'шоу (288v4–5)

Dativ absolutní je užit i v případech, kdy v Gump absolutní vazba není:

(21)
sobolem (3: 214, 23) – родив'шѣсѧ иц҃адїемъ (276r19)

Jak již konstatovala E. Bláhová (1993: 429), lexikum Bes a VencNik se svou bohatostí a šíří podstatně liší od lexika starších českocírkevněslovanských památek, např. První staroslověnské legendy o sv. Václavu a legendy o sv. Vítu.[26] Slovní zásoba VencNik je nápadná především velkým počtem tzv. hapax legomenon, což je rys společný s Bes (Bláhová 1993: 429). I když je tento jev vždy do určité míry relativní, protože záleží na tom, z jakého korpusu vycházíme,[27] veliký počet těchto lexémů, celkem 152,[28] má přesto určitou vypovídací hodnotu; uvést můžeme

(22a) Propria
боемиѧ (275v22)
рокъітьница (286v26)

(22b) Abstraktní pojmy
количьствиѥ (274v3, *quantitas*)
съглашениѥ (274v4, *consonare*)
благосръдиѥ (277v28, bez předlohy)

(22c) Kompozita
землѥжитель (275v22, *incola terrae*)
вьседръжительствиѥ (287v9–10, *omnipotentia*)

---

[26] K problematice srovnání lexika VencNik a Bes s lexikem Jana Exarchy viz studii Bláhová & Ikonomova (1993).

[27] V našem případě ze Slovníku jazyka staroslověnského.

[28] Z toho počtu se celkem 38 vyskytuje v úvodu a první kapitole.

(22d) Deverbativa s produktivním sufixem *–tel'*
любитель (277r2, *amator*)
оурадитель (277r22, *moderator*)
въслѣдователь (277r24–25, *exsecutor*)
поскръбитель (278v9–10, *compassus*)
наслѣдователь (279v20, *sectator*)
пролиатель (285r12, *effusor*)
оущадритель (285v12, *renumerator*)
мьздовъздатель (287v22, *remunator*)

Na závěr nezbývá než alespoň stručně zhodnotit kvalitu církevněslovanského překladu. K této otázce se v minulosti vyjadřoval především Vašica, který hodnotí překlad jako relativně povedený, přičemž nejvíce se na výsledné kvalitě podepsaly chyby opisovačů a také obtížný styl Gump (Vašica 1929: 72-74). Pozitivně hodnotí překlad Mareš (2000: 296), skeptičtěji se k této otázce vyjádřil Matějka (1968: 21-24) a naposledy také Bláhová & Konzal (1976: 143). Při jakémkoli hodnocení schopností překladatele je nutné mít na paměti, zejména v tomto konkrétním případě, obtížnost předlohy. Jak jsme se již několikrát zmínili, Gump je po jazykové stránce legenda velmi obtížná, nejde přitom jen o syntaktickou stránku věci, kterou snad nejlépe vystihují dlouhá a komplikovaná souvětí a relativně velké množství ablativů absolutních, ale i o sémantiku slov a náročný a vzletný rétorický styl. Mnoho chyb, které je možné v dochovaném textu identifikovat, je nutno také přičíst na vrub práci opisovačů. V důsledku toho najdeme ve VencNik glosy zřejmě omylem vsunuté do textu:

(23)
в градъ нарицаемыи бѫдеть · к попиноу имене͡м оученъ · наоучити к'нигамъ оучити дань бы (276v1–2)

Dalším faktorem, který musel nutně ovlivňovat výslednou kvalitu, byla i čitelnost latinské předlohy:

(24)
např. na fol. 275r3 čteme живѫще za latinské *volvente* (prol: 213, 29), zřejmě jakoby překladatel četl *viventes*

Druhá církevněslovanská legenda o sv. Václavu 77

dále místo *pernovimus* (1: 214, 2) – *praenovimus*: прѣ оувидѣли (P: оувѣдѣли) есмъ (275v3)
místo *anfractuum* (1: 214, 3) – *ac fractuum* – толи преломленоᵘ (275v5)
místo *attactus* (1: 214, 14) – *attractus* – привлечен (275v30)
místo *curis* (12: 218, 2) – *curiis* – судовъ (281r5)²⁹

Objevují se také případy, kdy překladatel jeden lexém latinský chybně chápal
jako lexémy dva (Vašica 1929: 89):

(25)
postmodum (15: 219, 8) překládá посѣ оустроенїи (276r6)
postposuerint (prol: 213, 26) посемъ изложиша (274v27)
proposuit (5: 214, 33) преди положеныимъ (276v21)
incuriae (prol: 213, 22) četl jako *in curia* a přeložil въ селище (274v17)

Na druhou stranu můžeme ve VencNik identifikovat i jevy, které svědčí
pro jistý jazykový cit překladatele a jeho smysl pro detail. Mezi takové rysy
nepochybně patří i časté užití hendiadys.³⁰ Vašica ve své edici na mnoha místech bez dalšího komentáře upozorňuje na to, že je daný latinský lexém přeložen dvěma církevněslovanskými výrazy (Vašica 1929: 84, 85, 95).³¹ Jev je
v legendě však natolik častý, že ho lze jen těžko považovat za náhodu:

(26)
paternumque...animum (4: 214, 28–29) – ѿнюⷣ доушоу и оумъ и мысль
(276r29)
nudipes (8: 216, 22) – босъ и пѣшь (279r3)³²
inter clericos (8: 216, 42) – клирикомъ и попѡⷨ (279v15)

---

²⁹ Na tyto záležitosti pravidelně upozorňuje ve své edici již Vašica (1929: 88).
³⁰ Tento stylistický prostředek byl v omezené míře zkoumán v *Bes* (Reinhart 1986). Naposledy přednesl k této problematice v Bes příspěvek V. Konzal na konferenci Překladová
  technika z řečtiny a latiny do staroslověnštiny a církevní slovanštiny pořádané v roce
  2012. V textech modliteb z Jaroslavského sborníku upozorňuje na tento prostředek i
  Vepřek (2013: 103-104).
³¹ Zde Vašica druhý lexém hodnotí jako glosu vsunutou do textu omylem, 96, 110, 114,
  116, 117 a 119).
³² Srov. Bláhová (1993: 430). Toto slovní spojení se vyskytuje i bez latinské předlohy.

me accubantem (10: 217, 17) – лежаци҃ѹ м҄нѣ и поѵиваюци҃ѹ (280r7)
coelestis armaturae roboratus tutamine (12: 217, 44) – нб̃нымъ ѡроѹжїе̃ заџищенъ и оѹкрѣп҄ленъ (280v21–22)
saeva (13: 218, 25) – лютьі и з҄льі (281v15)
percussiones (19: 220, 47) – раны и іаз҄вы (285v5)
terror (23: 221, 46) – страх и оѹжасть (287v13)
vincula (24: 222, 13) – веригы и желѣза (288r17–18)

Za zdařilý můžeme považovat i překlad lat. *lenis immemor soporis* (8: 216, 17) – лѣности не пом҄на и дреманїа (278v23–24).

Jak je patrno z předchozího stručného přehledu, při analýze textu VencNik ve srovnání s latinskou předlohou existuje stále mnoho nedořešených otázek. Zodpovězeny mohou být pouze komplexním a detailním rozborem celého textu,[33] tato studie tedy nemůže skutečně být ničím jiným než zjednodušeným uvedením do problematiky tohoto jistě zajímavého a prozatím spíše opomíjeného církevněslovanského textu.

---

[33] Detailní rozbor legendy včetně jejího srovnání s latinskou předlohou je předmětem dizertační práce autorky této studie.

Literatura

Bláhová (1993) – Emilie Bláhová, *Ke klasifikaci českocírkevněslovanských památek*, «Slavia» 62: 427-442.

Bláhová & Ikonomova (1993) – Эмилия Благова, Живка Икономова, *Лексические совпадения Бесед Григотия Двоеслова и Второго жития Вячеслава с лексикой Иоанна Экзарха*, «Palaeobulgarica» 17: 13-26.

Bláhová & Konzal (1976) – Emilie Bláhová, Václav Konzal (eds.), *Staroslověnské legendy českého původu*. Praha: Vyšehrad.

Brunhölzl (1992) – Franz Brunhölzl, *Geschichte der lateinischen Literatur des Mittelalters*, Band 2. München: Fink.

Čajka (2011) – František Čajka, *Církevněslovanská legenda o sv. Anastázii*. Praha: Slovanský ústav AV ČR.

Dobrovský (1819) – Josef Dobrovský, *Kritische Versuche, die ältere böhmische Geschichte von späteren Erdichtungen zu reinigen*, III. Prag: Haase.

Fetková (1997-1998) – Petra Fetková, „*40 homilií na evangelia" Řehoře Velikého v charvátském církevněslovanském překladu ve srovnání s překladem českocírkevněslovanským*, «Slovo» 47-49: 133-165.

Fingernagel (1991) – Andreas Fingernagel, *Die illuminierten lateinischen Handschriften deutscher Provenienz der Staatsbibliothek PK Berlin, 8.–12. Jahrhundert*, Teil 1: Text; Teil 2: Abbildungen. Wiesbaden: Harrassowitz.

Gheyn (1905) – Joseph van den Gheyn, *Catalogue des manuscrits de la Bibliothèque royale de Belgique*, tome cinquième: Histoire – Hagiographie. Bruxelles: Lamertin.

Hauptová (1998) – Zoe Hauptová, *Církevněslovanské písemnictví v přemyslovských Čechách*. In: Dobrava Moldanová (ed.), *Jazyk a literatura v historické perspektivě*. Ústí nad Labem: Univerzita J. E. Purkyně, 5-48.

Kalhous (2013) – David Kalhous, *Svatováclavská úcta v říši před r. 1200. Poznámky k nejstaršímu rukopisnému dochování Crescente fide (bav.)*, «Studia historica Brunensia» 60: 11-23.

Konzal (1994) – Václav Konzal, *Latinské participium futuri v staroslověnském překladu (Responze latinské syntaxe v českocírkevněslovanských památkách I.)*, «Slavia» 63: 193-205.

Konzal (2005) – Václav Konzal, *Latinské gerundium a gerundivum v staroslověnském překladu (Responze latinské syntaxe v českocírkevněslovanských památkách II.)*, «Slavia» 74: 167-190.

Konzal (2012) – Václav Konzal, *Latinský ablativ absolutní v staroslověnském překladu (Responze latinské syntaxe v českocírkevněslovanských památkách III.)*, «Slavia» 82: 190-204.

Králík (1962) – Oldřich Králík, *Prameny II. staroslověnské legendy václavské*, «Slavia» 31: 579-598.

Ludvíkovský (1958) – Jaroslav Ludvíkovský, *Nově zjištěný rukopis legendy Crescente fide a jeho význam pro datování Kristiána*, «Listy filologické» 81: 56-68.
Ludvíkovský (1973-1974) – Jaroslav Ludvíkovský, *Latinské legendy českého středověku*. «Sborník prací Filosofické fakulty brněnské univerzity» / «Studia minora facultatis philosophicae universitatis Brunensis», Řada archeologicko-klasická / Series archeologica et classica, 18-19: 267-308.
Ludvíkovský (2012) – Jaroslav Ludvíkovský (ed.), *Kristiánova legenda: život a umučení svatého Václava a jeho báby svaté Ludmily*. Praha: Vyšehrad[2].
Manitius (1923) – Max Manitius, *Geschichte der lateinischen Literatur des Mittelalters*, Zweiter Teil: Von der Mitte des zehnten Jahrhunderts bis zum Ausbruch des Kampfes zwischen Kirche und Staat. München: C. H. Becksche Verlagsbuchhandlung Oskar Beck.
Mareš (1979) – František Václav Mareš, *An anthology of Church Slavonic Texts of Western (Czech) Origin*. München: Fink.
Mareš (2000) – František Václav Mareš, *Církevněslovanské písemnictví v Čechách*. In: Idem, *Cyrilometodějská tradice a slavistika*, sest. Emilie Bláhová, Josef Vintr. Praha: Torst, 256-327.
Matějka (1968) – Ladislav Matějka, *On translating from Latin into Church Slavonic*. In: Henry Kučera (ed.), *American Contributions to the Sixth International Congress of Slavists*, Volume I: Linguistic contributions. The Hague: Mouton, 247-274.
Mihaljević & Reinhart (2005) – Milan Mihaljević, Johannes Reinhart, *The Croatian Redaction: Language and Literature*, «Incontri Linguistici» 28: 32-82 (= *Slavo ecclesiastico antico: problemi e prospettive*, a cura di Giorgio Ziffer. Pisa-Roma: Serra).
Nikol'skij (1909) – Николай Константинович Никольский, *Легенда Мантуанского епископа Гумпольда о св. Вячеславе чешском в славяно-русском переложении* (Памятники древней письменности и искусства 174). Санкт-Петербург: Александров.
Pekař (1906) – Josef Pekař, *Die Wenzels- und Ludmilalegenden und die Echtheit Christians*. Prag: Buchdruckerei der böhmischen Kaiser Franz-Josefs Akademie der Wissenschaften, Literatur und Kunst.
Pertz (1841) – Georg Heinrich Pertz, *Monumenta Germaniae Historica, Scriptores*, tomus IV: Annales, chronica et historiae aevi Carolini et Saxonici. Hannoverae: Impensis Bibliopolii Aulici Hahniani, 211-223.
Podlaha (1922) – Antonín Podlaha, *Soupis rukopisů metropolitní kapituly pražské*, druhá část: F – P. Praha: Nákladem České akademie věd a umění.
Reinhart (1986) – Johannes Reinhart, *Une figure stylistique dans le traduction vieux-slave des Homélies sur les Evangiles de Grégoire le Grand en comparaison avec les textes scripturaires*. In: Jacques Fontaine et al. (eds.), *Grégoire le Grand: Actes du colloque international du CNSR, Chantilly, Centre culturel Les Fontaines, 15-19 sep-*

tembre 1982 (Colloques internationaux du Centre National de la Recherche Scientifique 612). Paris: Édition du Centre National de la Recherche Scientifique, 597-606.

Slavík (1934) – Jan Slavík, *Mladší slovanská legenda o sv. Václavi a její význam pro kritiku legend latinských*. In: Karel Guth (ed.), *Svatováclavský sborník na památku 1000. výročí smrti knížete Václava Svatého*. Praha: Národní výbor pro oslavu svatováclavského tisíciletí, 842-862.

Spurná (2013) – Kateřina Spurná, *Problematika předloh Druhé církevněslovanské legendy o sv. Václavu*, «Usta ad Albim Bohemica» 13: 16-24.

Spurná (2014) – Kateřina Spurná, *Překladová technika ablativu absolutního v charvátskohlaholské Benediktově Řeholi*, «Slovo» 64: 57-78.

Thomson (1983) – Francis J. Thomson, *A Survey of the Vitae Allegedly Translated from Latin into Slavonic in Bohemia in the Tenth and Eleventh Centuries*. In: *Atti dell'8 congresso internazionale di studi sull'Alto Medioevo* (Spoleto, 3-6-novembre 1981). Spoleto: Centro italiano di studi sull'Alto Medioevo, 331-347.

Třeštík (2008) – Dušan Třeštík, *Počátky Přemyslovců. Vstup Čechů do dějin (530 – 935)*. Praha: Nakladatelství Lidové noviny.

Vašica (1929) – Josef Vašica, *Druhá staroslověnská legenda o sv. Václavu*. In: Josef Vajs (ed.), *Sborník staroslovanských literárních památek o sv. Václavu a sv. Lidmile*. Praha: Nákladem České akademie věd a umění, 71-135.

Vepřek (2006) – Miroslav Vepřek, *Česká redakce církevní slovanštiny z hlediska lexikální analýzy*. Olomouc: Refugium Velehrad-Roma.

Vepřek (2013) – Miroslav Vepřek, *Modlitba sv. Řehoře a Modlitba vyznání hříchů v církevněslovanské a latinské literární tradici*. Olomouc: Univerzita Palackého v Olomouci.

Zachová (2010) – Jana Zachová, *Legendy Wolfenbüttelského rukopisu*. Praha: Filosofia.

Наталья Александровна Зяблицына

Переводческие ошибки в трактатах "Учителя Самуила обличение" и "Доказательство пришествия Христа"

Abstract: Mistranslations in the Church Slavonic translation of the treatises "Rationes breves magni rabi Samuelis" and "Probatio adventus Christi". The paper is devoted to the analysis of mistranslations in two treatises that were translated from Latin into Church Slavonic by the members of the circle of the Archbishop of Novgorod, Gennady (Gonzov): the *Probatio adventus Christi* and the *Rationes breves magni rabi Samuelis iudaei nati*. *Probatio adventus Christi* was translated in 1501 by Dmitry Gerasimov and *Rationes breves* in 1504. The analysis attempts to identify different types of mistakes in the rendering of the Latin that is original to the treatises.
The research was conducted on the basis of all the extant manuscripts, in which both treatises are preserved one following the other. By using this method, it became possible to exclude scribal errors and to concentrate directly on the analysis of the language.
An unconscious change of the original text in the translation should be considered as an error. However, in some cases, the difference between the translation and the original text should not be treated as a mistake, but rather as a deliberate choice of the translator. The mistakes can be divided into two groups, namely those on the text level and those on the language level. The present article continues the work of Vittorio Springfield Tomelleri and aims at further developing the typology of errors occurring in the translations made by members of Gennady's circle.

Keywords: Dmitry Gerasimov, Archbishop Gennady (Gonzov), Gennady circle, translations from Latin into Church Slavonic, typology of errors in Slavonic translations, history of the Russian language

Введение

Одним из основных направлений переводческой работы, осуществлявшейся «повелением архиепископа Геннадия» в Новгороде на рубеже XV-XVI вв., был перевод с латинского языка антииудейских полемических трактатов. Согласно колофонам рукописей, эта работа велась на заключительном этапе деятельности Геннадиевского кружка: сочинение французского экзегета Николая Де Лиры *Reprobatio adventus Christi* («Доказательство пришествия Христа», далее ДЛР) было переведено на церковнославянский язык в 1501 г.,[1] собрание писем марокканского раввина *Rationes breves magni rabi Samuelis*, в действительности происходящего из ордена доминиканцев («Учителя Самуила обличение», далее

---

[1] Издание памятника: Федорова 1999а.

Уч.Сам.обл.), – в 1504 г. В этом же году архиепископ Геннадий (Гонзов) был отстранен от кафедры и переведен в московский Чудов монастырь. Во всех сохранившихся рукописях для Уч.Сам.обл. указан латинский источник – приведены выходные данные инкунабулы, содержащей латинский оригинал (Köln: Heinrich Quentell, 1493) и год перевода;[2] для ДЛР – заказчик (архиепископ Геннадий), автор перевода (Митя Толмач, т.е. Дмитрий Герасимов) и год выполнения перевода.[3]

На взаимосвязь трактатов указывают не только единство темы и близкое время перевода, но и текстологическая традиция: во всех сохранившихся церковнославянских рукописях эти два произведения помещаются рядом, одно за другим (вопреки хронологии, Уч.Сам.обл. всегда предваряет ДЛР).

В настоящее время известно местонахождение пяти списков памятников, которые здесь приводятся в хронологическом порядке (рукописи 3 и 4 имеют в своем составе только Уч.Сам.обл. и ДЛР):

1. Белград, Сербская Академия Наук и Искусств (SANU) № 26 (№ 317 в описании Богдановича 1982: 36), не ранее 1556 г. (Крестич, Станич 2011: 805-806)   [*C*];

2. Москва, Российская Государственная Библиотека (РГБ), Собрание Е. Е. Егорова (ф. 98) № 355, 2-я четверть XVII в. (Опарина 2011; датировка в. н. сотрудника ОР РГБ Т.В. Анисимовой)   [*E*];

3. Калуга, Калужский Областной Краеведческий Музей, Собрание Троицкого Лютикова монастыря г. Перемышль, Кл. 7065, до 1676 г. (Маслов 1954)   [*K*];

4. Москва, Российская Государственная Библиотека (РГБ), Собрание Вологодской духовной семинарии (ф. 354) № 238, кон. XVII – нач. XVIII в.   [*B*];

---

[2] Напечатано в колоніи. индрикомъ квентелъ · лѣ въплощениа гна ҂а.у.ч.г. [1493] · а на рускїй ıазыкъ преведено лѣта ҂з.вї.го [7012 = 1504] (л. 278 об.).

[3] Повелѣниемъ архиепкпа Генадиа · преложилъ сие на рускїй ıазыкъ мита толмачъ · лѣта ҂з.д. го [7009 = 1501] (л. 326 об.).

5. Москва, Государственный Исторический Музей (ГИМ), собрание Уварова № 346-1° (№ 1971 в описании архимандрита Леонида), XVIII в. (Леонид 1894: 362) [*У*].

Цитаты приведены по рукописи *Е*[4] (в ряде случаев с приведением разночтений по другим рукописям).

Латинский текст "*Rationes breves..*" цитируется по инкунабуле, указанной переводчиком Уч.Сам.обл.: "*Epistola rabbi Samuelis ad rabbi Isaac de adventu Messiae*" (Köln: Heinrich Quentell, 1493).[5] При необходимости в качестве сравнительного материала приводится текст "*Rationes breves...*" нескольких старопечатных изданий, хранящихся в Музее книги Российской Государственной Библиотеки (Москва):

1. **Epistola rabbi Samuelis**...[Sant'Orso]: [Johannes de Reno], [ca 1475] (Inc. 8.38);
2. **Epistola rabbi Samuelis**...Köln: Apud Lyskirchen [i.e. Ulrich Zell], [ca 1485] (Inc. 1436);
3. **Epistola rabbi Samuelis**...Köln: [Heinrich Quentell], 1499 [1491?] (Inc. 1487, тж. припл. к Inc. 2708);
4. **Epistola rabbi Samuelis**...Bologna: Ugo Rugerius, 1496 (Inc. 1866);
5. **Secunda pars historiarum domini Antonini archipresulis Florentini**. Lyon: Jacobi Myt, 1527 ([Lyon] [Myt] 2°);
6. **Avreus Rabbi Samuelis tractatus**. Calisii [Kalisz], 1612 (IV-лат. 4°),

а также издание трактата Ж.-П. Минем (Migne 1882).

Латинский текст ДЛР цитируется по изданию (Федорова 1999а) с привлечением текста инкунабулы "*Disputatio contra perfidiam Iudaeorum*" ([Paris]: Georg Mittelhus, [1497-1500].[6]

---

[4] Как одной из самых ранних и близкой к архетипу; более ранняя рукопись *С* содержит следы редакторской правки, в том числе 31 лексическую замену, и 10 вставок из «Словес супротивных противу глав Самуила» Максима Грека. В издании (Федорова 1999а) представлен менее точный текст позднего скорописного списка *У*, поэтому ДЛР в настоящей работе также цитируется по рукописи *Е*.

[5] Москва, Российская Государственная Библиотека, Музей книги, Inc. 8.39, Inc. 1450.

[6] Москва, РГБ, Музей книги, Inc. 8.108.

Текстологическое исследование сохранившихся церковнославянских рукописей и сохранность их латинских источников позволяют довольно точно воссоздать архетип церковнославянского перевода Уч.Сам.обл. и ДЛР, выявить основные закономерности языка и принципы работы переводчиков, исключив из поля зрения лингвистического анализа значительное число ошибок переписчиков. Например, в следующей цитате из Уч.Сам.обл. (глава 21) только рукопись *С* сохраняет написание, эквивалентное латинскому оригиналу:

(1) Уч.Сам.обл.
Tu, domine mi, es ille, qui nouisti hoc
Ты гн͠е ми естъ си то, иже вѣси сие (л. 272)
(*Е, К, В* – естъ си то, *У* – естъ си͞ то, *С* – еси то͞)

Встречаются спорные случаи, когда невозможно установить, на каком этапе произошла ошибка: при переводе или при переписывании. Так, расположение в составе одного предложения сочетаний имени существительного с согласованным пассивным причастием *vinum mixtum* и *vino mixto* вызывает ошибочное повторение эквивалента вино смѣшено:

(2) Уч.Сам.обл.
Quid panis et vinum mixtum aqua nisi sacrificium pane et vino mixto cum aqua quod fit in altari
Что хлѣбы и вино смѣшено с водою, токмо жертва хлѣба и вино смѣшено с водою, еже бываетъ на требницѣ (л. 270 об.)

Следующая ошибочная передача *obseruatis* – содержаниа также могла быть ошибкой как переписчика, так и переводчика. Во-первых, в непосредственной близости в тексте употреблено имя существительное *obseruantias* – съдержаниа, во-вторых, последовательность слов содержаниа обрѣзание и суботы образует подобие ряда однородных членов предложения:

(3) Уч.Сам.обл.
Videtur ergo sequi, quod nos non a Deo, sed ab illis, qui in ira Dei e-   Видится оубо послѣдовати, еже мы не ѿ б͠га, но ѿ тѣ иже въ гнѣвѣ б͠жии

rant, <u>obseruantias</u> praedictas accipimus. Et dicent nobis aduersarii nostri: 'Sicut vos <u>obseruatis</u> circuncisionem et sabbatum et legitis in synagogis vestris libros Moisi et prophetarum sine mandato Dei, quare non assumpsistis similiter sacrificial

бѣша съдержанїа прє{}^{дн} реченнаа прїахомъ. И рекꙋтъ намъ съпостаты наши · ꙗко вы <u>съдержанїа</u> обрѣзание и сꙋботы (С, В: сꙋботꙋ), и ꙋтете на сонмицѣ̈ ваши книги мѡѷсеовы и пророческїа, бес повелѣнїа бж҃їа, почто не воспрїꙗсте тако жертвъ (л. 247)

Переписчик С замечает здесь дефект синтаксиса и пытается внести правку: ꙗковы преданїа.
В ряде случаев в текстах Уч.Сам.обл. и ДЛР встречается деформация – сознательное искажение переводчиком определенного параметра текста оригинала, вызванное стремлением решить глобальную переводческую задачу (Гарбовский 2007: 513-514). Например, в следующем случае можно предположить, что переводчик нарушает принцип полного лексического соответствия между оригиналом и переводом под влиянием кодифицированного текста Священного Писания:

(4а) Уч.Сам.обл
Deus fortis et <u>gloriosus</u> dixit per os Malachiae prophetae
бг҃ъ крѣпкїи и <u>силныи</u> гл҃а ѹсты малахїи прр҃ка (л. 270 об.)

В других сочетаниях переводчик Уч.Сам.обл. предоставляет адекватный перевод *gloriosus* (11 случаев из 12), напр.:

(4б)
Deus verus et <u>gloriosus</u> – бг҃ъ истиненъ и <u>славенъ</u> (л. 245)
Deus fortis et <u>gloriosus</u> – бг҃ъ крѣпкїи и <u>славный</u> (л. 274)

Данный перевод *gloriosus* – силный (4а), вероятно, вызван тем, что ряд эпитетов крѣпкїй и силный (Господь) употребляется в славянской Псалтыри (Пс. 23:8): кто есть сь цр҃ь славы · г҃ь крѣпокъ и силенъ · г҃ь силенъ въ брани (Библия 1499: 80). Переводчик употребляет известный ему ряд эпитетов из псалма или бессознательно, или намеренно, желая украсить ими текст перевода; это искажение могло возникнуть и при переписывании – на раннем этапе бытования текста, т.к. указанное чтение отражают все сохранившиеся рукописи.

В центре внимания настоящей статьи неосознанное (в отличие от деформации) искажение исходного текста переводчиком – переводческие ошибки (Гарбовский 2007: 514). В продолжение работы В.С. Томеллери «О типологии ошибок в новгородских переводах с латыни» (Томеллери 2013) предпринята попытка исследовать переводческие ошибки в Уч.Сам.обл. и ДЛР и установить их основные типы. Анализ ошибок Уч.Сам.обл. и ДЛР позволяет разделить их на две группы:

1. Ошибки на текстовом уровне, т.е. неправильное прочтение латинского оригинала;

2. Ошибки на языковом уровне.

Перечислим основные типы искажений исходного текста внутри каждой из групп.

1. Ошибки на текстовом уровне (неправильное прочтение латинского подлинника)

Нередко искажения в переводном текстe возникали в результате трудностей при чтении латинских первопечатных изданий.

1.1. Ошибка в прочтении буквы

e ⟹ c

(5) Уч.Сам.обл.: *eum – cum*
Iurauit Dominus Dauid et non paenitebit eum de fructu ventris tui ponam super thronum suum
Клѧтсѧ гь҃ и не раскаетсѧ, ꙗко ѿ плода ѹрева твоего посажѹ на пр҇тлѣ своемъ (л. 278)

В латинском тексте – контаминация двух цитат из Псалтири:

(6a) Пс. 109:4
Вульгата: *Iuravit Dominus et non paenitebit eum Tu es sacerdos in aeternum secundum ordinem Melchisedech*
Геннадиевская Библия: клатса гь и не раскаеса. ты іереи в вѣкы по чиноу мелхиселековү (Библия 1499: 275)
Септуагинта: ὤμοσεν κύριος καὶ οὐ μεταμεληθήσεται Σὺ εἶ ἱερεὺς εἰς τὸν αἰῶνα κατὰ τὴν τάξιν Μελχισεδεκ

(6б) Пс.131:11
Вульгата: *Iuravit Dominus David veritatem et non frustrabit eum*[7] *De fructu ventris tui ponam super sedem tuam*
Геннадиевская Библия: клатса гь двдү истиною. и не ѿврѣжеса еа. ѿ плода ү҆рѣва твоего посажү на прⷮлѣ твоемь (Библия 1499: 310)
Септуагинта: ὤμοσεν κύριος τῷ Δαυιδ ἀλήθειαν καὶ οὐ μὴ ἀθετήσει αὐτήν[8] Ἐκ καρποῦ τῆς κοιλίας σου θήσομαι ἐπὶ τὸν θρόνον σου

Переводчики Геннадиевского кружка ориентируются на IV (Киприановскую) редакцию церковнославянского перевода Псалтири (Зяблицына, в печати), в которой не отражено чтение *eum / αὐτόν*. Поэтому в данном случае знание канонического текста Псалтири не повлияло на перевод, в том числе и не предотвратило ошибочного прочтения буквы *е* как близкой по начертанию *с*.

s ⟹ n

(7) Уч.Сам.обл.: *nos – non*
Si volumus dicere, quod ista praesens ira Dei, in qua sumus, sit adhuc illa, propter quam fuit captiuitas ista .lxx. annorum [...] *nos facimus Deum mendacem, quod absit*
Аще восхотимъ рещи еже сей настояцїи гнѣвъ бж҃їи в немже есмы, есть еще той егоже ради бысть плѣнение то ҃о. лѣтъ [...] не творимъ б҃га лжа, да не будетъ (л. 245)

---

[7] *eam* (Sixto-)Clementina [iterum adest Psalt. Lugdunense]; Psalmi iuxta Hebr.: *non avertetur ab ea* (Вульгата: 936-937).
[8] В Александрийском кодексе: αὐτόν (Септуагинта: 147).

Гиперкорректное написание: из-за большой длины предложения переводчик мог потерять смысловую связь между протасисом и аподосисом, поэтому счел необходимым внести правку в исходный текст.

t ⟹ r

В первопечатных книгах начертания букв *t* и *r* иногда трудно различимы. Кроме того, в следующем примере возникновению ошибки способствует контекст:

(8а) ДЛР: *patet – pater*
Et creatus mundus est in tribus proprietatibus istis, quoniam indivisa sunt opera Trinitatis. Patet etiam ex istis quod non est contra intentionem hebraicorum doctorum antiquorum quod aliqua pluralitas ponatur in Deo seu in Divinis
И сътворенъ есть миръ въ трїе собство сй, понеже не разделна суть дела трцы. Отцъ паки о сихъ еже несть съпротиву помышлениа еврейскй учителеи древнй, еже некое многочисліе полагается въ бзе (л. 286)

Вторая ошибка поддержана грамматическим контекстом (по-видимому, переводчик «читает» здесь субъектный инфинитив):

(8б) ДЛР: *determinate – determinare*
Tempus adventus Christi sit praeteritum, quod patet quia Angelus determinate assignat .ccccxxxx. annos usque quo impleatur visio et prophetia et ungatur Sanctus Sanctorum, id est Christus
Время пришествиа хва есть минувше · ѥ ѩвитъ иже аггглъ оуконҁати назнамена .у. и .у. летъ · донеже исполнитися (C, B: исполнится) видѣніе и пррҁство и помажется стыи стхъ, сирѣ хс (310)

x ⟹ t

Переводчик смешивает буквы *x* и *t*; омонимия форм именительного и отложительного падежей латинских существительных женского рода позволяет не заметить эту ошибку; активный залог глагола, очевидно, употреблен по смыслу:

(9) ДЛР: *ex – et*
Unde *ex glossa hebraica* super istum locum sic *dicitur*: Creator creat animam cum perfectione figurae humani corporis
Ѿкуду и токование еврейское на мѣсто сие сицѣ глетъ: създатѐ съзидаетъ дш҃у съвершенїѐ образа ѹл҃ѹа тѣлеси (л. 292 об.)

1.2. Ошибка в прочтении сокращения

scilicet ⟺ *sed*

Ошибка возможна в обоих направлениях:

(10а) ДЛР
Et ideo alii aliter soluerunt dicentes, quod per hoc nomen non habetur, quod Messias sit Deus, quia non dicitur, quod debeat esse Deus *scilicet* vocabitur Deus
И сего ра҃ инїи инако разрѣшаютъ гл҃юще, еже по сему имени не имѣется еже месcіа есть бг҃ъ, зане не гл҃ется еже долженъ быти бг҃ъ, но наречется бг҃ъ (л. 297)

(10б) ДЛР
In hebraeo non ponitur abbreviate in detruncationem seu diminutionem, prout sonat, *sed* ponitur praecise, prout denotat temporis determinationem, id est non plus, neque minus
Въ еврейскомъ не положитса съкращенѐ въ ѿатіе или оумаленїе, ꙗкѡ гласитъ, сирѣ положится извѣстнѣ, ꙗко назнаменуетъ времени оуконъчанїа (B: ѹконъчанїе), сирѣ не множае ни менши (л. 309)

1.3. Ошибочная интерпретация сочетания букв как лигатуры

В отличие от Уч.Сам.обл., относительно ДЛР точно не известно, с какого издания был выполнен его церковнославянский перевод. Однако для местоимения *ipse, -a, -um* переводчик дважды избирает эквивалент «во время». Возможно, в оригинале использовалась лигатура, начертанием напоминающая *ipso, ipsi*, для обозначения сочетания *in spatio*, или переводчик ее здесь предположил:

(11а) ДЛР
Omnes prophetae fuerunt cum Moyse in monte Synai, et ibi acceperunt prophetias suas, sicut et Moyses legem, sed postea illas prophetias denuntiaverunt populo ipso a Deo determinate
Вси пррцы бѣша с моисеомъ на горѣ синай, и тамо приаша пророчествиа своа, ꙗкѡ и моисей законъ, но по семъ тѣ пррчества възвѣщаху людѣ̈ въ время ѿ бга ѹставленое (л. 291)

(11б) ДЛР
Multi conversi sunt de gentibus ad fidem catholicam, etiam ipsi Apostoli
Мнози ѡбращьшеса ѿ ꙗзыкъ к̑ вѣрѣ православнѣй, такоже въ время аптловъ (л. 319 об.)

1.4. Ошибка в прочтении слова с надстрочной тильдой

Переводчик Уч.Сам.обл. неверно интерпретирует тильду: в данном случае она обозначает надстрочную *m*, а все слово – форма настоящего времени сослагательного наклонения действительного залога *sciam*. Переводчик принимает надстрочный знак за *n* в форме существительного в отложительном падеже *scientia*:

(12) Уч.Сам.обл.: *sciam* ⟹ *scientia*
Ego secundum paruitatem meam et insufficientiam non sim talis, quod vobis vel pro vobis sciam, vel possim aliquid magnum facere, vel saltem assistere tanto patri in laboribus
Азъ по маству моему и недовленїю нѣсмь таковъ, ѥ̈ вамъ или про ва̑ хитростїю, и̑ возмогу нѣчто велие сотворити, или хота настоати толико (*B*: толику) ѻцу во трѹдѣ (л. 243)

1.5. Добавление буквы

Ошибка в значительной степени поддержана контекстом:

(13) Уч.Сам.обл.: *istos* ⟹ *iustos*
Deus victor et gloriosus, qui viuificat istos scilicet gentes per fidem, interficit nos in incredulitate nostra
Бг҃ъ ѡдолѣте и славенъ, иже живы творитъ праведныа сирѣ ꙗзычниковъ вѣрою, и ѹбилъ насъ в невѣрствїи нашемъ (л. 263 об.)

1.6. Пропуск слова

Несмотря на пропуск существительного *loco*, синтаксическая структура предложения не нарушена. Данное чтение воспроизводится во всех сохранившихся рукописях:

(14) Уч.Сам.обл.
Et isti sunt eiecti vel emissi per uniuersum orbem domine mi surrexerunt coram Deo loco nostri
И сїи сꙋть изпꙋщени или послани по всей вселеннѣй, гн҃е ми въсташа пр҃ѣ бг҃омъ нашимъ (л. 267 об.)

1.7. Ошибка в членении текста

В первопечатных книгах интервал между словами был небольшим, поэтому переводчики могли по ошибке принять приставку за предлог:

(15а) ДЛР: *ex modo... inconsueto* ⟹ *in consueto*
Est autem sciendum, quod in hebraico misteria absoluta et solum sapientibus nota ex modo scribendi inconsueto frequenter designator
Да єсть же вѣдомꙋ, єже въ єврейскомъ тайство съкровено и токмо мꙋдрѣйшимъ вѣдомо о҃ чина написаниѧ въ обычномъ часто назнаменꙋется (л. 287).

Или наоборот – предлог принять за приставку:

(15б) ДЛР: *de facili* ⟹ *difficili*
Funiculus triplex difficile rumpitur. Glossa hebraica: Sensus videtur esse Mysterium Trini Dei et Unius non de facili discutitur
Оу҃ (В: ꙋже) троесꙋгꙋбо неоудобъ сокрушаесѧ. т҃окование єврейское, оумъ видитсѧ быти таиньство троична бг҃а и єдинаго. не неоудобь ислѣдꙋесѧ (л. 293 об.)

Одновременно окончание могло быть воспринято как предлог:

(15в) ДЛР: *a dicta die* ⟹ *addit a die*
Hoc patet per caldaicam translationem, quae sic habet: "Nomen civitatis, exponens a dicta die, qua fecit Dominus descendere suam Divinitatem ibidem"

Сїе ꙗвѣ по хадѣйскомꙋ преведенїю, ѐ сице имать · има града распространѧа приложитъ ѿ дне вънже сотвори гь снити свое бжство тꙋтъ (л. 294 об.)

Предположительно смешанный случай (ошибка в прочтении буквы и ошибка в членении) представляет собой перевод перфектного инфинитива *praecessisse* (*praecedo*) в составе конструкции Accusativus cum infinitivo при помощи *prae* (оставлено без перевода?) + формы глаг. *certisso* (?). Возможна и другая интерпретация: ошибка в прочтении слова или пропуск букв (переводчик мог прочитать *praecise* вместо *praecessisse*, см. выше пример 10б *praecise* – извѣстнѣ):

> (15г) Уч.Сам.обл. *praecessisse* – извѣстно
> *Et si nos domine mi volumus tenere praefatam doctrinam nostram et respondere Christianis oportet quod nos assignemus in Israel ante venditionem Ioseph tria scelera praecessisse*
> И аще мы гдне ми хоцемъ держати пре҇реченное оучитество наше, и овѣщати хр҇стїаномъ подобаетъ · еже мы назнаменꙋемъ во израили пре҇ проданїа иосифова, три бе҇честїа извѣстно (л. 251 об.)

1.8. Ошибки, обусловленные искажениями латинской традиции

В ряде случаев переводчик воспроизводит на церковнославянском языке латинский текст с «испорченным» синтаксисом:

> (16а) Уч.Сам.обл.
> *Nunc ergo paueo illud peccatum propter quod sumus in hac desolatione. Sit illud peccatum super quo locutus est Deus per prophetam Amos*
> Нн҇ѣ оубо боюса того грѣха егоже ра҇ есме в семъ запꙋстѣнїи есть той грѣ҇, о немже глалъ есть бгъ по пр҇рокꙋ амосꙋ (л. 251)

Синтаксическая структура латинского текста, процитированного по кельнской инкунабуле 1493 г., на наш взгляд, повреждена, так же, как в инкунабуле **Epistola rabbi Samuelis**…Köln, [ca 1485]:

> (16б) *Nunc ergo paueo quod illud peccatum propter quod sumus in hac desolatione sit* […]

Ряд других изданий дает синтаксически корректные варианты, например: **Epistola rabbi Samuelis**...[Sant'Orso, ca 1475]:

(16в) *Nunc ergo domine mi paueo quod id peccatum propter quod sumus in hac desolatione et in captiuitate ista sit* [...][9]

В примере (17а) кельнская инкунабула 1493 года содержит предложение, возможно, с ошибочным употреблением местоимения *vos* вместо *nos*; в других латинских изданиях предложение имеет иную структуру:

(17а) Уч.Сам.обл.
Timeo domine mi cum de nobis dicamus <u>vos</u> et ego de me sum et nos sumus filii Iacob et filii Israhel quod iam completum est illud quod Deus dicit per os Ysaiae capitulo vicesimonono: 'Interficiet te Deus o Israhel et vocabit seruos suos nomine alio' (тж. Inc. 1436)
Боюса г҃не ми, егда о насъ г҃лемъ в҃а, и азъ о мнѣ есмь, и мы есме с҃нве и҃аковли · и с҃нве ізрайлевы еже оуже съвершено есть то · еже б҃гъ г҃летъ оусты иса҃йными въ главѣ .к҃д. · оубиетъ та б҃гъ ѡ и҃иль · и прозоветъ (*К, В*: призоветъ) р҃а свой имен҃е ины҃й (л. 262-262 об.).

В других изданиях:

(17б) **Epistola rabbi Samuelis**...[Bologna, 1496]
Timeo domine mi cum dicamus inter nos, ego et ego sumus filii Iacob et Israel quod iam completum sit illud quod dixit deus per os Isaiae [...]

(17 в) **Secunda pars historiarum domini Antonini archipresulis Florentini** [Lyon, 1527]
Timeo domine mi quum nos dicamus inter nos, ego et etiam sum et nos sumus filii Iacob et Israel: quod iam completum est illud quod dicit deus per os Esaiae [...]

---

[9] Этот вариант представлен также в: **Epistola rabbi Samuelis**...Bologna, 1496; **Secunda pars historiarum domini Antonini archipresulis Florentini**. Lyon, 1527; **Avreus Rabbi Samuelis tractatus**. Calisii, 1612 и в издании трактата Ж.-П. Минем (Migne 1882: 342).

(17г) **Epistola rabbi Samuelis**…[Sant'Orso, ca 1475], **Avreus Rabbi Samuelis tractatus**. [Calisii/Kalisz, 1612]
Timeo domine mi cum nos dicimus inter nos Ego et tu etiam sumus filii Iacob et Israhel quoque quia iam completum est illud sicut dicit deus per os ysa. prophetae [...]

(17д) **Patrologia Latina** Ж.-П. Миня
Timeo, domine mi, cum nos dicimus inter nos, et ego et tu etiam sumus filii Iacob et Israel, quia iam completum est illus quod dicit Deus per os Isaiae [...] (Migne 1882: 353)

Однако переводчик может и внести исправление в испорченный текст латинского оригинала:

(18а) Уч.Сам.обл.: *nos – eos*
nec Deus transmigrauit ab eis ab illo tempore quo redemit nos rex iste iustus magister eorum. Sed transmigrauit a nobis Deus omnipotens et fuit semper cum eis
Ниже бгъ преселится ѿ нихъ ѿ того времени, внеже избави ихъ црь онъ правѣныи, оучтель ихъ. Но пресѣся ѿ на бгъ всемогущии, и бысть всегда с ними (л. 266)

Написание *nos* сохраняют, помимо цитируемого латинского издания, также инкунабулы **Epistola rabbi Samuelis**…Köln, [ca 1485] и **Epistola rabbi Samuelis**…[Köln, 1499 – 1491?]. В то же время реконструируемое переводчиком по смыслу местоимение 3-го лица *eos* действительно употребляется в данном месте трактата согласно инкунабулам **Epistola rabbi Samuelis**…[Bologna, 1496] и **Secunda pars historiarum domini Antonini archipresulis Florentini** [Lyon, 1527]. Спорное местоимение совсем опущено в изданиях **Epistola rabbi Samuelis**…[Sant'Orso, ca 1475] и **Avreus Rabbi Samuelis tractatus** [Calisii/Kalisz, 1612], а также у Миня:

(18б)
nec Deus transmigravit ab eis ab illo tempore quo redemit rex iste iustus, magister eorum (Migne 1882: 356)

Независимое переводческое решение представлено также в следующем отрывке:

(19) Уч.Сам.обл.
Conseruet vos ordine nostro Dominus noster Iesus Christus per multa tempora in sua gratia et amore
да сохранитъ въ҇ ѹ҇чина нашего гь нашъ і҃с х҃с по многа времена въ своей бл҃гти и любви (л. 244)

Русский переводчик интерпретирует отложительный падеж сочетания *ordine nostro* в латинском оригинале предположительно как родительный принадлежности при имени существительном гь. Проясняет ситуацию латинская традиция. В инкунабулах **Epistola rabbi Samuelis...** [Köln: Heinrich Quentell], 1499 – 1491?], **Secunda pars historiarum domini Antonini archipresulis Florentini** [Lyon, 1527], **Avreus Rabbi Samuelis tractatus** [Calisii/Kalisz, 1612] и в Migne (1882: 336) сочетание употреблено в дательном удобства: *ordini nostro*. В **Epistola rabbi Samuelis...** [Sant'Orso, ca. 1475] текст отсутствует, в **Epistola rabbi Samuelis...**[Bologna: Ugo Rugerius, 1496] вариант *ordini Dominus Iesus Christus*.

2. Ошибки на языковом уровне
2.1. Омонимия падежных форм
На основании омонимии латинских форм падежей в Уч.Сам.обл. и ДЛР можно выделить следующие возможные (мнимые?) ошибки:

abl. pl. ⟹ dat. pl.

(20) Уч.Сам.обл.
Quare, domine mi, cum Deus punierit patres nostros propter idolatriam et propter interfectionem prophetarum, et poena sit nota in scriptura, cum Deus non puniat bis in id ipsum, pro peccatis illis praeteritis fuit poena scilicet captiuitas .lxx. annorum
почто г҃не ми, егда б҃гъ ка҇знилъ ѿцовъ нашй ради идолослужения и ради ибиениа пр҃рковъ, и казнь есть вѣдома въ писа҃нїи, ꙗко б҃гъ не казнитъ двацꙑ о том же само̀, за грѣхи тѣ прошѣдшїй быстъ казнь, сирѣть плѣнение .о҃. лѣтъ (л. 245 об.)

Синтагма *illis praeteritis* позволяет двоякое толкование: 1) согласование с именем существительным *peccatis* – 'за те прежде совершенные грехи'; 2: дательный неудобства при имени существительном *poena* – 'наказание тем, прежде жившим'.[10] Переводчик избирает второй вариант. В качестве эквивалентной функции падежа используется объектный родительный.

Accusativus cum infinitivo ⟹ Nominativus pendens

Анализируя перевод следующей конструкции латинского оригинала в другом произведении Геннадиевского кружка, "Rationale Divinorum officiorum" Вильгельма Дюрана (Совещ.Бож.д.), В.С. Томеллери отмечает, что «из-за омонимии именительного и отложительного падежей в первом склонении оборот *Ablativus absolutus*, для передачи которого обычно переводчики Геннадиевского кружка использовали дательный самостоятельный, неправильно переведен на славянский в именительном падеже (*Nominativus pendens*)» (Томеллери 2013: 168):

(21а) Совещ.Бож.д.
Sine spatio, id est nulla littera dimissa
без промежиѧ, сирѣчь ни едино слово оставлено (Романова, Ромодановская, 2012: 116)

Такое же явление можно проследить и в Уч.Сам.обл.:

(21б) Уч.Сам.обл.
Et omnes tribus nulla excepta sunt in dispersione elongatae a domo sancta
И вси колѣна, ни едино изѧто есть, в расточеніи оудалени ѿ дому стаго (л. 277)

Представленный вариант перевода конструкции не нарушает норм церковнославянского синтаксиса, являясь, по сути, самостоятельным вставным предложением. Однако расхождение формы глагола в числе (*sunt* – есть) можно трактовать как попытку переводчика «исправить» латинский текст, согласовав форму вспомогательного глагола с субъектом и имен-

---

[10] Словарь фиксирует употребление *praeteritus vir* у Секста Проперция (Дворецкий 1976: 804).

ной частью предиката, ошибочно понятыми как формы женского рода единственного числа.

2.2. Омонимия формы имени и застывшей формы (наречия)
Переводчик принимает форму существительного *modo* (*abl. sg.* от имени существительного *modus*) за застывшую форму наречия *modo*:

(22) ДЛР
Hoc igitur modo plures scripserunt Vetus Testamentum
Симъ оүбѡ ннѣ мнози писаша ветхїи завѣтъ (л. 281)

В следующем примере только контекст (противопоставление краткого 70-летнего вавилонского пленения иудеев и последующего 1000-летнего рассеяния после разрушения Иерусалима Титом) позволяет понять, что в латинском тексте используется не наречие, а форма прилагательного:

(23) Уч.Сам.обл.: *brevi* (*abl. sg. adj.* brevis, -e) ⟹ наречие *brevi*
Inuenimus domine mi Deum loquentem per os Zachariae prophetae ca. vii. ubi de illa captiuitate breui loquitur interpretando hanc autoritatem secundum quod scribitur in arabico sic sonat in latino
Ѡбрѣтохомъ гне ми бга глюща оусты захарїи прока въ главѣ сѣмой идѣже о томъ плѣненїи въ кратцѣ глетса,[11] протокуа сие оүчитество поιаже пишетса въ араскомъ, сицѣ гласи в латыскомъ (л. 247 об. – 248)

Последний пример из этой группы – смешение омонимичных форм местоимения:

(24) Уч.Сам.обл.: *hoc* (*abl. sg. m.* hic) ⟹ *hoc* (*nom. sg. n.* hoc)
et hoc in ultimo eius aduentu nullus praeliabitur contra eum
и сие в послѣнее его пришествие, никто же ратуетъ противу его (л. 257)

---

[11] В данном случае переводческое соответствие *loquitur* – глетса оценивается не как морфологическая ошибка, а как пример хорошего перевода. Для передачи придаточного предложения с формальным отсутствием субъекта действия (*Zacharia propheta*) русский переводчик использует неопределенно-личное предложение.

Однако здесь следует допустить, что переводчик подразумевает винительный падеж местоимения, но сохраняет порядок слов латинского оригинала: сїе в послѣнее его пришествїе = в сїе послѣнее его пришествїе.

2.3. Омонимия, возникшая вследствие особенностей новгородского произношения латыни

Перевод существительного *exsecutio* 'исполнение' словом ослѣплѣнїе заставляет выдвинуть гипотезу, что из-за особенностей новгородского произношения латыни переводчик Уч.Сам.обл. смешивает существительные *exsecutio* и *excaecatio*:

(25) Уч.Сам.обл.
Et est clarum domine mi quod populus synagogae timuit poenas legis oculum pro oculo, quia erat in prompto executio
И есть свѣтло, г҃не ми, еже людїе съньмица вояхуся казней закона, око за око, иже бѣ в̾ бодренѣ ослѣплѣнїи (*C*: ослѣплѣнїе) (л. 274)

В переводе «Rationale Divinorum officiorum» новгородский переводчик, передавая латинские вкрапления, использует сибилянтную форму для передачи *c* перед гласными переднего ряда: сиклус - *cyclus* (Романова, Ромодановская, 2012: 23; см. также о новгородском произношении латыни Томеллери 2001, Tomelleri 2005). Вместо последующей гласной *u* переводчик читает *a* (см. п. 1.1.); важно, что в результате фраза не лишена смысла.

2.4. Паронимы в латинском языке

Переводчик Уч.Сам.обл. смешивает именительный падеж множественного числа от имени существительного *expertus* (причастие прошедшего времени от глагола *experior*) и имя прилагательное *expers, expertis* [ex + pars], которые имеют случайное внешнее сходство и образуют омонимичную пару только в форме *expertis* (родительный падеж единственного числа от *expers* – дательный или отложительный падежи множественного числа от *expertus*), но не в именительном падеже множественного числа. В смысловом отношении перевод 'так как мы отвержены' уместен в данном контексте не меньше, чем соответствующий латинскому оригиналу 'как мы знаем по опыту, лично изведали'. Возможно, переводчик полагает, что в текст латинской инкунабулы вкралась ошибка, и осознанно вносит правку:

(26) Уч.Сам.обл.
Deus proiecit nos et non miserebitur nostri, ut <u>experti sumus</u> iam sunt mille anni
бг҃ъ ѿверже (С: на҃) и не помилуетъ насъ, іако <u>оѹюжени есмѣ</u> оуже суть ҂а҃. лѣтъ
(л. 262)

В другом месте трактата можно допустить смешение латинских аффиксальных паронимов *mansuetudo* 'кротость, мягкость' и *consuetudo* 'привычка, обыкновение, обычай' или *assuetudo* 'привычка, навык' (ср. глаг. *suescere* 'приучаться, привыкать'):

(27) Уч.Сам.обл.
Buccella amoris pura domine mi est <u>mansuetudo</u> super <u>mansuetudinem</u> remissa mutua offensarum
крома любви чиста г҃не ми, есть <u>ѡбычай</u> на <u>обычаѣ</u> оставлениа другъ другу прѣ҃ткновенїи (л. 273)

В ДЛР отмечается ошибочное употребление паронимов *regulus* (уменьшительная форма к *rex*, калька греч. ὁ βασιλίσκος, уменьшительная форма ма к ὁ βασιλεύς) и *regula* "правило":

(28) ДЛР
Habitabit lupus cum agno, et pardus cum haedo accubabit [...] Delectabitur infans ab ubere super foramen aspidis, et in caverna <u>reguli</u>, qui ablactatus fuerit manum suum mittet
Обитаетъ влъкъ съ агньцемъ, и пардусъ с козлицемъ възлажетъ [...] насладится младе҃нце ѿ сосцу на скважнею аспидовою, и въ целѣ <u>правила</u>, иже ѿдоенъ будетъ, руку свою впуститъ (л. 320 об.)

2.5. Согласование по латинской модели

Латинское существительное женского рода *domus* переводится в ДЛР существительным мужского рода домъ, но из-за дистантного положения зависимых слов переводчик теряет связь с главным словом и попадает под влияние своего латинского оригинала:

(29) ДЛР
Magna erit gloria istius <u>domus</u> novissimae, magis, quam primae…non potest intelligi gloria <u>eius</u> maior nisi per adventum Ipsius Desiderati cunctis gentibus, qui <u>eam</u> glorificavit potentia sua: quia in <u>ea</u> fuit a matre oblatus […] in pluribus temporibus fuit <u>conculcata</u> et <u>dehonorata</u>
Велиа бѹдетъ слава того дому послѣднаго, паче не̑ перваго […] не може̑ разѹмѣтися слава е̑го вѡша, не аще пришествие̑ оного желаемаго ꙗзыкомъ всѣмъ. иже е̑а прослави прїитиемъ своимъ. иже в не̑й бысть ѿ мт͞ри принесенъ […] [второй храм] многими времены бысть попрана и обесчестена (л. 306-306 об.)

При переводе герундия переводчик сохраняет исходное глагольное управление:

(30) ДЛР
Angelus veniebat <u>ad denuntiandum</u> Danieli <u>perfectam liberationem</u> sui populi
А͞гг͞лъ прихожаше къ возвѣщению данїилу съвершеное свобожение его людемъ (л. 311)

2.6. Нарушение синтаксических связей вследствие дистантного положения членов предложения

Дистантное положение форм отложительного падежа местоимения (*in*) *eis*…и причастия *notis* и при этом контактное положение форм дательного падежа *paucioribus Christianis*, вероятно, вызывает ошибку, обусловленную омонимией падежных форм (п. 2.1) (д.б.: в тѣ [арабских письменах]…знаемы):

(31) Уч.Сам.обл.
Sciendum autem, quod inter Iudaeos multum gloriantur illi, qui arabicarum obtinent peritiam literarum […] tum quia in <u>eis</u> utpote paucis Iudaeis et paucioribus Christianis <u>notis</u> scribunt confidentius secreta sua, quae volunt ab aliis occultare

Вѣдомо̃ буди еже во июдеохъ много славатса тѣ иже арабскїй содръжатъ искуство писменъ [...] зане в тѣ такоже малымъ июдеомъ, и малейшим хр̃стианомъ знаемы̃ пишутъ надежнѣиши тайны своа, ıа̃ хота̃ ѿ иныхъ оукрывати (л. 243)

2.7. Нарушение синтаксических связей вследствие тенденции к сохранению порядка слов латинского оригинала

В переводах Геннадиевского кружка стремление сохранить исходный порядок слов если не абсолютно, то ярко выражено. Иногда это может привести к ошибке:

(32) Уч.Сам.обл.
Videtur mihi quod erramus in hoc quod eos de suo laudis sacrificio iudicamus quod in ecclesia Dei exhibent Deo in cantando
Видитса мнѣ, еже заблудихомъ в семъ, еже та ѿ (C: о) нашеа хвалы жертвѣ судимъ, еже въ црк̃ви бж̃їи воздаютъ бг̃у в пѣнїи (л. 276)

Рукопись C, самая ранняя из сохранившихся, во многих случаях сохраняет более точные чтения, но (как отмечалось выше, прим. 4) содержит и следы редакторской правки. В данном случае, хотя предлог о позволяет, восстановив прямой порядок слов, получить фразу судимъ та о жертвѣ нашеа хвалы (*de sacrificio*), форма родительного падежа нашеа (даже если не принимать во внимание изменение позиции: 3 лицо – 1 лицо) выявляет синтаксическое искажение.

Вероятно, рукописи E, K, B, У содержат восходящее к архетипу написание еже та ѿ нашеа хвалы жертвѣ судимъ, где отложительный падеж *sacrificio* понят как дательный, а сочетание *de suo laudis* переведено пословно с нарушением синтаксических связей между предлогом, местоимением и существительным. Избежать такого вывода помогает лишь реконструкция *еже та о нашеи хвалы жертвѣ судимъ, т.е. *еже судимъ та о нашеи жертвѣ хвалы.

Другая ошибка, возникшая, по всей вероятности, под влиянием тенденции к пословности, еще раз обращает нас к способам перевода *Ablativus absolutus* и к явлению морфологической омонимии (лишь в одной части конструкции). В ДЛР дважды встречается соответствие: *hoc supposito* – сие подлож(е)ное:

(33) ДЛР
Hoc supposito arguo ad propositum – сие пѡложное ѡбличю къ прѣложимому
(л. 301 об.)
Tunc hoc supposito arguo sic – тогда сие пѡложеное обличу сице (л. 312 об.)

Одно из возможных объяснений: переводчик читает *arguo hoc*, а причастие *supposito* помещает на исконном месте – между местоимением и глаголом, согласуя его с местоимением в нарушение синтаксических связей латинского оригинала.

Не все ошибки переводчика имеют ясное и логически объяснимое происхождение. В латинском оригинале Уч.Сам.обл. два употребления наречия *alibi*, в обоих случаях церковнославянский перевод отклоняется от латинского оригинала: *alibi* – вездѣ.

(34а) Уч.Сам.обл.
Est autem et alia causa quare de ipso dubitant patres nostri et dubitauerunt, quia aduentus eius primus fuit occultus et modus insolitus. Sicut Ysaias dixit: 'Virgo concipiet et pariet filium. Ipse est homo et quis cognoscet eum'. Quia idem propheta sic dixit: 'Virgo concipiet et pariet filium'. Ubi aduertendum est quod tacet de patre. Et hoc propter secundum quia alibi dicit: 'Non reputauimus eum'

єстъ̑ і ина вина, что ради ѿ немъ сумнѧтсѧ ѿцы наши и сумнѧхусѧ. ꙗко пришествие его первое быстъ сокровено, и чинъ необыченъ · ꙗко ісаиѧ глетъ. два зачнетъ и родитъ сна · сей естъ члкъ и кто позна его, ꙗко той пррк сице глетъ · два зачне̑ и родитъ сна идѣже разумѣваемо естъ, еже оумолча ѡ ѿцѣ · і сие ради втораго · поне̑ вездѣ глетъ, не вмѣнихомъ его (л. 259 об. – 260)

(34б) Уч.Сам.обл.
Et quae clausura domine mi est maior quam clausura qua Deus clausit corda nostra iam mille annis, nec tamen possumus cognoscere prophetiam nobis traditam a prophetis super aduentum istius iusti. Propter quod non alibi dici-

и кое заключение гне ми естъ болѣ · неже заключение · имже бгъ заключи̑ срца наша оуже ҂а҃. лѣтъ · ниже оубо можемъ познати пррчъства намъ преданаго ѿ пррковъ на пришествие того правенаго · сего ради не вѣдѣ глетсѧ тѣмъ прро-

tur per eundem prophetam: 'Desolabitur Hierusalem et corruet domus sancta'	комъ, ѡпустѣетъ іерлмъ и падетсѧ домъ стый (л. 261-261 об.)

Для сравнения, адекватная передача наречия в ДЛР: *alibi* – индѣ:

(35а) ДЛР

Nomen Heloym, dictum de Deo vero, accipitur frequenter in Sacra Scriptura in plurali, ut patet ex auctoritatibus praedictis, quae non possunt intelligi ad litteram, nisi de Deo vero propter quod alii solverunt aliter <u>alibi</u>, scilicet in glossa super illud Eccle	Имѧ елоимъ гланое о бѕѣ истинномъ, приемлетсѧ часто въ сщенномъ писанїи въ многочислїи, ꙗко ꙗвитъ ѿ оучительствъ пререченный ꙗже не могутъ разумѣтисѧ по сущему, развѣ о бѕѣ истинномъ. Сего ради инїи разрѣшаю инако <u>индѣ</u>, сирѣ҇ в токованїи на то въ еклисиастикѣ (л. 285 об.)

(35б)

Tamen dicitur de Deo, innituntur super baculum arundineum confractum, quia talis modus loquendi <u>alibi</u> invenitur de uno solo	И оубо глетсѧ ѿ бѕѣ · попираетсѧ на жезлъ тростанъ съкрушенъ · зане таковый чинъ глнаїѧ <u>индѣ</u> ѡбрѣтаютсѧ (У: ѡбретается) ѿ единомъ токмо (л. 287 об.)

В том случае, если в тексте Уч.Сам.обл. отмечался бы ряд грубых переводческих ошибок под влиянием немецкого языка, можно было бы объяснить появление переводческого соответствия *alibi* – вездѣ влиянием немецкого "all-". Однако подобных ошибок здесь больше не наблюдается. Несмотря на ряд сходных черт в переводческой технике Уч.Сам.обл. и ДЛР, данный случай (два ошибочных перевода против двух верных) говорит не в пользу единого авторства Уч.Сам.обл. и ДЛР. Стоит также отметить, что в церковнославянском переводе «Исповедания веры» Псевдоафанасия Александрийского, выполненном Дмитрием Герасимовым, для *alibi* так же, как и в ДЛР, избран эквивалент индѣ (см. издание В.С. Томеллери в настоящем сборнике).

Наконец, упомянем еще одну неточность перевода, которая выводит нас за рамки как текстовых, так и языковых ошибок. В церковнославянском переводе ДЛР обращает на себя внимание переводческое решение, которое предположительно могло свидетельствовать о некоторых следах проникновения в среду новгородских книжников идей Ферраро-Флорентийской унии.

В споре с иудеями Николай Де Лира, опираясь на различные отрывки из Ветхого Завета, стремится доказать, что Бог троичен в Лицах; в том числе, он указывает, что в еврейском оригинале Еккл. 2:12 глагол употреблен во множественном числе: «Quis est homo ut intret post regem qui iam *fecerunt* eum». Затем Де Лира объясняет, в чем причина кажущегося грамматического несоответствия:

(36) ДЛР
quia Dominus accipit hic pro Patre, Dominus consilii sui proprie dicitur Filius, qui est Verbum mentis Paternae, et Spiritus Sanctus Amor ex Ipsis procedens
Понеже гь̃ приемлется здѣ про ѿца҃ · а гь̃ съвѣта своего сущє гл҃ется сн҃ъ, иже есть слово оума ѿч҃а. а дх҃ъ ст҃ыи любовь ѿ нею происхода (л. 286)

Грамматически форма ѿ нею верна; данный пример – не единственный случай, когда переводчик употребляет форму двойственного числа, отсутствовавшего в латинском, там, где это необходимо по смыслу, например *ex utraque parte* – ѿ обою страну (Уч.Сам.обл.). И, строго говоря, в данном месте трактата речь идет не о христианской триадологии. Однако формулировка *Spiritus Sanctus Amor ex Ipsis procedens*, на наш взгляд, достаточно явно напоминает тезис о *Filioque* (определение Флорентийской унии: *Spiritum Sanctum ex Patre Filioque procedere*. В Символе веры Католической Церкви: […] *et in Spiritum Sanctum, Dominum et vivificantem, qui ex Patre Filioque procedit*).[12] И если рабская верность оригиналу в церковнославянском переводе отсутствует (введено двойственное число), то почему же редактирование пошло по пути грамматическому, а не догматическому?

---

[12] Однако в переведенном Дм. Герасимовым «Исповедании веры» Псевдоафанасия формулировка *filioque* тщательно избегается (см. издание В.С. Томеллери в настоящем сборнике). Это могло быть связано с особенностью жанра переводного произведения или позднейшей редакторской правкой.

Значение этого единичного наблюдения не стоит преувеличивать. Но, на наш взгляд, оно заслуживает внимания особенно в связи с полемикой относительно роли новгородских переводчиков в распространении религиозных идей Запада на Руси. А.Д. Седельников связывает с деятельностью архиепископа Геннадия Гонзова «сравнительный успех вероисповедного натиска на Великороссию, оставившего по себе, как бы то ни было, длинный ряд письменных памяников» (Седельников 1929: 16). Исследовательница деятельности новгородского кружка переводчиков Э. Виммер возражает:

> Von einer *bewußten Hinwendung* Gennadijs *zur römischen Kirche* kann sicherlich keine Rede sein, und darum irrt, wer den Einfluß katholischer Geistlicher hoch ansetzen will. Wirkungen jedenfalls werden weder in der religiösen Praxis noch in der Theorie sichtbar (Wimmer 2005: 200); Bewußte Hinwendung zu den Inhalten des Katholizismus praktiziert unter Gennadij in Novgorod niemand. Nutzbar gemacht werden (manchmal nur vermeintlich) konfessionsneutrale Texte. Man zieht wohl auch Nutzen aus den Diensten katholischer Experten, schützt sich aber gegen evt. durch sie einsickernde Irrlehren durch die Bereitstellung eines gründlichen Korrektors (там же, 201).

В то же время М.Б. Плюханова относит к деятельности группы византийцев и итальянцев, прибывших в Москву в 1472 г. в свите Софьи Палеолог (в числе которых были братья Дмитрий и Юрий Траханиоты), перевод и внедрение на Руси ряда документов Ферраро-Флорентийской унии (Плюханова 2013: 39). Исследовательница отмечает, что «Палеологовская» партия имела контакты с Геннадием, старалась влиять на деятельность Геннадиевского кружка, но не включала Геннадия как сознательного члена» (Плюханова 2013: 35). Зафиксированный в ДЛР перевод *ex Ipsis* – ѿ нею может быть рассмотрен как одно из последствий этого влияния.

Выводы

Ошибки на языковом уровне в Уч.Сам.обл. и ДЛР прежде всего связаны с явлениями омонимии и паронимии; интересный случай представляет собой ошибка, вызванная особенным характером новгородского произношения латыни, которая объединяет полемический трактат Уч.Сам.обл. с другими произведениями, созданными в кругу книжников при дворе Геннадия. На текстовом уровне различные типы ошибок вызваны неверным прочтением латинского оригинала (ошибки в букве, сокращениях, лигатурах, надстрочных знаках, добавления, пропуски, неверное членение).

Некоторые из названных типов ошибок описаны Ф. Томсоном для славянских переводов с греческого языка (Thomson 1988):

A – **Lexical Errors.** 1. Confusion of vowels (itacism and similar phenomena, palaeographical difficulties); 2. Confusion of consonants; 3. Misunderstood abbreviations; 4. Incorrect division of words; 6. Addition of letters; 8. Compound errors; 12. Confusion of similar words;

B – **Syntactic Errors.** 17. Corrupt or misread Greek text; 18. Homonymic errors; 21. Mistranslation of case endings.

Однако другие отмеченные Ф. Томсоном типы ошибок нерелевантны для исследований переводов с латинского языка в силу различий между греческим и латинским языками:

A – **Lexical Errors.** 11. Mistaken accents;

B – **Syntactic Errors.** 22. Errors in number (in the Greek construction of a neuter plural subject with a verb in the third person singular).

В заключение важно заметить, что даже в тех случаях, когда переводчики (или один и тот же переводчик) Уч.Сам.обл. и ДЛР бессознательно деформируют текст латинского оригинала, они редко оставляют фразу бессмысленной, почти во всех случаях стараясь понять и передать читателю по-своему понятое содержание высказывания.

Литература

Библия (1499) – *Библия 1499 года и Библия в синодальном переводе*, Т. 4: Псалтирь. Москва: Новоспасский монастырь, 1997.

Богданович (1982) – Димитрије Богдановић, *Инвентар ћирилских рукописа у Југославији: XI–XVII века* (Зборник за историју, језик и књижевност српског народа, I. одсљење, књ. 31). Београд: Српска Академија Наука и Уметности.

Гарбовский (2007) – Николай Константинович Гарбовский. *Теория перевода. Учебник*, 2-е издание. Москва: Издательство Московского университета.

Дворецкий (1976) – Иосиф Ханонович Дворецкий, *Латинско-русский словарь*. Москва: Русский язык.

Зяблицына (в печати) – Наталья Александровна Зяблицына, *Лексические особенности церковнославянского переводного произведения «Учителя Самуила обличение» (1504)*, «Wiener Slavistisches Jahrbuch», Neue Folge, 5, 2016.

Крестич, Станич (2011) – Василије Крестић, Миле Станић, *Записници седница друштва српске словесности 1842-1863 г.* (Издања архива 2/1-2). Београд: Српска Академија Наука и Уметности.

Леонид (1894) – Архимандрит Леонид (сост.), *Систематическое описание славянороссийских рукописей собрания графа А. С. Уварова в четырех частях* (Со включением 750 №№ собрания И. Н. Царского, описанных П. М. Строевым в алфавитном порядке), часть 4. Москва: Товарищество типографии А. И. Мамонтова.

Маслов (1954) – Николай Михайлович Маслов, *Краткие сведения о рукописях Калужского областного краеведческого музея*, «Труды отдела древнерусской литературы» 10: 479-484.

Опарина (2011) – Татьяна Анатольевна Опарина, *Происхождение и состав полемического сборника из собрания Е. Е. Егорова*. В: *Румянцевские чтения – 2011. Материалы международной научной конференции (19-21 апреля 2011 г.)*, часть 2. Москва: Пашков дом, 8-14.

Плюханова (2013) – Мария Борисовна Плюханова, *Роль греко-итальянских униатов в становлении религиозных и политических идей на Руси конца XV –начала XVI в.* В: Ирина Викторовна Поткина (отв. ред.), *«Друг – зеркало для друга...». Российско-итальянские общественные и культурные связи, X–XX вв.* Москва: Российская Академия Наук, Институт российской истории, 19-45.

Романова, Ромодановская (2012) – Анастасия Анатольевна Романова, Варвара Андреевна Ромодановская, *«Rationale divinorum officiorum» Wilgelmi Durandi в русском переводе конца XV века*. Москва: Индрик.

Седельников (1929) – Александр Денисович Седельников, *Очерки католического влияния в Новгороде в конце XV — начале XVI вв.*, «Доклады АН СССР», серия В, №1: 16-19.

Томеллери (2001) – Витторио Спрингфильд Томеллери, *Латинский язык в Геннадиевском кружке (о латинском произношении: предварительные данные и постановка вопроса)*. В: *Библия в духовной жизни, истории и культуре России и православного славянского мира. К 500-летию Геннадиевской Библии. Сборник материалов международной конференции (Москва, 21-26 сентября 1999 г.)*. Москва: Библейско-богословский институт св. Андрея, 52-65.

Томеллери (2013) – Витторио Спрингфильд Томеллери, *О типологии ошибок в новгородских переводах с латыни*. В: Наталья Николаевна Запольская (отв. ред.), *Лингвистическая эпистемология: история и современность / XV Международный съезд славистов (Минск, Республика Беларусь, 20-27 августа 2013 г.)*. Минск: ПринтЛайн, 153-185.

Федорова (1999а) – Екатерина Сергеевна Федорова, *Николай де Лира. Доказательство пришествия Христа: Латинский теологический трактат и его перевод на церковнославянский язык, выполненный Дмитрием Герасимовым в начале XVI в.* Москва: Просветитель.

Федорова (1999б) – Екатерина Сергеевна Федорова, *Приложения к книге Николая де Лиры "Доказательство пришествия Христа": указатель слов и словоформ, аналитический обзор*. Москва: Просветитель.

Migne (1882) – Jacques Paul Migne (ed.), *Rabbi Samuelis Marochiani. De adventu Messiae praeterito* (Patrologiae cursus completus, series latina, t. 149). Paris: Apud Garnier fratres, 335-368.

Septuaginta – Alfred Rahlfs (ed.), *Septuaginta, id est Vetus Testamentum graece iuxta LXX interpretes*. Stuttgart: Deutsche Bibelgesellschaft, 1979.

Thomson (1988) – Francis J. Thomson, *Towards a Typology of Errors in Slavonic Translations*. In: Edward G. Farrugia et al. (eds.), *Christianity among the Slavs. The Heritage of saints Cyril and Methodius. Acts of the International Congress held on the Eleventh Centenary of the Death of St. Methodius (Rome, October 8-11, 1985)* (Orientalia Christiana Analecta 231). Roma: Pont. Institutum Studiorum Orientalium, 351-380.

Tomelleri (2005) – Vittorio Springfield Tomelleri, *Zur kyrillischen Wiedergabe des Lateinischen im Kreis um den Novgoroder Bischof Gennadij*, «Die Welt der Slaven» 50, 1: 23-32.

Vulgata – *Biblia sacra iuxta Vulgatam versionem.* Stuttgart: Deutsche Bibelgesellschaft, 1994.

Wimmer (2005) – Elke Wimmer, *Novgorod – ein Tor zum Westen? Die Übersetzungstätigkeit am Hofe des Novgoroder Erzbischofs Gennadij in ihrem historischen Kontext (um 1500)* (Hamburger Beiträge zur Geschichte des östlichen Europa 13). Hamburg: Kovač.

Витторио Спрингфильд Томеллери

"Исповедание веры" Псевдоафанасия Александрийского (*Symbolum Athanasianum*) в церковнославянском переводе Дмитрия Герасимова.

Abstract: The Confession of Faith by the Pseudo-Athanasius of Alexandria in the Church Slavonic translation of Dmitry Gerasimov. Interlinear edition

Within the textual 'corpus' of the commented Psalter by Bruno, Bishop of Würzburg, one finds the so-called Athanasian Creed (*Quicumque vult*), which owes its name to the Church father Athanasius of Alexandria (wrongly considered to be its author). The text, which deals with the Trinity doctrine and with Jesus' twofold nature, and denial by Arianism, is accompanied by a commentary that is often tautological.

Translated by Dmitry Gerasimov, the Slavonic version is now preserved in all full copies of Bruno's Psalter and in other manuscripts. It proves to be very interesting both linguistically and theologically.

An edition of the commented Athanasian Creed, based on all the extant manuscripts, is provided in this article for the first time with the Latin text running below the Slavonic translation.

Keywords: Athanasian Creed, Latin text, Church Slavonic translation, Dmitrij Gerasimov, Bruno's Psalter

Введение

В настоящем издании впервые публикуется церковнославянский перевод *Символа веры*, известного в науке, по началу текста, под условным названием "*Quicumque*".

Речь идет об исповедании православной веры (*fides catholica*),[1] неверно приписанном отцу церкви Афанасию Александрийскому, в данном случае снабженном толкованиями вюрцбургского епископа Брунона (дата смерти 1045 г.).

Тот факт, что все сохранившиеся греческие версии текста являются на самом деле переводами с латыни, явно указывает на то, что автора этого сочинения следует скорее всего искать в западном, латиноязычном ми-

---

[1] О церковнославянской передаче термина *catholicus* см. Подтергера, Томеллери 2009 и Томеллери (в печати).

ре. Ныне большинство исследователей считают, что текст был составлен в V-м веке на юге Франции (Denzinger 1991: 50).

Вопрос о языке оригинала для нас, однако, не существен, так как церковнославянский текст был создан Дмитрием Герасимовым[2] в рамках переводческой работы над толковой псалтырью Брунона, епископа Вюрцбургского, законченной, по записи самого переводчика, 15 октября 1535 года (Tomelleri 2006: 291).

В приложении к печатным изданиям псалтыри Брунона конца XV века имеется, после библейских песен, тоже с толкованиями, ряд других текстов, тематически никак не связанных с псалтырью, но встречающихся вместе в латинской рукописной традиции начиная со второй половины шестого века (Robinson 1896: xiii): исповедание апостольское с толкованиями, молитва *Отче наш* с толкованиями, *Te Deum* и, наконец, Афанасьевский символ веры с толкованиями.[3]

Они все были переведены на церковнославянский язык и теперь являются составной частью одного древнерусского сочинения (Болховитинов 1827/1: 115). Мы решили, однако, издать т. наз. *Афанасьеввский Символ веры* отдельно, как самостоятельную текстовую единицу, с целью привлечь внимание всех интересующихся древнерусской культурой и церковнославянской письменностью к особому лингвистическому и, естественно, и богословскому значению этого перевода для изучения и понимания терминологических вопросов.

1. Prolegomena к изданию

Настоящее издание представляет собой предварительный отрывок более обширного издательского проекта, подготавливаемого мной вместе с И.А. Подтергерой но, к сожалению, по разным техническим причинам и жизненным обстоятельствам, медленно продвигающегося. Поскольку полное издание "Бруноновского корпуса", т.е. Толковой Псалтири и других ее сопровождающих текстов, осуществляется по более исправному списку Соловецкого монастыря с приведением лишь двух списков (**Sof**,

---

[2] Личность и деятельность этой чрезвычайно разнообразной фигуры комплексно освещается в диссертации Е.В. Боднарчук 2014 (см. также ее прежнюю статью Голод 2012).

[3] Для катехетического изложения текста, снабженного немецким переводом, см. Baier (1893: 144-161).

U),⁴ здесь было принято решение хотя бы фрагментарно предоставить письменное слово и другим спискам, мало что дающим для восстановления первоначального текста перевода, но являющимся ценными свидетелями истории бытования этого объемного памятника на русской почве. В данном конкретном случае выбор пал на список конца XVII-го века, сегодня хранящийся в Санкт-Петербургской Библиотеке Российской Академии Наук.⁵

1.1. Перечень использованных списков
1.1.1. Основной список
Санкт-Петербург, Библиотека Российской Академии Наук № 16.12.7 (Осн. 1287), конец XVII века, *Толковая Псалтирь Брунона*, лл. 335об-339об   [**B**].

1.1.2. Разночтения
Москва, Государственный Исторический Музей, Собрание Барсова № 105, *Толковая Псалтирь Брунона*, конец XVII века, лл. 595об-603об [**G**];

Москва, Государственный Исторический Музей, Синодальное собрание № 305, *Толковая Псалтирь Брунона*, XVII век, лл. 652-660 [**Sin**];

Государственный Исторический Музей, Синодальное собрание № 997, *Толковая Псалтирь Брунона*, середина XVI века, лл. 857а-863с [**U**];

Москва, Государственный Исторический Музей, Собрание Хлудова № 47, *Толковая Псалтирь Брунона*, XVII век, лл. 433-439об [**X**];

Москва, Российская Государственная Библиотека, Собрание Свято-Троицкой Сергиевой Лавры (ф. 304) № 87, *Толковая Псалтирь Брунона*, XVI век, лл. 437об-442 [**Tr**];⁶

---

⁴ Сокращения списков Толковой Псалтыри Брунона раскрываются ниже в § 1.2.
⁵ Подробнее о рукописной традиции см. Tomelleri (2004: 88-99); о важности списка **B** для истории бытования толковой псалтыри Брунона см. Tomelleri 1998.
⁶ Рукопись размещена на сайте электронной библиотеки Троице-Сергиевой Лавры: http://old.stsl.ru/manuscripts/book (19.06.2016).

Москва, Российская Государственная Библиотека (ф. 722) № 108, *Толковая Псалтирь Брунона*, середина XVI века, лл. 748-755об [**M**];
Москва, Российская Государственная Библиотека, Собрание Лукашевича и Маркевича (ф. 152) № 110, *Из толковой Псалтири*, вторая половина XVII века, лл. 6-18 [**L**];

Москва, Российская Государственная Библиотека, Собрание Иосифо-Волоколамского монастыря (ф. 113) № 514, *Сборник*, вторая половина XVI века (1563), лл. 471-489об [**I**];

Санкт-Петербург, Российская Национальная Библиотека, Собрание Соловецкого монастыря (ф. 717) № 1148 (1039), *Толковая Псалтирь Брунона*, середина XVI века (1552), лл. 775-784об [**Sol**];

Санкт-Петербург, Российская Национальная Библиотека, Собрание Новгородского Софийского собора № 1255, *Толковая Псалтирь Брунона*, середина XVI века, лл. 593-601 [**Sof**].

1.2. Общие сведения об издании

Символ веры разбит на стихи, причем основной текст, в отличие от толкований, выделен курсивом.
В славянском переводе стихи пронумерованы церковнославянскими буквами в соответствии с латинской моделью; следует при этом отметить, что везде в Толковой Псалтири Брунона традиционный принцип цифрового значения кириллических букв нарушен, так как используемые на полях буквы просто подражают последовательному характеру латинского подлинника, в котором каждый стих обозначается одной буквой в алфавитном порядке. Таким образом, получается довольно любопытная система: латинской букве *a* (= 1) соответствует кириллическая азъ, латинской *b* (= 2) кириллическая боукы, латинской *c* (= 3) кириллическая вѣдѣ, латинской *d* (= 4) кириллическая глаголъ и т. п. Чтобы облегчить ориентировку при чтении текста, перед стихами латинские буквы, сохраненные в толковании, были заменены арабскими цифрами.
Церковнославянский перевод воспроизводится с сохранением выносных букв и надстрочных знаков, сокращенные слова не раскрываются. Очевидные описки и ошибки основного списка исправляются прямо в тек-

сте, причем обнаруживающееся в рукописи неправильное чтение дается в критическом аппарате вместе с указанием списков, на основе которых предлагается исправление испорченного места.

Для наглядности чтения и непосредственного сопоставления славянского перевода с латинским подлинником выбран интерлинеарный способ передачи текста, уже примененный в других изданиях новгородских и других переводов с латыни, как показывают примеры *Синтаксических Правил* (Tomelleri 1999), русского *Доната* (Tomelleri 2002), *Rationale divinorum officiorum* (Романова, Ромодановская 2012) и *Парадокса Стоиков* Цицерона в переводе князя А.М. Курбского (Tomelleri 2013a, 2013b). Латинский текст воспроизводится по изданию Денцингера в 142 томе Латинской Патрологии (Denzinger 1880: 561-569); исправления (в круглых скобках) и дополнения [в квадратных скобках] внесены по изданию Антона Кобергера 1494 г. – сокр. **K**, см. http://reader.digitale-sammlungen.de/de/fs3/object/display/bsb11303153_00403.html (02.05.2016). Знаки препинания расставлены по собственной авторской воле для более удобного восприятия интерлинеарного текста.

1.3. Некоторые замечания о текстологической традиции

Представленные в критическом аппарате разночтения, прежде всего случайные пропуски и механические искажения, позволяют частично установить взаимоотношения между списками.

Судя по общим ошибкам, самые отдаленные от предполагаемого оригинала списки **G M X** восходят к общему протографу.

Еще чаще **G** и **M** совпадают, будучи противопоставленными **X** и создавая, таким образом, отдельную ветвь.

К тому же, особо выделяются варианты, доказывающие сходство между основным списком **B** и списком **Tr**.

Во многих случаях, наконец, для восстановления первоначального перевода выявляется особенно важное значение списка из прежней библиотеки Соловецкого монастыря (**Sol**).[7]

Sol часто стоит особняком от остальной рукописной традиции, как в примерах (1б), (1в), (1г) и (1д), тогда как вызывает недоумение текстологическая интерпретация случая (1е):

---

[7] О превосходстве и культурно-исторической важности этой рукописи см. Tomelleri (2009: 104-105).

(1а) Толкование к 1-му стиху
Hic   Здѣ **Sol, X**
        ᾿Идѣже **B, Sof, Tr, I, G**
        ᾿Идѣ **U, M, Sin**

(1б) Толкование к 1-му стиху
Sed quicumque vult salvus aeternaliter esse
но́ и́же кто̀ хо́щетъ | сп҃се́нъ <u>бы́ти в вѣ́ки</u> **B, U, Sof, Tr, G, M, Sin, X, I, L**
                    в вѣ́ки бы́ти **Sol**

(1г) Толкование к 4-му стиху
coelum, <u>sol, luna</u>, terra, arbores
сꙋ́ть | нб҃о. сл҃нце лꙋна̀. ꙁемла̀ дре́веса̀
ante лꙋна̀. add. coniunctionem и҆ omnes codices praeter **Sol**

(1д) Толкование к 26-му стиху
Non adoptivum, sed proprium <u>Dei Filium</u>
не прїе́мнаго. но сꙋ҆́|щаго сн҃а бж҃їа **B, U, Sof, Tr, G, M, Sin, X, I, L**
                      бж҃їа сн҃а **Sol**

(1е) Толкование к 8-му стиху
Increatus Pater, in praepositio est in hoc loco pro composita
то̑ков́а́ѐ. Несо́зда́ ѿц҃ъ | въ пре̑положе́нїи в се́мъ мѣ́стѣ. ꙁа сло́жное
прѐложе́нїи **B, U, Sof, Tr, G, M, Sin, X, I, L**
(подробнее см. ниже пример 14)

Прежде чем перейти к интерлинеарному изданию *Символа веры*, в следующем разделе кратко отметим несколько любопытных аспектов, тесно связанных с переводческой техникой.

2. Лексические особенности

Латинская лексема *opus* в безличной конструкции *opus esse* правильно передается славянским именем существительным потре́ба (1-й стих), причем на полях и позже также в толковании появляется дословная (и ошибочная) передача через слово дѣ́ло. Следует при этом подчеркнуть то небезынтересное обстоятельство, что в другом славянском переводе такого же *Символа веры* (без толкований, но с подстрочным латинским подлинником в кириллической транскрипции),[8] на соответствующем месте засвидетельствована только неправильная форма дѣло. То же самое встречается в нашем тексте (толкование к 1-му стиху).

Латинское имя прилагательное *omnipotens* последовательно передается как вседержитель в толковании к 1-му и 7-му стихам, а также в 36-м стихе; в 13-м же стихе данная лексема сопровождается в списке **Sol** маргинальной глоссой всемогѹщь. Полная вариативность, напротив, обнаруживается как в 14-м стихе, так и в комментарии к нему.[9]

Латинский глагол *debere* передается через выражение до́лженъ (2а); чаще выступает глагол имѣти в модальном значении (2б):

(2а)
debet — до́лженъ (толкование к 3-му стиху)
debemus — До́лжни есма̀ (толкование к 24-му стиху)

(2б)
debemus — и҆мамы (толкование к 3-му, 4-му и 10-му стихам)
debet — и҆мать (толкование к 39-му стиху)

Единственному случаю употребления в латинском тексте глагола *habere* в модальном значении соответствует в славянском переводе сочетание *буду* с глаголом совершенного (так!) вида (см. ниже пример 24б). Разнообразие латинских неопределенных местоимений отражается, не всегда убедительно, и в славянском переводе:

(3) Неопределенные местоимения
quicumque — и҆же кто̀ (1-й стих и толк.)
quisque — кто̀ (2-й стих)
unusquisque — є҆ди́нъ ко́ждо (толк. к 2-му и 3-му стихам)
quaecumque — є҆ли́ка (толк. к 13-му стиху)
quidquid — є҆ли́ко (толк. к 13-му стиху)
quisque, id est aliquis — ки́ждо. и҆же є҆́сть вся́кїи (толк. к 41-му стиху)

---

[8] Москва, Государственный Исторический Музей, Чудовское собрание, № 53/29, л. 191; издание *Символа веры* по этой рукописи осуществлено в Томеллери (в печ.).

[9] См. также статью Мирослава Вепржека в настоящем сборнике.

Особого внимания заслуживают другого рода лексические соответствия между латинским подлинником и его славянским переводом на количественном и качественном уровнях.
В примере (4а) Дм. Герасимов стремился к точному повторению суффиксального образования латинской модели, тогда как богословски значимая разница между лексемами *essentia* (гр. ὑπόστασις) и *substantia* (гр. οὐσία) никак не отразилась в славянском переводе (4б):[10]

(4а) Толкование к 1-му стиху
Dicitur igitur fides credulitas sive credentia
глетса оу҆бо вѣра. вѣрованїе. или вѣренїе

(4б) Толкование к 4-му стиху
essentia – сꙋщество
substantia – сꙋщество

В примере (4в) двусловное латинское словосочетание *liberum arbitrium* передается одним сложным словом; та же самая сложная лексема выступает в Толковой Псалтыри Брунона (псалом 134, 9) также для передачи сочетания имени прилагательного с именем существительным (СРЯ 1996: 40): *illius enim servi sumus cui spontanea mente servimus* – того бо раби єсмы. ємоу҆ самоизволенїемъ работаємъ (цит. по списку **Sol**, л. 662):[11]

(4в) Толкование к 1-му стиху
liberum arbitrium – самоизволенїе

Другую природу имеет простой предлог прѣдъ для лат. *in conspectu*, обнаруживающийся в цитатах из Священного Писания; его можно объяснить влиянием церковнославянского текста, восходящего к греческой

---

[10] О передаче этих слов в современных славянских языках см. Galabov (1973: 27-29).
[11] См. также церковнославянскую форму бл҃гоизволенїемъ для передачи лат. словосочетания *spontanea voluntate* в псалме 8, 6: *Minoratus est enim non necessitate, sed pietate et spontanea voluntate* – оу҆мали бо ꙗ не нꙋжею, но мл҃рдїемъ и бл҃гоизволенїемъ (там же, л. 43об).

традиции. При отсутствии прямой связи с этой моделью латинское предложное сочетание передается как пред́ъ лицемь его:[12]

(4г) Толкование к 35-му стиху
in conspectu eius – прѐ нй

В 17-м стихе простая глагольная форма страдательного залога в первом лице множественного числа передается с помощью безличной конструкции (5а), тогда как в толковании к 40-му стиху обнаруживается лексико-грамматическая вариативность другого рода (5б):

(5а) 17-й стих
compellimur
повелѣ́|но єсть на́мъ

(5б) Толкование к 40-му стиху
erit malis sine fine poena inferni
бꙋ́детъ ѕлы́м бесконе́чнаа | мꙋ́ка во а҆дѣ̀

Встречающиеся в тексте в виде глосс ложные этимологии латинских слов очень часто опираются на созвучие объяснимого и объясняющего, которое неизбежно утрачивается при переводе на славянский:

(6а) Толкование к 1-му стиху
Dicitur namque fides, eo quod fit inter Deum et homines
гл҃ет же сꙗ оу҆бо вѣ́ра того ра́ди, | ꙗже єсть промежꙋ́ бг҃а и҆ чл҃кшвъ

(6б) Толкование к 4-му стиху
Substantia dicitur eo quod ex semetipsa subsistit
сꙋ́щество же || гл҃етсꙗ того ра́ди. єже ѿ себѣ самогѡ състоитсꙗ

Следует при этом отметить, что в 29-м стихе, а также в толковании к нему обнаруживается другое лексическое соответствие, которым дословно

---

[12] О подобном случае в Толковой Псалтири Брунона см. Томеллери (2008: 149). Наталья Александровна Зяблицына (устное сообщение) обнаружила сосуществование обеих форм в изученных ею текстах (см. ее статью в настоящем сборнике).

передается семантика латинской приставки *sub* (под), тогда как глагольный корень меньше соответствует образцу: *ex anima rationali et humana carne subsistens* – ѿ дш҃а сло|вєсны, и ѹ҃лчєстѣ́й плоти по́лежа̀.

(6в) Толкование к 5-му стиху
Persona dicta est, eo quod per se sonat
лицѐ гл҃єтсѧ ѿ того̀ ѣ́же собо́ю | гласѝ

В следующем примере из-за выбора слова бг҃ъ для передачи лат. термина *Dominus* не сохраняется единственно возможная и в славянском переводе тавтологическая связь:

(6г) Толкование к 16-му стиху
Dominus dicitur Pater a dominatione, eo quod creaturam suam reget atque gubernet
бг҃ъ гл҃єтсѧ ѿц҃ъ ѿ гд҃ьствованїа. того̀ ра́ди ѣ́же || созда́нїе своѐ пасе́тъ і оу҆правлѧ́етъ

Имеющиеся в подлиннике прямые указания на латинский язык опускаются или заменяются другими выражениями:

(7а) Толковани к 1-му стиху
Catholica graecus sermo est, latine interpretatur generalis sive universalis
каѳоликі́а є́сть гре́ческое сло́во. ꙗ҆́же протолкꙋ́есѧ | собо́рнаа и́ли вселе́ньскаа

(7б) Толкование к 19-му стиху
Pater enim graece, latine genitor dicitur
ѿц҃ъ бо гре́чески роди́тель гл҃ес҄ѧ

Подобное явление обнаруживается также в переводе Троянской истории Гвидо де Колумна (*Historia destructionis Troiae*), в котором, однако, вместо латинского выступает русский язык.

А.С. Орлов (1917: 76) привел эти два места как доказательство русского происхождения переводчика:[13]

---

[13] Текст цитируется по рукописи Общества любителей древней письменности № 3160 – CXXXII, XVI-XVII в.

(7в) Троянская История
Dicitur enim delos quasi manifestatio. Nam delon graece manifestum dicitur latine
глаголетсѧ во дѣло се аки ꙗвленїе, занє дѣлонъ Греческїи ꙗвно глаголетъ Рꙋскїи (Орлов 1917: 76)

Scripsit enim Isidorus ethimologiarum ut hebrei hebrea voce vocant illum beemoth quod latina lingua sonat animal brutum
Написано во Исидоръ етимологїарꙋмъ, ꙗко Єврѣи Єврѣискимъ гласомъ нарицаютъ его веемотъ, єже рꙋскимъ ꙗзыкомъ сказꙋетсѧ животна безсловесное (77)

В *Исповедании веры* заметное место занимает, естественно, учение о трех Лицах единого по существу Бога. При определении понятия Святой Троицы присутствуют прямые или косвенные намеки на происхождение Святого Духа от Отца и Сына (*filioque*). Те места, в которых излагается это еретическое, с точки зрения православия, учение, не полно учитываются в славянском переводе. Однако полное отсутствие формулировки *filioque* компенсируется, особенно в списке Sol, глоссой на поле, в которой говорится о том, что в данном вопросе католики, здесь обозначенные как латыни, придерживаются другого мнения:

(8а) Толкование к 5-му стиху
sed tantum Spiritus sanctus, ex utroque procedens
но токмо дх҃ъ | ст҃ыи ѿ ѿца происходѧщь
Глосса: латыни гл҃ють ѿ обою происходѧщь (**Sol, Sof, Tr, G, M, Sin, I, L**)

(8б) Толкование к 15-му стиху
et proprium nomen est Spiritus sancti, quia ab utroque procedit
і ꙋсвоеное имѧ есть дх҃а ст҃аго. иже ѿ ѿца исходитъ
Глосса: латыни гл҃ють иже ѿ обою происходи (только в списке **Sol**)

(8в) Толкование к 15-му стиху
pari modo et Spiritus sanctus non a se est Deus, sed a Patre et Filio procedens est
таковымъ же чиномъ и ст҃ыи дх҃ъ. не ѿ себе есть бг҃ъ. но ѿ ѿца исходѧщь
Глосса: латыни гл҃ють ѿ ѿца и сн҃а исходѧщь (только в списке **Sol**)

(8г) 21-й стих
Spiritus sanctus a Patre et Filio
Д͞хъ ст͞ыи ѿ о͞ца

(8д) Толкование к 21-му стиху
Proprium habet Spiritus sanctus, quia non est Pater et Filius, sed Spiritus procedens a Patre et Filio. Audis quia iste ab ambobus, Filius ab uno, Pater a nullo
Оу҆свое́но и҆мать д͞хъ ст͞ыи, и҆же не ѿц͞ъ е҆сть ни сн͞ъ. но д͞хъ и҆сходѧ́ць ѿ о҆ц҃а. сн͞ъ ѿ е҆ди́но ѿц͞ъ ни ѿ кого́
Глосса: латыни г͞лють ѿ о҆ц҃а и҆ сн͞а (только в списке **Sol**)

(8е) Толкование к 22-му стиху
unus Spiritus sanctus, quia a Patre et Filio unicus procedit
е҆ди́нъ д͞хъ ст͞ыи. и҆же ѿ о҆ц҃а е҆ди́нъ происхо́дитъ
Глосса: латыни́ г͞лють и҆же ѿ о҆бою҆ происходи́ (только в списке **Sol**)

3. Морфо-синтаксические особенности и ошибки

В тексте встречаются разного рода ошибки.[14]

Неправильным прочтением латинского подлинника объясняется ложная передача латинского наречия *aperte* – ѿ ча́сти (*a parte*):

(9а) Толкование к 21-му стиху
ac per hoc aperte monstrantur proprietates eorum
и҆ по семў ѿ ча́сти показу́ю҆тсѧ сво́йства | и҆хъ

Это предположение подтверждается следующим примером, в котором латинская форма была передана правильно:

(9б) Толкование к 36-му стиху
ac si aperte dicat
и҆ а҆́ще ѿкрове́нѣ рече́

---

[14] О типологии ошибок в новгородских переводах с латыни см. Томеллери 2013 и статью Н.А. Зяблицыной в настоящем сборнике; вопрос о понятии "ошибки" подробно рассматривается Э. Бунатиру на основе анализа Нового Маргарита князя А.М. Курбского в настоящем сборнике.

Возможное неправильное прочтение латинского текста (*unitam* вместо *unitatem*) привело к одной семантически не совсем ошибочной передаче подлинника:

(10) Толкование к 33-му стиху
Personam quippe Filii Dei non ex duabus personis unitatem, sed ex duabus naturis existere credimus
лицѐ оу҆́бо | сн҃а бж҃їа. не ѿ дву҃ лицъ съединено но ѿ дву҃ єстествъ | бы́ти вѣру́емъ

В 3-м, 24-м и 33-м стихах латинская лексема *unitas* всегда переводится словом є҆диньство.
К категории морфо-синтаксических ошибок относится ложная передача омонимичных форм латинских падежей.
В примере (11) омонимия форм именительного и отложительного падежей единственного числа обусловливает переводческую ошибку как в стихе (11а), как и в толковании (11б), причем в первом случае ошибка влечет за собой неправильную интерпретацию именительного падежа от имени существительного *maiestas* (велиѵество̀), тогда как толкование содержит соответствующую латинской модели форму именительного падежа велиѵество:

(11а) 6-й стих
aequalis gloria, coaeterna maiestas
равно сла́вою. съпревѣ́ѵно велиѵество̀

(11б) Толкование к 6-му стиху
aequalis gloria, coaeterna maiestas
равно сла́вою съпревѣ́ѵно велиѵество

Иногда ошибочный перевод связан с мнимой омонимией форм. Например, в толковании к 1-му стиху отличный от именительного отложительный падеж латинского относительного местоимения *qui, quae, quod* передается формой именительного падежа соответствующего церковнославянского местоимения:

(12) Толкование к 1-му стиху
Fides credulitas est qua scilicet veraciter credimus
Вѣ́ры же вѣрова́нїе є́сть, є́же оу҆́бо и҆́стин|нѣ вѣ́рꙋемъ

Непонятным, напротив, является родительный падеж для латинского именительного, встречающийся и в другом месте:

(13) Толкование к 1-му стиху
universa ecclesia
вселе́ньскаа цр҃кви

В толковании к 8-му стиху указывается на морфологический факт, что в латинском имени прилагательном *increatus* в качестве первого члена сложной лексемы выступает предлог *in* с отрицательным значением. В латинском тексте первоначально стояло "pro non composita", однако славянский перевод, вероятно, восходит к печатному экземпляру, в котором отрицание отсутствовало, как в использованном нами издании Кобергера 1494-го года. Следовательно, переводчик не понял значение данного места и оценил атрибутивное сочетание *in praepositio* как предложную конструкцию *in praepositione*, причем последнее слово не было воспринято как грамматический термин:

(14) Толкование к 8-му стиху
Increatus Pater, in praepositio est in hoc loco pro composita
Несо́зда҃ О҆ц҃ъ | въ пр҃еположе́нїи в се́мъ мѣ́стѣ. за сло́жное

Лексема *praepositio* употребляется в латинском тексте как грамматический термин, обозначающий предлог или приставку. В церковнославянском же переводе именительный падеж латинского подлинника был ошибочно заменен на предложный из-за присутствия предлога *in*. В списке **Sol**, как мы уже отмечали (см. выше пример 1е), засвидетельствовано разночтение пр҃еложе́нїи, которое по смыслу предпочтительно, но, возможно, текстологически вторично, как следствие попытки переписчика сделать искаженное место более понятным. Следовательно, это место создавало трудности не только переводчику, допустившему явную морфо-синтаксическую ошибку, но и переписчикам.

Symbolum Athanasii. Введение

Любопытно, что сам Дмитрий Герасимов часто встречал в *Донате* и в Синтаксических Правилах данный термин, для которого он создал славянскую кальку прєдставленїе (Томеллери 2009: 411). Впрочем, и он стал жертвой неправильного членения текста в главе *De Praepositione*: при описании четырех предлогов, которые в латинском могут быть согласованы как с винительным, так и с отложительным падежом (*in*, *sub*, *super* и *subter*), автор латинского трактата о восьми частях речи задает вопросы "*super quam vim habet?*", "*in quam vim habet?*", "*sub quam vim habet?*", в которых форма *quam* является не зависящим от предлогов относительным местоимением, а вопросительной формой имени прилагательного, относящейся к существительному *vim* (Ягич 1896/1968: 564-565; см. также Tomelleri 2002: 380-381). Следовательно, в примере (15) три латинских предлога выполняют функцию не основы предложной синтагмы, а подлежащего в именной конструкции: *super - quam vim – habet* (т.е. "Какое значение имеет предлог *super*?"), а не *super quam - vim - habet* (Tomelleri 1999-2003: 200, прим. 134). Отсюда явная неточность славянского перевода (см. также Ягич 1896/1968: 564, прим. 13 и 565, прим. 1 и 4):

(15) Ложная интерпретация предлогов в русском Донате
super quam vim habet - надъ нимже моць има́ (Ягич 1896/1968: 564, 18)
in quam vim habet - поне́ моџъ има́ (Ягич 1896/1968: 565, 2)
sub quam vim habet - по̀ неюже моџъ иматъ (Ягич 1896/1968: 565, 4)

Нуждается в объяснении странное согласование союза *eo quod*, вводящего придаточное предложение, с подлежащим последнего (*fides*):

(16а) Толкование к 1-му стиху
Dicitur namque fides, eo quod fit inter Deum et homines
гл҃ет же сѧ оу҆бо вѣра того̀ ра́ди, | та́же е҆сть промежу҆ б҃га и҆ ч҃лкwвъ

В других местах латинскому союзу *quod* соответствует славянское относительное местоимение ѣже:

(16б)
eo quod – того̀ ра́ди ѣже (толкования к 4-му и 16-му стихам)
eo quod – ѿ того̀ ѣже (толкование к 6-му стиху)

Причиной появления ошибок в славянском переводе может быть необычная позиция синтаксически связанных членов предложения. Например, дистантное положение в предложной синтагме, когда определение в родительном падеже предшествует определяемому в родительном падеже, зависящему от предлога (в латыни, как известно, определение в родительном обычно стоит перед определяемым словом). Сохранение порядка слов в славянском переводе имеет, следовательно, серьезные синтаксические последствия:

(17а) Толкование к 3-му стиху
propter personarum vocabula
ра҃ лицъ | именъ

Подобные примеры обнаруживаются и в других новгородских переводах с латыни:

(17б) Rationale divinorum officiorum
circulus est qui ex linearum quinque angulis ex una linea constat
круг есть, которыи от черт пять углов, от единоя черты состоятся (Романова, Ромодановская 2012: 41-42, л. 3)

(17в) Rationale divinorum officiorum
computando a mensis fine versus principium
считая от месяца конца к началу (Романова, Ромодановская 2012: 127, л. 41об)

Такие явления тесно связаны с сохранением порядка слов латинского оригинала в славянском переводе, их можно проследить даже до отдаленных времен церковнославянской письменности, как явствует из следующего примера, взятого из Киевских глаголических листков, в котором, однако, латинский порядок слов нарушен частично:

(17г) Киевские глаголические листки
a peccatorum nostrorum maculis emunda (Deshusses 1992: 288)
отъ гръхъ скврьности нашихъ очисти (Киевские листки л. 1b, 14-15)

Нельзя исключить, что и повтор подчинительного союза, вводящего придаточное изъяснительное предложение, мог бы зависеть от дистантного положения глагольной формы, которая оценивалась как независимая. К этому предположению подталкивают такие случаи, как в примере (18в), в которых союз не повторяется:

(18а) Толкование к 41-му стиху
*Per hoc hic rogat et admonet **ut** unusquisque sacerdos hoc sciat et praedicet*
по семоу҄ | здѣ мо́литъ и҆ воспомина́етъ. да е҆ди́нъ ко́ждо сщє́нни | сі́е вѣ́дати и҆ма̀. и҆ да проповѣ́даетъ

(18б) Толкование к 26-му стиху
*Necesse est enim nobis **ut**, sicut superius diximus, ita credamus*
Потре́бно во е҆̀ на́мъ. | да ꙗ҆́коже вы́ше рѣ́хомъ. та́ко да вѣ́руемъ

(18в) Толкование к 26-му стиху
*necesse est **ut** incarnationem Domini nostri Iesu Christi fideliter credamus*
потре́бно е҆́сть. да и҆ воплоще́нїю га̀ на́шего і҆и҃са | хр҃та̀ вѣ́рнѣ вѣ́руемъ

В примере (18г) сочетание союзов ꙗко...да придает славянскому предложению определенный оттенок следствия и, следовательно, не может считаться чистым повтором:

(18г) Толкование к 32-му стиху
***ut** hoc, quod erat divinum, fieret humanum*
ꙗ҆́ко сі́е. е҆́же бѣ́ бж҃тве́но. да | бу́детъ ѹ҆лчєско

Иногда форме настоящего времени латинского подлинника соответствует в славянском переводе аорист (19а), причем омонимия форм вводящего прямую речь недостаточного глагола *aio* не позволяет определить точное временное значение (19б):

(19а) Употребление аориста для лат. презенса
dicit – речѐ (толкование к 1-му стиху)
dicit – гл҃а (толкование к 20-му стиху)

(19б) Дефектный глагол *aio*
ait – ре́чѐ (2x, толкование к 1-му стиху)
ait – ре́чѐ (толкование к 35-му стиху)

Имеется также обратная ситуация:

(20) Употребление настоящего времени для лат. перфекта
dixit – гл҃етъ (толкование к 26-му стиху)
indiguit – требꙋетъ (толкование к 29-му стиху)
habuit – и҆мать (толкование к 29-му стиху, при сразу же следующем и҆мѣ)

Страдательная форма причастия прошедшего времени от глагола въсприѧти встречается дважды в церковнославянском переводе, тогда как в латинском подлиннике противопоставляются активность божьей воли и пассивность человеческой природы:

(21) Толкование к 33-му стиху
propter <u>*suscipientem*</u> *Deum Deus verus, Deus Dei Filius, propter* <u>*susceptum*</u> *hominem homo verus*
ра́ди. воспрїа́таго бг҃а. бг҃ъ и҆стиненъ. бг҃ъ. бж҃їи | сн҃ъ. ра́ди же воспрїа́таго ч҃лка. ч҃лкъ и҆стиненъ

Противоположную ошибку представляет собой двойная передача, через страдательное причастие настоящего и прошедшего времени, одной и той же формы латинского причастия, в котором, впрочем, различие во времени одновременно указывает на залог:

(22) Толкование к 35-му стиху
quia postquam humanitas assumpta est a divinitate non <u>*est separata*</u> *a Verbo, sed ipsa anima a corpore* <u>*separata est*</u>; *quia si non* <u>*esset separata*</u>
Занѐ по то́мъ ꙗ҆ко ч҃лчество во|спрїа́то е҆́ ѿ бж҃тва не <u>разлꙋ́чаемо</u> е҆́сть ѿ слова. но є҆ди́на | дш҃а ѿ плоти <u>разлꙋ́чена</u> є҆́сть. ꙗ҆ко а҆́ще не бы̀ <u>ѿлꙋ́чена</u>

Активное описательное спряжение трактуется по-разному в 37-м стихе и в его толковании. В стихе встречаем конструкцию со связкой бы́ти и причастием настоящего времени глагола грѧсти, а в толковании выступает глагольная форма имѣти плюс инфинитив:

(23) Двойной перевод в 37-м стихе
стих толкование
venturus est *Venturus est*
грѧдѹщь єсть Прїити имать

В латинском подлиннике лишь один раз встречается конструкция глагола *habere* с модальным значением долженствования.[15] В 38-м славянском стихе она передается простой формой глагола совершенного вида, тогда как в переводе толкования бросается в глаза, как мы уже отмечали, сочетание вспомогательного глагола быти с глагольной формой совершенного вида:

(24а) Стих 38-й
Ad cuius adventum omnes homines resurgere habent cum corporibus suis
Къ єгоже пришествїю всй чл҃цы воскре́|снѹтъ с телесы̀ своѝми

(24б) Толкование
peccatores, resurgere habent cum corporibus suis
воскр͠снѹти | бѹ́дѹтъ съ телесы̀ своѝми

В толковании к 35-му стиху из-за отсутствия инфинитивной формы *esse* переводчик не распознал латинскую конструкцию *Nominativus cum infinitivo* и, соответственно, передал ее простым изъявительным наклонением:

(25) Толкование к 35-му стиху
in coniunctione personae filius Dei dicitur passus
въ совокѹ|пле́нїи лица̀. сн҃ъ бж҃їй гл҃ется пострада̀

В подражание латинскому подлиннику и в церковнославянском тексте используется простое отрицание:

---

[15] О славянской передаче латинских глаголов *debere* и *habere* см. выше пример 2.

(26а) Толкование к 1-му стиху
nullus sulvus esse potest
никто́ же спасти́сѧ мо́жетъ

(26б) Толкование к 9-му стиху
nullus mensurare potest
никто́ изме́рити | мо́жетъ

При переводе относительного местоимения в двух следующих друг за другом цитатах из Священного Писания обнаруживается чередование простого причастия с дословной поморфемной передачей латинской конструкции:

(27а) Толкование к 1-му стиху
qui vult
хотѧ́и – и́же хо́щетъ

Следует при этом отметить, что в толковании к 4-му стиху причастная форма глагола быти выступает в сопровождении относительного местоимения е́же:[16]

(27б) Толкование к 4-му стиху
Essentia igitur proprie de Deo dicitur, quae semper est quod est
сꙋ́щество ꙋ́бо со́бьственѣ | ѿ бз҃ѣ гл҃етсѧ. и́же всегда́ сы́и. е́же сы́и

Кроме материала, который мы здесь вынужденно представили в очень отрывочном виде, церковнославянский перевод *Символа веры* содержит много интересных языковых фактов, выявлению и интерпретации которых и должно способствовать предлагаемое вниманию читателей издание.

---

[16] О богословской полемике по поводу отсутствия артикля в латинском языке см. Keipert (1987: 83).

Литература

Боднарчук (2014) – Елена Валерьевна Боднарчук, *Новгородский книжник Дмитрий Герасимов и культурные связи Московской Руси с Западной Европой в последней четверти XV – первой трети XVI в.* Диссертация на соискание ученой степени кандидата исторических наук. Санкт-Петербург: Санкт-Петербургский государственный университет.

Болховитинов (1827) – Евгений Болховитинов, *Словарь исторический о бывших в России писателях духовнаго чина греко–российской церкви*, издание второе, исправленное и умноженное. Санктпетербург: В типографии Ивана Глазунова.

Голод [= Боднарчук] (2012) – Елена Валерьевна Голод, *Дмитрий Герасимов в кругу «макарьевских книжников»: эпизод из истории новгородского летописания XVI века*, «Актуальные проблемы гуманитарных и естественных наук» 12: 104-108.

Орлов (1917) – Александр Сергеевич Орлов, *Повесть кн. Катырева Ростовского и Троянская История Гвидо де Колумна.* В: *Сборник статей в честь Матвея Кузьмича Любавского.* Петроград: Типография Б. Д. Брукера, стр. 73-98 [Unveränderter fotomechanischer Nachdruck der Originalausgabe von 1917, Düsseldorf-Vaduz: Brücken-Verlag/Europe-Printing, 1970. Slavica-Reprint 57].

Подтергера, Томеллери (2009) – Ирина Александровна Подтергера, Витторио Спрингфильд Томеллери, *Catholicus: съборьнъıи – каѳолическъı – православьнъıи (из истории термина). Часть 1*, «Русский язык в научном освещении» 1 (17): 44-108.

Романова, Ромодановская (2012) – Анастасия Анатольевна Романова, Варвара Андреевна Ромодановская, *"Rationale Divinorum officiorum" Wilgelmi Durandi в русском переводе конца XV века.* Москва–Санкт-Петербург: Индрик.

СРЯ (1996) – *Словарь русского языка XI-XVII веков*, выпуск 23 (Съ – сдымка). Москва: Наука.

Томеллери (2008) – Витторио Спрингфильд Томеллери, *О разных способах перевода в Толковой Псалтири Брунона*, «Труды отдела древнерусской литературы» 59: 144-153.

Томеллери (2009) – Витторио Спрингфильд Томеллери, *Одна недописанная глава из истории западного влияния на Московскую Русь. Первая попытка создания синтаксической терминологии.* В: Juliane Besters-Dilger, Achim Rabus (Hrsg.), *Text - Sprache - Grammatik. Slavisches Schrifttum der Vormoderne. Festschrift für Eckhard Weiher* (Die Welt der Slaven, Sammelbände-Sborniki, 39). München-Berlin: Sagner, 401-416.

Томеллери (в печ.) – Витторио Спрингфильд Томеллери, *Некоторые заметки о терминологии переводных сочинений*, «Rossica Olomucensia».

Ягич (1896/1968) – Игнатий Викентьевич Ягич, *Codex slovenicus rerum grammaticarum. Рассуждения южнославянской и русской старины о церковно-славянском* языке. Petropoli-Berolini: Apud Weidmannos [впервые опубликовано в первом томе "Исследований по русскому языку", 1885-1895; Nachdruck der Separatdrucks. München: Fink, 1968 (Slavische Propyläen 25)].

Baier (1893) – Johannes Baier, *Der heilige Bruno Bischof von Würzburg als Katechet. Ein Beitrag zur deutschen Schulgeschichte*. Würzburg: Göbel.

Denzinger (1880) – Heinrich Denzinger, *Brunonis opera* (Patrologia latina 142). Paris: Apud Garnier fratres, 9-568.

Denzinger (1991) – Heinrich Denzinger, *Kompendium der Glaubensbekenntnisse und kirchlichen Lehrentscheidungen*, verbessert, erweitert, ins Deutsche übertragen und unter Mitarbeit von Helmut Hoping herausgegeben von Peter Hünermann, 37. Auflage. Freiburg im Breisgau et al.: Herder.

Galabov (1973) – Ivan Galabov, *Das Altbulgarische und das Latein im europäischen Mittelalter. Zur Problematik der übernationalen Kultursprachen*, Antrittsvorlesung gehalten am 14. Dezember 1971 an der Universität Salzburg (Salzburger Universitätsreden 45). Salzburg-München: Pustet.

Keipert (1987) – Helmut Keipert, *Kirchenslavisch und Latein. Über die Vergleichbarkeit zweier mittelalterlichen Kultursprachen*. In: Gerhard Birkfellner (Hrsg.), *Sprache und Literatur Altrußlands. Aufsatzsammlung*. Münster: Aschendorff, 81-109.

Robinson (1896) – Joseph Armitage Robinson, *Texts and Studies. Contributions to Biblical and Patristic Literature*, vol. IV: The Athanasian Creed, Coptic Apocryphical Gospels, The Old Latin and the Itala. Cambridge: University press.

Tomelleri (1998) – Vittorio Springfield Tomelleri, *Zur Geschichte des "Westlichen Einflusses" in Russland: Die Dicta Sancti Augustini*. In: *Contributi italiani al XII Congresso internazionale degli Slavisti (Cracovia 27 Agosto-2 Settembre 1998)*. Napoli: Associazione Italiana degli Slavisti, 147-181.

Tomelleri (1999) – Vittorio Springfield Tomelleri, *Die правила граматичныѣ. Der erste syntaktische Traktat in Rußland* (Specimina Philologiae Slavicae 123). München: Sagner.

Tomelleri (2002) – Vittorio Springfield Tomelleri, *Der russische Donat. Vom lateinischen Lehrbuch zur russischen Grammatik* (Bausteine zur Slavischen Philologie und Kulturgeschichte, Reihe B: Editionen, 18). Köln et al.: Böhlau.

Tomelleri (1999-2003) – Vittorio Springfield Tomelleri, *Le regole di sintassi (compilazione e contaminazione nel Kazanskij spisok)*, «Annali dell'Università degli Studi di Napoli "L'Orientale"», Sezione Slavistica, 6: 165-231.

Tomelleri (2006) – Vittorio Springfield Tomelleri, *Die 'Expositio Psalmorum' des Würzburger Bischofs in Rußland. Zwischen Übersetzung und Überlieferung*, «Die Welt der Slaven» 51: 291-302.

Tomelleri (2009) – Vittorio Springfield Tomelleri, <u>Translatores Bibliae und Modi Interpretandi</u>. *Zur Wiederverwertung älteren Materials in Novgorod*. In: Dagmar Christians, Dieter Stern, Vittorio Springfield Tomelleri (Hrsg.), *Bibel, Liturgie und Fröm-*

migkeit in der Slavia Byzantina. Festgabe für Hans Rothe zum 80. Geburtstag (Studies on Language and Culture in Central and Eastern Europe 3). München-Berlin: Sagner, 94-117.

Tomelleri (2013a) – *Il paradosso dei Paradoxa Stoicorum di Cicerone nella presunta traduzione del principe Kurbskij*. In: Marcello Garzaniti et al. (a cura di), *Contributi italiani al XV Congresso Internazionale degli Slavisti (Minsk, 20 - 27 agosto 2013)* (Biblioteca di studi slavistici 19). Firenze: University press, 157-195.

Tomelleri (2013b) – Vittorio Springfield Tomelleri, *Ancora sulla traduzione slavo-orientale dei Paradoxa Stoicorum di Cicerone. Il quarto paradosso*, «Russica Romana» 20: 33-58.

Symbolum Athanasianum

335v   Исповѣ́данїе правосла́вныа вѣ́ры,   ста́го   аѳана́сїа | архїе҃ппа   алеѯаньдрі́искаго.
561   Fides catholica   sancti   Athanasii   episcopi

(а) сꙋ́щее.̈ | И҆же кто̀   хо́щетъ   спсе́нъ   бы́ти,   пре́же   всего̀   потре́ба¹
(1)   Quicumque   vult   salvus   esse   ante   omnia   opus

е́сть. | да   съдержи́тъ   правосла́вную²   вѣ́ру.̈
est   ut   teneat   catholicam   fidem.

(а) то̏.   Здѣ̀³   бл҃же́|нный   аѳана́сїи   самоизволе́нїе   положи́лъ.   ꙗ҆́ко   гл҃етъ |
(a) Hic   beatus   Athanasius   liberum arbitrium posuit,   sicut dicit

въ   ѱа́лмѣ̀.   кто̀⁴   ѐ̃   у҆́лкъ   хотѧ́и   живота̀.   и҆   па́ки   въ   єѵа́лїи | сама̀
in   psalmo: "Quis   est   homo   qui vult   vitam"⁵,   et   iterum in   Evangelio   ipsa

и҆́стинна   гл҃етъ,   и҆же   хо́щетъ   по   мнѣ̀   и҆тѝ.   Та́ко | и҆   здѣ̀.   и҆же кто̀
veritas   dicit: "Qui   vult   post   me   venire"⁶. Similiter   et   hic: quicumque

хо́ще   спсе́нъ   бы́ти.   Не   речѐ   хо́щеши. | и҆лѝ   не хо́щеши   спсе́нъ
vult   salvus   esse.   Non   dicit, velis   aut   non,   salvus

бꙋ́деши,   но   и҆же кто̀   хо́щетъ. | занѐ   бг҃ъ   вседержи́тель.   ни є҆ди́ного
eris,   sed   quicumque vult,   quia   Deus   omnipotens   nullum

ѿ у҆́лкъ   нево́лею   и҆лѝ | нꙋ́жею.   привлачи́тъ   къ   вѣ́рѣ.   но   и҆же кто̀   хо́щетъ |
hominem   invitum   aut   coactum   trahit   ad   fidem.   Sed   quicumque   vult

---

¹ **Sol, Sof, Tr, G, M, Sin, X, I, L** add. in marg. дѣ́ѡ.
² **Sol, Sof, Tr, G, M, Sin, X, I, L** add. in marg. соборнꙋ́ю.
³ **B, Sof, Tr, I, G** err.’Идѣ́же; **U, M, Sin** err.’Идѣ̀; em. **Sol, X**.
⁴ **U, Tr** err. то.
⁵ Psalmus 33, 13: "Quis est homo qui vult vitam".
⁶ Secundum Mattheum 16, 24: "Si quis vult post me venire".

сп҃сенъ в вѣки быти¹, въ² тѣлеси или въ дш҃и. потре́|ба³ томȢ́ е́сть⁴,
salvus aeternaliter esse in corpore vel in anima, necessitas illi est

да съдержи́тъ соборнȢ́ю⁵ вѣ́рȢ. занѐ пре̑ | вса́кого дѣла требѣ⁶ е́сть. да вѣ́ра
ut teneat catholicam fidem, quia ante omne opus necesse est ut fides

прѣварае́т прȇ вса́ки || [f 336] дѣланіемъ. преже вса́кого начина́нїа, прȇ
praecedat; ante omnem operationem, ante omnem inchoationem, ante

вса́ки нача́лоъ. | еди́номȢ комȢ́ждо дѣ́ло е́сть, да съдержи́тъ соборнȢ́ю⁷ вѣрȢ. |
omne principium unicuique opus est ut teneat catholicam fidem,

гл҃ющȢ ап҃лȢ безъ вѣры невозможно е́сть оу҆годи́ти бг҃Ȣ. | Ѿнюд̀Ȣ же
dicente Apostolo: "Sine fide impossibile est placere Deo"⁸. Unde

Авва́кȢмъ пр҃рокъ рече́, пра́ведны̏ же ѿ вѣры жи|ве́тъ. каѳолики́а⁹
Habacuc propheta ait: "Iustus autem ex fide vivit"⁹. Catholica

е́сть греческое сло́во. та́же¹⁰ протолкȢ́еса | соборнаа или вселе́ньскаа. соборнаа
graecus sermo est, latine interpretatur generalis sive universalis; generalis,

пристои́тъ ко всѐ | у҆ло́комъ. вселе́ньскаа же. занѐ по все́й вселе́нней
pertinet ad omnes homines; universalis, quia per universum orbem

распро|страни́ся." Вѣры же вѣрова́нїе е́сть, еже оу҆бо и҆стин|нѣ вѣ́рȢемъ то̀,
est diffusa. Fides credulitas est, qua scilicet veraciter credimus id

---

¹ Sic **Sol** sicut lat., al. transp. в вѣки быти.
² **Tr** err. с.
³ **Sof, Tr, G, M, Sin, X, I, L** add. in marg. дѣо.
⁴ томȢ́ е́сть: **Sof** transp. е̑ томȢ́.
⁵ **Sol, G** add. in marg. каѳоїкїю.
⁶ **G, M** потребѣ.
⁷ **Sol, Sof, Tr, M, Sin, X, I, L** add. in marg. каѳоикїю.
⁸ Ad Hebraeos 11, 6: "Sine fide autem impossibile placere".
⁹ Abacuc 2, 4: "Iustus autem in fide sua vivet".
¹⁰ **I** иже.

Symbolum Athanasii. Издание

є҆́же	никА́ко же	ви́дѣти	мо́жє¹	сєго̀ ра́ди	а҆пл҃ъ	речѐ,	вѣ́ра²	є҆́сть
quod	nequaquam	videre	valemus.	Unde	Apostolus	ait:	"Fides	est

надѣ́ємыхъ	сꙋ́щєство	вєщє́й,	и҆зъ|ꙗвле́нїє	⟨нє⟩³	ꙗ҆вльшихсѧ,	гл҃єт же сѧ
sperand[ar]um	substantia	rerum,	argumentum	non	apparentium"⁴.	Dicitur

ѹ҆́бо	вѣ́ра	того̀ ра́ди,	ꙗ҆́же	є҆́сть	промєжꙋ̀	бг҃а	и҆	ч҃лкwвъ,	сїю̀	вѣ́рꙋ,
namque	fides	eo	quod	fit	inter	Deum	et	homines.	Istam	fidem,

сїѐ	вѣ́рованїє	прє́же	всѣ́хъ	трє́ба⁵	є҆́сть	и҆мѣ́ти	на́мъ,	занѐ	вѣ́ра	ѡ҆сно|ва́нїє
istam	credulitatem	ante	omnia	opus	est	habere	nobis,	quia	fides	fundamentum

є҆́сть⁶	всѣ́мъ	добродѣ́тєлємъ⁷,	и҆	того̀ ра́ди	прє́же	съзи|да́ємъ	вѣ́рꙋ,	ꙗ҆́же
est	omnium	virtutum,	et	ideo	prius	aedificamus	fidem,	quae

є҆́сть	ѡ҆снова́нїє,	и҆	на	то́й⁸	прочаѧ̀	добро|дѣ́тєли⁹,	занѐ	бєз	вѣ́ры
est	fundamentum,	et	super	eam	caeteras	virtutes,	quia	sine	fide

никто́ же	спасти́сѧ	мо́жєтъ¹⁰.	гл҃єтсѧ	ѹ҆́бо	вѣ́ра,	вѣ́рованїє,	и҆ли	вѣ́рєнїє.
nullus	salvus esse	potest.	Dicitur	igitur	fides	credulitas	sive	credentia.

каѳоликі́ѧ	собо́рнаѧ	гл҃єтсѧ	си́рѣчь	пра́ваѧ,	ю҆́жє	вселє́ньскаѧ	цр҃кви
Catholica	universalis	dicitur,	id est	recta,	quam	universa	ecclesia

съдєржа́ти¹¹	и҆́мать,	цр҃квь	ѹ҆́бо	събира́нїє	хр҃тїа́номъ,	и҆ли	схо́дищє
tenere	debet.	Ecclesia	vero	congregatio	Christianorum	sive	conventus

---

¹ G err. мо́жетъ.
² Sol add. жє.
³ B, U, Sof, Tr, G, M, Sin, X, I, L om.; recte Sol.
⁴ Ad Hebraeos 11, 1: "Est autem fides sperandorum substantia rerum argumentum non parentum".
⁵ L потрє́ба.
⁶ ѡ҆сно|ва́нїє є҆́сть: Tr, X transp. є҆̀ ѡ҆сно|ва́нїє.
⁷ Sol, Sof, Tr add. in marg. сѧ҃.
⁸ B add. и҆.
⁹ Sol сі҃ы, add. in marg. добродѣ́тє́й; Sof, Tr, G, M, Sin, X, I, L add. in marg. сі҃ы.
¹⁰ спасти́сѧ мо́жєтъ: U transp. мо́жєтъ сп҃сти́сѧ.
¹¹ цр҃кви | съдєржа́ти: Sol transp. съдєржа́ти цр҃кви.

лю́де гл҃етсѧ."
populorum dicitur.

(в) сꙋ́щее. Ю́же. А́ще кто̀ цѣлꙋ̀ | и҆ непорочнꙋ̀ не¹ сохрани́ без̾
(2) Quam nisi quisque integram inviolatamque servaverit, absque

сꙋмнѣ́нїа в̾ вѣ́ки поги́бнеͭ." |
dubio in aeternum peribit.

(в) токовѣ̈е. Ю́же, и҆же є҆́сть сїю̀ вѣ́рꙋ всѧ́кїи. си́рѣ є҆ди́нъ кӧдо |
(b) Quam [id est quam] fidem quisque, id est unusquisque,

цѣлꙋ̀. и҆же є҆́сть по́лнꙋ и҆² съвершенꙋ̀, да є҆ѧ̀ не пресѣче́тъ |
integram, id est plenam et perfectam, ut eam non scindat

є҆ресїю, и҆ никои́мже расколомъ растли́тъ. непоро́чнꙋ и҆̈ | є҆́сть
per haeresim neque ullo schismate corrumpat. Inviolatam, id est

да не ѡскверни́тъ е҆ѧ̀ ѕлѣ̀ гл҃а и҆ проповѣ́даѧ. і҆ А́ще | є҆ѧ̀ не
eam non violet maledicendo atque praedicando, et si eam non

соблюдеͭ³ цѣлꙋ̀ и҆ непоро́чнꙋ. без̾ сꙋмнѣ́нїа в вѣ́чно | ѡ҆сꙋжде́нїи
custodierit integram et inviolatam, absque dubio in aeterna damnatione

поги́внеͭ."
peribit.

(в) Сꙋ́щее. Вѣ́ра же собо́рнаѧ сїѧ̀ є҆́сть. | да є҆ди́ного⁴ бг҃а в̾
(3) 562 Fides autem catholica haec est, ut unum Deum in

тр҃цы, и҆ тр҃цꙋ̀ въ є҆ди́ньствѣ чествꙋ́емъ⁵."|
Trinitate et Trinitatem in unitate veneremur.

---

¹ U om.
² G, M, X om.
³ X соблюдаетъ.
⁴ Tr err. є҆ди́но.
⁵ L чествꙋ́етъ.

(в) тѡкова́ё.   Нн҃ѣ[1] изъѧвлѧ́етъ   что̀   є҆́сть вѣ́ра.   и҆лѝ кацѣ̀   є҆ди҃ | ко́ждо
(c)   Nunc   manifestat   quid est   fides,   vel   qualiter unusquisque

є҆ѧ̀[2] вѣ́ровати до́лженъ. да є҆ди́нагѡ бг҃а   въ тр҃цы, | и҆ тр҃цꙋ̀
eam   credere   debeat.   Ut unum   Deum   in Trinitate et Trinitatem

въ є҆ди́ньствѣ̀[3]   чествꙋ́ємъ, си́рѣчъ   до́лжни є҆сма̀ | вѣ́ровати,   тро́йчна и҆
in   unitate   veneremur, id est   debemus   credere   trinum   et

є҆ди́нагѡ. є҆ди́наго в̾ сꙋ́ществѣ, тро́й|чна[4] же в̾ лицѣ̀. ниже́ ра́ди
unum;   unum   in substantia, trinumque in personis; nec   propter

тр҃цы   и҆ма́мы   ѡ҆ста́вити[5] є҆ди́нъ|ство. ниже́ ра́ди   є҆ди́нъства и҆ма́мы
Trinitatem debemus dimittere   unitatem,   nec   propter unitatem debemus

ѡ҆ста́вити[6] тр҃цꙋ̀. | да тогѡ̀   є҆гѡ́же   почита́ємъ,   є҆ди́нагѡ   чтвꙋ́ємъ,
dimittere   Trinitatem, ut ipsum, quem   colimus,   unum   veneremur

и҆ тро́йчна. | є҆ди́наго[7]. ра́ди є҆ди́ньства сꙋ́щества.   тро́йчна же ра̑"
et trinum,   unum   propter unitatem substantiae, trinum   propter

лицъ | и҆ме́нъ   чтвꙋ́ємъ.   и҆же є҆́сть покланѧ́ємсѧ и҆   почита́ё." |
personarum vocabula veneremur, id est   adoremus   atque colamus.

(г) сꙋ́щее. Не сливаю́ще   ли́цъ[8].   ниже́ сꙋ́ществъ   раздѣлѧ́юще." |
(4)   Neque confundentes personas, neque substantiam separantes.

(г) толкова́нїе. Сливати. є҆́же[9] є҆́сть смѣша́ти,   занѐ не   и҆ма|мы   то́кмѡ
(d)   Confundere   est   commiscere, quia non debemus tantum

---

[1] Iˮ И нн҃ѣ.
[2] ко́ждо є҆ѧ̀: U err. коеѧ́ждо.
[3] въ є҆ди́ньствѣ̀: M err. во|дн҃стве.
[4] M err. тро́чна.
[5] B, Tr, L ѡ҆ста́вити, em. al.
[6] B, Tr ѡ҆ста́вити, em. al.
[7] M err. є҆ди́нанагѡ.
[8] Sol, Sof, Tr, G, M, X, Sin, I, L add. in marg. персѡ́нъ.
[9] L и́же.

е҆ди́но   лицѐ¹   вѣ́ровати.   ꙗ҆ко̆   саве́лїи   ѐрети́къ. | оу҆крѣплѧ́ше.
unam   personam   credere,   sicut   Sabellius   haereticus   asserebat,

Nо̀ трѐ.   и҆же е̂ Ѿц҃а   и҆ сн҃а   и҆ дх҃а   ст҃а́го².   нижѐ | сꙋ́щество³
sed tres,   id est Patrem et Filium   et Spiritum   sanctum,   nec   substantiam

раздѣлѧ́ти.   ꙗ҆коже а҆́рїи   ѐрети́къ   оу҆крѣплѧ́|ше. гл҃аше во,   е҆́же⁴   ꙗ҆ко
separare,   ut Arius   haereticus   asserebat;   dicebat enim   quod,   sicut

бѣ́ша трѝ лица̀. та́ко̆ бы́ша   трѝ | сꙋ́щества.   Ѿц҃а   оу҆крѣплѧ́ше⁵.
erant tres personae, ita   fuissent   tres   substantiae. Patrem   asserebat

бо́лїи   сн҃а.   сн҃а же ме́нши | Ѿц҃а.   дх҃а же ст҃а́го сл꙯ꙋже́бника
maiorem   Filio,   Filium minorem Patre,   Spiritum sanctum ministrum

и҆мъ гл҃аше.   сꙋ́щество же || f 336v гл҃ется того ра́ди⁶. е҆́же Ѿ себѣ̀ самого̀
eorum dicebat. Substantia   dicitur eo   quod ex semetipsa

състои́тсѧ⁷.   сꙋ́ще|ство оу҆бо ѡ҆́бщее   е҆́сть и҆мѧ⁸   всѣ́мъ ве́щемъ. ꙗ҆́же
subsistit;   substantia vero commune   est nomen   omnium rerum   quae

сꙋ́ть | нб҃о.   сл҃нце⁹ лꙋна̀   ꙁемлѧ̀ древеса̀. оу҆́цы.   та́ко же сꙋ́щества |
sunt   coelum,   sol,   luna,   terra, arbores; homines   etiam substantiae

гл҃ютсѧ.   бг҃ъ же оу҆бо сꙋ́щество е҆́сть. и҆ вы́шшее¹⁰   сꙋ́|щество.   и҆
dicuntur.   Deus igitur   substantia est, et summa   substantia,   et

---

¹ **Sol**, **Sof**, **Tr**, **G**, **M**, **X**, **I**, **L** add. in marg. персонꙋ; **Sin** add. in marg. персонъ.

² дх҃а ст҃а́го: **Tr**, **G**, **M**, **X** transp. ст҃а́го дх҃а.

³ **M** err. сꙋ́ство.

⁴ **G**, **M**, **X** ꙗ҆́же.

⁵ **Sof** err. оу҆крѣпѧша.

⁶ того ра́ди: **G** err. то̀ родѝ.

⁷ **G**, **M** err. стои́тсѧ.

⁸ е҆́сть и҆мѧ: **X** transp. и҆мѧ е҆́сть.

⁹ **B**, **U**, **Sof**, **Tr**, **G**, **M**, **X**, **Sin**, **I**, **L** add. и҆.

¹⁰ **M** err. вы́шеше.

пе́рвое.	и҆	всѣ́мъ	сꙋ́щество[1]	вина̀[2].	поне́же	всѣ̀		ве́щїѐ	сотвори́тель
prima	et	omnium	substantiarum	causa,	quia			omnium rerum	creator

є́сть.	сꙋ́щество[3]	ѹ҆́бо	со́бственнѣ		ѡ҆	бз҃ѣ	глє́тсѧ.	и҆́же	всегда̀	сы́и.
est.	Essentia	igitur	proprie		de	Deo	dicitur,	quae	semper	est

є́же	сы́и,	занѐ	<не>премѣ|ненъ[4]	є́сть."					
quod	est,	quia	incommutabilis	est[5].					

(д) сꙋ́щее. И҆но́е[6] бо є҆ лицѐ ѻ҆ч҃ее. и҆но́е[7] сн҃овне. | и҆но́е[8] дх҃а
(5) Alia est enim persona Patris, alia Filii, alia Spiritus

ст҃а́го."
sancti.

(д) то̂ко̑[9]. Зде́ проти́вꙋ саве́лїа сꙋ́ть ли́ца | раздѣ́лены, и҆́хже ѻ҆́нъ
(e) Hic contra Sabellium sunt personae divisae, quas

ѹ҆крѣплѧ́етъ бы́ти є҆ди́но. занѐ | ѻ҆ч҃ъ въ своѐ лицѐ нѣ́сть сн҃ъ.
asserit esse unam, quia Pater in sua persona non est Filius,

но то́кмо ѻ҆ч҃ъ. нижѐ сн҃ъ | въ свое́мъ лицѐ є́сть ѻ҆ч҃ъ. но
sed tantum Pater, nec Filius in sua persona est Pater, sed

то́кмо сн҃ъ. и҆ дх҃ъ ст҃ы́и, | въ свое́мъ лицѐ. нѣ́сть ѻ҆ч҃ъ
tantum Filius, et Spiritus sanctus in sua persona non est Pater,

нижѐ сн҃ъ, но то́кмо дх҃ъ | ст҃ы́и ѿ ѻ҆ц҃а̀ происходѧ́ць[10].
nec Filius, sed tantum Spiritus sanctus, ex utroque procedens.

---

[1] **G, M** сꙋ́ществамъ.
[2] **G, M** add. є́сть.
[3] **Sol** add. in marg. непремѣнє́ѕ̈; **Sof, Tr, G, M, Sin, I, L** add. in marg. непремѣне́нїе.
[4] **B** err. премѣ́ненъ, em. codd.
[5] Epistula Iacobi 1, 17: "Descendens a Patre luminum, apud quem non est transmutatio".
[6] **X, G, M** и҆́но.
[7] **X, G, M** и҆́но.
[8] **G, M** err. и҆́.
[9] **U, Sin, I, L** om.
[10] **Sol, Sof, Tr, G, M, Sin, I, L** add. in marg. латы́нѝ глю҃ть ѿ ѻ҆бою́ происхо́дѧць.

лицѐ¹   глетсѧ   ѿ того̀   ѐже   собою | гла́сӣ."
Persona   dicta est   eo   quod   per se   sonat.

(ѕ) сꙋщее.   Но   Ѿца̀   и   сна   и   дх҃а   ста́го.   ѐди́но   ѐсть   бж҃тво̀. |
(6)   Sed   Patris   et   Filii   et   Spiritus   sancti   una   est   divinitas,

ра́вно   сла́вою.   съпревѣ́ꙋно²   вели́чество̀."
aequalis   gloria,   coaeterna   maiestas.

(ѕ) то̀.   Но   Ѿца̀   и   сна | и   дх҃а   ста́го.   ѐди́но   ѐсть   бж҃тво̀,
(f)   Sed   Patris   et   Filii   et   Spiritus   sancti   una   est   divinitas,

ѐже ѐ   ѐди́но   сꙋ́щество, | ра́вно   сла́вою   съпревѣ́чно   вели́чество³.
hoc est   una   substantia.   Aequalis   gloria,   coaeterna   maiestas,

и́же ѐ   съра́вно. | без   нача́ла   и   конца̀,   и   сла́ва   и   вла́сть."
id est   coaequalis,   sine   initio   et   fine,   et   gloria   et   potestas.

(ж) сꙋщее.   Каковъ   Ѿц҃ъ | таковъ⁴   сн҃ъ.   таковъ   и   дх҃ъ   ст҃ый."
(7)   Qualis   Pater   talis   Filius,   talis   et   Spiritus   sanctus.

(ж) то̂кова́ѐ.   За́нѐ   ꙗ́ко   Ѿц҃ъ | превѣ́ченъ   ѐсть,   или   вседержи́тель.   или
(g)   Quia   sicut   Pater   aeternus   est   vel   omnipotens   seu

невиди́мъ.   та́ко⁵ | ѐсть   и   сн҃ъ   и   дх҃ъ   ст҃ый."
invisibilis,   similiter   est   et   Filius   et   Spiritus   sanctus.

(ꙃ) сꙋщее.   Несотворе́нъ   Ѿц҃ъ.   несотво|ре́нъ   сн҃ъ,   несотворе́нъ
(8)   Increatus   Pater,   increatus   Filius,   increatus

дх҃ъ   ст҃ый."
Spiritus   sanctus.

---

[1] **Sol** персо́на, add. in marg. лицѐ; **L** err. сице.
[2] **В, Tr** съпревѣ́чное, fortasse recte **U, Sol, Sof, X, Sin, I, L; G, M** превѣ́чно.
[3] **Sof** err. вѐнство.
[4] **G** add. и́.
[5] **Tr** та́ковъ.

(s) то́ковде́. Несо́зда́[1] Ѿц҃ъ | въ пре́положе́нїи[2] в се́мъ мѣ́стѣ. за
(h)   Increatus Pater, in praepositio   est in hoc loco pro

сло́жное.   несо́зда́ Ѿц҃ъ | сирѣ́ть несотворе́нъ. занѐ ѻ҆́нъ ѐ҆ всѣ́мъ
composita. Increatus Pater, id est non creatus, quia ipse est omnium

созда́тель. и ни Ѿ | кого со́зданъ,   то́й е҆́сть всѣ́ творе́цъ. и
creator,   et a nullo creatus. ‖ p. 563 Ipse est omnium factor, et

ни Ѿ кого сотворе́. | несо́зданъ[3] сн҃ъ. несо́зданъ и д҃хъ ст҃ый.
a nullo factus. Increatus Filius, increatus et Spiritus sanctus.

несо́зданъ сн҃ъ[4] нѣ҆ | созданїе[5]. ꙗ҆́ко А҆́рїи гл҃аше. иже вса́ вкꙋ́пѣ
Increatus Filius, non creatura, sicut Arius dicebat, quia omnia simul

сотвори. со ѻ҆ц҃е́ | та́коже и д҃хъ ст҃ый."
creavit cum Patre, similiter et Spiritus sanctus.

(3) сꙋ́щее. Неизмѣ́рии̏ Ѿц҃ъ. неизмѣ|римъ сн҃ъ, неизмѣ́ри д҃хъ ст҃ый."
(9)   Immensus Pater, immensus Filius, immensus Spiritus sanctus.

(3) то́ковде́. Неизмѣ́римъ | Ѿц҃ъ. занѐ е҆́го вели́чества. или ка́чества.
(i)   Immensus Pater, quia eius magnitudinem vel quantitatem

никто изме́рити | мо́жетъ. иже нбс҃е е҆́сть вы́шшы[6]. земли глꙋбоча́е.
nullus mensurare potest, quae coelo est excelsior, terra profundior

и про|стра́ннѣе мо́ра. и е҆́сть неѻ҆пи́санъ. безтѣле́сенъ. невмѣ|сти́мъ.
et latior mari[7], et est incircumscriptus, incorporeus, inlocabilis,

---

[1] Sol, G, M err. несозда́денъ.
[2] Sol пре́ложенїи.
[3] X err. нѣ́сть со́зданъ.
[4] G, M om.
[5] Sol add. in marg. тварь.
[6] B err. ввы́шшы.
[7] Iob 11, 9: "Longior terrae mensura eius et latior mari".

вездѣ¹ весь. и нѣсть мѣсто, идѣже не е҃.² ꙗко | гл҃етъ во ѱалмѣ.
ubique totus, et non est locus ubi non sit, sicut dicit in psalmo:

аще взыйдꙋ на нбо. ты тамо еси. аще снийдꙋ во а҃.
"Si ascendero in coelum, tu illic es, si descendero ad infernum,

тамо еси. <и>³ аще пойдꙋ до послѣднй моря. и тамо мѧ | десница
ades"⁴, et "Si iero ad extrema maris, ibi me dextera

твоя оудержитъ. той есть во всѣхъ, и не заклю|ченъ внѣ всѣхъ.
tua tenebit"⁵. Ipse est intra omnia et non conclusus, extra omnia

и не ѿключенъ. такоже⁶ и сн҃ъ. иже до|сяжетъ ѿ конца до
et non (exclusus)⁷. Similiter et Filius, qui attingit a fine usque ad

конца. силанѣ. о немже писано есть. | слово гн҃имъ нб҃са
finem fortiter⁸, de quo scriptum est: "Verbo Domini coeli

оутвердишася. таковый же чинѡ и дх҃ъ | ст҃ый, ꙗко гл҃ется. дх҃ъ
firmati sunt"⁹. Pari modo et Spiritus sanctus, unde dicitur: Spiritus

гн҃ь исполни вселеннꙋю землю." |
Domini replevit orbem terrarum¹⁰.

(и) сꙋщее. Превѣченъ ѿц҃ъ. превѣченъ сн҃ъ. превѣченъ дх҃ъ | ст҃ый."
(10) Aeternus Pater, aeternus Filius, aeternus Spiritus sanctus.

---

¹ G, M err. Не здѣ.
² не е҃: G, M нѣсть.
³ B om., em. codd.
⁴ Psalmus 138, 8: "Si ascendero in caelum, tu illic es, si descendero ad infernum, ades".
⁵ Psalmus 138, 9-10: "Et habitavero in extremis maris...et tenebit me dextera tua".
⁶ G, M Тажe.
⁷ Sic K sicut sl., apud D excelsus.
⁸ Sapientia 8, 1: "Attingit enim a fine usque ad finem fortiter".
⁹ Psalmus 32, 6: "Verbo Domini caeli firmati sunt".
¹⁰ Sapientia 1, 7: "Quoniam spiritus Domini replevit orbem terrarum".

Symbolum Athanasii. Издание 147

(и) то́ковае̏. Здѣ́ превѣ́ченъ за¹ всеконе́ченъ. и́мамы разꙋмѣ́ти. превѣ́ченъ
(k) Hic aeternus pro sempiterno debemus intelligere. Aeternus

гл҃етсѧ бг҃ъ ѿц҃ъ. зане́ безнача́ленъ. и҆ всеконе́ченъ е҆́сть. та́кѡ и҆
dicitur Deus Pater, quia sine initio et sine fine constat, similiter et

сн҃ъ. и҆ дх҃ъ ст҃ы́и. ‖ f 337 поне́же ꙗ҆́ко² никогда́ же не не вѣ̀³ ѿц҃ъ.
Filius et Spiritus sanctus, quia, sicut numquam non Pater,

та́ко никогда́ не не вѣ̀ сн҃ъ. и҆ дх҃ъ ст҃ы́и."
ita numquam non Filius ac Spiritus sanctus.

(ї) сꙋ́щее. ʼІ о҆у́бо не трі́е превѣ́чнїи. но е҆ди́нъ превѣ́чныи."
(11) Et tamen non tres aeterni, sed unus aeternus.

(ї) то́кѡ. ʼІ о҆у́бо не трі́е превѣ́чнїи, но е҆ди́нъ превѣ́чныи. си́рѣчь
(l) Et tamen non tres aeterni, sed unus aeternus, scilicet

в̾ сꙋ́ществѣ."
in substantia.

(к) сꙋ́щее. Ꙗ҆́ко не трі́е несоз|да́ннїи⁴. ниже́ трі́е неизмѣ́римїи. но е҆ди́нъ
(12) Sicut non tres increati nec tres immensi, sed unus

несозда́нныи. і҆ е҆ди́нъ неизмѣ́римыи."
increatus et unus immensus.

(к) то̀. Поне́же е҆ди́нъ е҆́сть бг҃ъ въ свое́мъ сꙋ́ществѣ."
(m) Quia unus est Deus in sua substantia.

(л) сꙋ́щее. Та́коже вседержи́тель ѿц҃ъ. вседержи́тель сн҃ъ. вседержи́тель
(13) Similiter omnipotens Pater, omnipotens Filius, omnipotens

дх҃ъ ст҃ы́и."
et Spiritus sanctus.

---

¹ B, G, M, X, L err. за̏, recte U, **Sol, Sof, Tr, Sin, I.**
² X ꙗ҆́коже.
³ не не вѣ̀: U err. не вѣ̀.
⁴ U err. създа́ннїи.

(л) то̀. | Вседержи́тель[1] гл҃етсѧ ѡ҃ц҃ъ.[2] занѐ всѧ̀ мо́же҃. не ѿ страда́|нїѧ.
(n)   Omnipotens   dicitur Pater, quia omnia potest, non a patiendo

є́же не хо́ще҃. но ѿ творе́нїѧ все́хъ єли́ка[3]   хо́щетъ, | и̇ всѐ
quod non vult, sed a faciendo omnia quaecumque vult,   et nihil

ємꙋ̀ не невозмо́жно є́сть. вседержи́тель и̇[4]   сн҃ъ. занѐ | єли́ко[5] мо́же҃ ѡ҃ц҃ъ[6].
illi   impossibile   est. Omnipotens et   Filius, quia quidquid potest   Pater,

мо́же҃ и̇[7] сн҃ъ. та́коже и̇ дх҃ъ ст҃ы́и. оу́бо | а̓́ще всѧ̀ мо́жетъ.
potest et   Filius, nihilominus et Spiritus sanctus. Ergo si omnia potest,

что̀ є́сть є́же не мо́жетъ. сі́е не мо́же҃ | є́же не тре́бѣ
quid est quod non potest? Hoc non potest, quod non convenit

всемогꙋ́щемꙋ мощи́. лъга́ти не мо́жетъ[8]. | занѐ и̇стина и̇ премꙋ́дрость є́сть.
omnipotenti   posse: falli   non potest,   quia veritas et sapientia est,

боле́ти и̇ли[9] немощьст|вовати не мо́же҃, и̇же здра́вьство[10] є҃. оу́мрети[11]
aegrotare aut infirmari   non potest, quia sanitas   est, mori

не мо́же҃ | занѐ безсмр҃тенъ є́сть. конца̀ и̇ме́ти не мо́жетъ[12]. та́ко |
non potest, quia immortalis   est,   finiri   non potest,   quia

бесконе́ченъ и̇ преле́тенъ є́сть."
infinitus   et perennis   est.

[1] **Sol** add. in marg. всемогꙋ́щъ.
[2] **L** om.
[3] **X** єли́ко.
[4] **G, M, X** om.
[5] **G** єли́ка.
[6] **G, M** om.
[7] **U** om.
[8] **Sol** add. in marg. не хоще҃.
[9] **G** err. i̇.
[10] **Sol** add. in marg. цѣльба.
[11] не...оу́мрети: **X** om.
[12] и̇же...мо́жетъ: **G, M** om.

(м) сꙋ́щее. 'І оу҆́бо не трі́е҆ | всемогꙋ́щїи. но є҆ди́нъ в҆семогꙋ́щїй[1]."
(14)   Et tamen non tres   omnipotentes, sed unus omnipotens.

(м) то̀. Не трі́е҆ оу҆́бо в҆се|держи́тели, занѐ всемо́цьство є҆́сть в҄
(о)   Non tres tamen omnipotentes, quia omnipotentia est in

сꙋ́ществѣ. но | тѣ<>[2] є҆ди́но є҆́сть сꙋ́щество. Ѿ҇че́ство оу҆́бо въ пренош҆е́нїи[3] къ
substantia, sed eorum una est substantia. Paternitas vero in relatione ad

дрꙋго́мꙋ є҆́сть. тѣмже и҆[4] и҆мана̀. Ѿ҇ца̀. и҆ сн҃а. и҆ дх҃а ста́го[5]. |
alterum est, unde et nomina Patris et Filii et Spiritus sancti

преносна сꙋ́ть. занѐ и҆ны́а, ко и҆ны̀ преносатса[6]. ꙗ҆коже | ѡ҆́бразъ семꙋ̀. рабъ
relativa sunt, quia alia ad alia referuntur, sicut verbi gratia servus

къ гд҃нꙋ. гн҃ъ къ рабꙋ̀. оу҆чи́тль ко оу҆|чн҃кꙋ̀. оу҆чн҃къ ко
ad dominum, dominus ad servum, magister ad discipulum, discipulus ad

оу҆чи́тлю. Ѿ҇ц҃ъ[7] къ сн҃ꙋ. сн҃ъ ко Ѿ҇ц҃ꙋ. за|не никто́ же Ѿ҇ц҃ъ гл҃етса.
magistrum, pater ad filium, filius ad patrem, quia nullus pater dicitur,

а҆́ще не и҆мать сн҃а. є҆мꙋ́ же | бꙋ́детъ Ѿ҇ц҃ъ. и҆ никто́же сн҃ъ. не а҆́ще
nisi habeat filium cuius sit pater, et nullus filius nisi

и҆мать Ѿ҇ца̀. є҆го́же | сн҃ъ є҆́сть. занѐ а҆́ще не[8] и҆мѣлъ бы̀ сн҃а.
habeat patrem cuius filius sit, quia si non ha||buisset (564) Filium,

ника́коже и҆мѣлъ | бы̀ и҆́ма Ѿ҇че́е." Та́коже и҆ дх҃ъ ст҃ы́и. не ѿ[9]
numquam habuisset nomen Patris, similiter et Spiritus sanctus non a

---

[1] Sol add. in marg. вседрьжитеь.
[2] B err. тѣ, em. codd.
[3] B, Tr прошенїн; em. U, Sof, G, M, X, Sin, Sol, I, L преношенїн.
[4] B, Tr, G, M, X, Sin, I, L om., em. U, Sol, Sof.
[5] дх҃а ста́го: X transp. ста́го дх҃а.
[6] G, M приноса|тса.
[7] Sin, L err. Ѿ҇ц҃ꙋ.
[8] а҆́ще не: X transp. не а҆́ще.
[9] G, M о̀.

себѣ. но нѣкоего д҃хъ | ѥсть."
se,   sed alicuius Spiritus est[1].

(н) с́ꙋщее. Та́коже бг҃ъ ѿц҃ъ. бг҃ъ сн҃ъ. бг҃ъ и д҃хъ ст҃ый. | и
(15)   Ita   Deus Pater, Deus Filius, Deus et Spiritus sanctus. Et

оу́бо[2] не трїе́ бг҃ы. но еди́нъ[3] ѥ́сть бг҃ъ."
tamen non tres Dii, sed unus   est Deus.

(н) то́коваѣ. Бг҃ъ оу́своеное[4] | има̀ ѥ́сть[5] тр҃цы[6]. пристоѧ́щее[7] ко ѿц҃ꙋ
(р)   Deus proprium   nomen est   Trinitatis, pertinens   ad Patrem

и сн҃ꙋ и д҃хꙋ ст҃омꙋ. пре|ложено ѿ гре́ческаго именованїа. поне́же
et Filius et Spiritum sanctum, translatum ex graeca   appellatione. Nam

бг҃ъ гре́чески фе|ѡ́съ гл҃етсѧ. иже ѥ́сть боѧ́знь[8]. сего ра́ди преложено̀ ѥсть |
Deus graece   theos   dicitur, id est timor.   Unde tractus   est

бг҃ъ, иже его̀ честв́ующимъ ѥ́сть боѧ́знь. оу́своеное оу҃х|бо има̀ ѥ́сть
Deus, quod eum colentibus   sit timor.   Proprium vero nomen est

ѿч҃ее. занѐ еди́нъ ѥ́сть[9] ѿц҃ъ. і оу́своеное има̀ | ѥ́сть сн҃овне. занѐ еди́нъ[10]
Patris, quia solus est   Pater, et proprium nomen est Filii, quia solus

---

[1] Textus latinus add. *Est et aliud vocabulum, ubi Spiritus sanctus relative dicitur, scilicet donum, dicitur enim donum donatoris et donator doni. Donatorem dico esse Patrem, donum vero Spiritum sanctum, donum vero refertur ad donatorem, et donator ad donum. Ecce qua ratione Spiritus sanctus relative dicitur.*
[2] и оу́бо: **B, Tr** err. и́бо, **G, M** err.ˀ| оу́, em. **U, Sol, Sof, X, Sin, I, L**.
[3] **G, M** om.
[4] **L** оу́своено |.
[5] има̀ ѥ́сть: **U, Sol** transp. ѥ́сть има̀.
[6] **Sol** ст҃ыѧ́ тр҃ца.
[7] **X** пристоѧ́ще.
[8] **Sol** add. in marg. стра́.
[9] еди́нъ ѥ́сть: **G, M** err. сн҃ъ ѥ́сть.
[10] **M** err. еди́.

Symbolum Athanasii. Издание

снъ	є̑.	ѿ[1]	є҆ди́наго	ѿца̀.	і҆	оу҆свое́ное	и҆́ма	є́сть	д҃ха	ста́го.	и҆́же
Filius	est	a	solo	Patre,	et	proprium	nomen	est	Spiritus	sancti,	quia

ѿ	ѻ҆ца̀	и҆схо́дитъ[2].	бг҃ъ	є́сть	ѿц҃ъ	поне́же	то́й	є́сть	и҆сто́чникъ,
ab	utroque	procedit.	Deus	est	Pater,	quia	ipse	est	fons

і҆	и҆схо́дъ	бж҃тва̀.	та́коже	и҆	сн҃ъ	бг҃ъ	є́сть.	и҆	сі́е	не
et	origo	deitatis;	similiter	et	Filius	Deus	est,	et	hoc	non

ѿ	себѐ	занѐ	нѣ́сть	ѿ	себѐ.	но̀	ѿ	є҆ди́наго	ѿца̀	є́сть	рожде́нъ.
a	semetipso,	quia	non est	a	se,	sed	a	solo	Patre	est	genitus;

таковы́м же	чи́номъ	и҆	ст҃ы́и	д҃хъ.	не	ѿ	себѐ	є́сть	бг҃ъ.	но̀	ѿ	ѻ҆ца̀
pari	modo	et	Spiritus	sanctus	non	a	se	est	Deus,	sed	a	Patre

	и҆сходѧ́щь[3]."
et Filio	procedens est.

(о)	су́щее.	Та́коже	г҃ь	ѿц҃ъ.	г҃ь	сн҃ъ.	г҃ь	д҃хъ
(16)	Ita	Dominus	Pater,	Dominus	Filius,	Dominus	Spiritus

ст҃ы́и.	'І	оу҆́бо	не	трѝ	гд҃іе.	но	є҆ди́нъ	є́сть	г҃ь."
sanctus.	Et	tamen	non	tres	Domini,	sed	unus	est	Dominus.

(о)	то̀.	Я҆́ко	пи́сано	є́сть.	слы́ши	и҆и҃лю.	г҃ь	бг҃ъ	тво́й
(q)	Sicut	scriptum	est:	"Audi	Israel,	Dominus	Deus	tuus	unus

є̑[4]	бг҃ъ	гл҃ется	ѿц҃ъ	ѿ	гдⷭ҇ьствованїа.	того̀ ра́ди	є́же	ǁ f 337v	созда́нїе
est"[5].	Dominus	dicitur	Pater	a	dominatione,	eo	quod		creaturam

своѐ	пасе́тъ	і҆	оу҆правлѧ́етъ.	и҆[6]	та́коже	сн҃ъ.	и҆	д҃хъ	ст҃ы́и.
suam	reget	atque	gubernet,	[et]	similiter	et	Filius	et	Spiritus sanctus.

---

[1] U err. ѿ.
[2] Sol add. in marg. латы́нїи гл҃ють и҆́же ѿ ѻ҆бою про́исходи́.
[3] Sol add. in marg. латы́ни гл҃ють ѿ ѻ҆ца̀ и҆ сн҃а и҆сходѧ́щь.
[4] тво́й є̑: M err. твоє́сть.
[5] Deuteronomium 6, 4: "Audi Israhel Dominus Deus noster Dominus unus est".
[6] Sof om.

(п)   сꙋ́щее.   Понѣ́же   ꙗ́ко¹   раздѣ́лнѣ   є҆ди́но ко́е́ждо   ли́|цѐ   бг҃а   и҆²
(17)   Quia   sicut   singillatim   unamquamque   personam   Deum   et

г҃а³   и҆сповѣ́дати.   хр҃тїа́ньскою   и҆стинною   повелѣ́|но   є҆́сть⁴   на́мъ."
Dominum   confiteri   christiana   veritate   compellimur.

(п)   то̀.   Понѣ́же   ꙗ́ко   раздѣ́лнѣ⁵   си́рѣ̀   ꙗ́ко| разлꙋ́ченѣ.   и҆ли   ѿдѣле́нѣ⁶.
(r)   Quia   sicut   singillatim,   id est   sicut   distincte   vel   separatim

є҆ди́но ко́е́ждо   ли́це   г҃лю   бг҃а   и҆   г҃а. | ꙗ́ко   а҆́ще   менѐ
unamquamque   personam   dico   Deum   et   Dominum,   quia   si   me

вопро́сиши.   ч̾то̀   є҆̀   ѿц҃ъ.   а҆́зъ же   ѿвѣща́ю. | бг҃ъ   и҆⁷   г҃ь.   та́коже
interrogaveris   quid   est   Pater,   ego   respondeo: Deus   et   Dominus;   similiter

а҆́ще   вопро́сиши   ч̾то̀   є҆́сть   сн҃ъ.   а҆́зъ же | г҃лю   бг҃ъ   и҆⁸   г҃ь.   і҆
si   interrogaveris   quid   est   Filius,   ego   dico: Deus   et   Dominus;   et

а҆́ще   рече́ши   ч̾то̀   є҆́сть   дх҃ъ   ст҃ы́и.   а҆́зъ же | ѿвѣща́ю   г҃ь и҆ бг҃ъ.
si   dicis   quid   est   Spiritus sanctus,   ego   respondeo: Deus et Dominus;

і҆   оу҆́бо   въ   си́хъ   тре́хъ   ли́цѣ́хъ.   не   трѐ | бого́въ.   ни́же   тре́хъ   г҃дей.
et   tamen   in   his   tribus   personis   non   tres   Deos   nec   tres   Dominos,

но   въ   тре́хъ.   ꙗ́ко⁹   оу҆́же   вы́|ше   рече́но   є҆̀.   є҆ди́ного   бг҃а,   і҆   є҆ди́ного¹⁰
sed   in   tribus,   sicut   iam   supra   dictum   est,   unum   Deum   et   [unum]

г҃а   и҆сповѣ́даю."
Dominum   confiteor.

¹ G, M а҆҄.
² I om.
³ I om.
⁴ G, M om.
⁵ G, M err. раздѣлѣ́нїе.
⁶ U err. ѿдѣлени.
⁷ G, M, X om.
⁸ G, M om.
⁹ G, M err. а҆҄.
¹⁰ M err. є́ного.

Symbolum Athanasii. Издание 153

(ρ) сꙋщее. | Такоже трехъ боговъ, или гдей глати. соборный[1]
(18)   Ita   tres   Deos   aut Dominos dicere catholica

дꙋховество[2] | возбранаемса."
religione   prohibemur.

(ρ) токоваѐ. Възбранаемса. сирѣчь соблю|даемса."
(s)   Prohibemur, id est   vetamur.

(c) сꙋщее. Ѿцъ ни ѿ кого[3] есть сотворенъ. ни созда̀. | ни роженъ."
(19)   Pater a nullo   est factus,   nec creatus nec genitus.

(c) то̀. Ѿцъ ни ѿ кого[4] есть сотворенъ. зане | ѡнъ есть всѣмъ творецъ.
(t)   Pater a nullo   est factus,   quia   ipse est omnium factor,

ни созданъ. но создатель. | ни роженъ. но родитель. Ѿцъ во грѣчески
nec creatus sed creator,   nec genitus sed genitor. Pater enim graece,

родитель глеса. |
latine genitor   dicitur.

(т) сꙋщее. Снъ ѿ оца единого есть. не[5] сотворенъ. ни созда[6]. |
(20)   Filius a Patre solo est, non factus,   nec creatus,

но роженъ."
sed genitus.

(т) токоваѐ. Снъ ѿ оца единого есть. не сотворѐ. | зане той[7] есть
(v)   Filius a Patre solo est, non factus,   quia ipse est

всѣмъ творецъ. вкꙋпѣ со Ѿцемъ. ни созда̀ | зане той е
omnium factor, simul cum Patre, nec creatus, quia ipse est

---

[1] G, M соборны.
[2] G err. хꙋдовейством.
[3] B, Tr err. коего̀, M err. ко, em. al.
[4] B, Tr err. коего̀, em. al.
[5] I err. ни.
[6] B err. созданен.
[7] Tr err. то̀.

всѣ́мъ	создꙗ́тель.	но	роже́нъ.	ѐди́нъ ѿ ѐди́ного |	ѿца̀.	і
omnium	creator,	sed	genitus,	solus a solo ‖ p. 565	Patre.	Et

ѐди́но кое́ждо лицѐ,	има̀	оу҆своѐное.	ѥ́же	не	има́ть	дрꙋ|го́е[1].	оу҆свое́ное
unaquaeque persona	habet	proprium,	quod	non	habet	alia,	proprium

има́ть	въ	лицѣ̀	ѿца̀.	и҆же	ѐди́нъ	е҆̀[2]	ѿца̀.	і оу҆|своѐное[3]	има́ть	въ
habet	in	persona	Pater,	quod	solus	est	Pater;	et proprium	habet	in

лицѣ̀	сн҃ъ.	и҆же	ѐди́нъ	ѿ	ѐди́ного[4]	ѿца̀	рожде́|нъ	е҆́сть.	но	има́ть і
persona	Filius,	quia	solus	a	solo	Patre	genitus	est.	Sed	et habet

и҆но́е	оу҆свое́ное[5]	сн҃ъ.	ѥ́же	не	има́ть	ѿца̀. |	ни	дх҃ъ	ст҃ы́и.	и҆ма́ть
aliud	proprium	Filius,	quod	non	habet	Pater	nec	Spiritus	sanctus,	habet

превѣ́чность	со	ѿце́мъ	и	дх҃о̀	ст҃ы́мъ. |	і	има́ть	во	вре́мѧ	рожде́нїе
aeternitatem	cum	Patre	et	Spiritu	sancto,	et	habet	in	tempore	nativitatem

ѿ	мт҃ре.	е҆го́же	не	има́ть	дх҃ъ	ст҃ы́и. |	ни	ѿца̀.	занѐ	не
de	matre,	quam	non	habet	Spiritus	sanctus	nec	Pater,	quia	non

воспрїꙗ́тъ[6]	ѿцъ[7]	пло́ти	въ	свое́мъ лицѣ̀. |	ни	дх҃ъ	ст҃ы́и.	но
suscepit	Pater	carnem	in	sua	persona,	nec	Spiritus	sanctus,	sed

то́кмо	сн҃ъ.	да	на́мъ	въ	себѣ̀	пока́жетъ. |	два̀	имѣ́ти	е҆́ства̀.	ѐди́но[8]
tantum	Filius,	ut	nobis	in	se	ostenderet	duas	habere	naturas,	unam

пре́жде	всѣ́хъ	вѣ́къ.	и҆мже	ро|ди́сѧ	ѿ[9]	оц҃а̀.	і	ѿ	не́мже	гл҃а
ante	omnia	saecula,	qua	genitus est	ex	Patre	et	de	qua	dixit

[1] I add. и.
[2] ѐди́нъ е҆̀: X transp. е҆́сть ѐди́нъ.
[3] Sof оу҆свое́но.
[4] G, M ѐди́на.
[5] G, M err. оу҆своѐнїе.
[6] M err. вопрїа̀.
[7] занѐ...ѿцъ: X om.
[8] M err. ѐди́|; G ѐди́на.
[9] M om.

Symbolum Athanasii. Издание

исаїа   рò же   его́   кто̀   испове́сть. | дрꙋ́гое   во¹
Isaias: "Generatione(m)   eius   quis   enarrabit"?²,   alteram   in

вре́мѧ.   ѿ   не́мже   гл҃а   па́велъ   ап҃лъ.   егда̀   <же>³   прїи́де | исполне́нїе
tempore,   de   qua   dicit   Paulus   apostolus: "Cum   autem   venit   plenitudo

вре́мени.   посла̀   бг҃ъ   сн҃а   своего̀.   ро́жьшагосѧ   ѿ | жены̀.   бы́вшаго   по̀
temporis,   misit   Deus   Filium   suum   natum   ex   muliere,   factum   sub

зако́ню.   в̾   не́мже   блг҃оизво́ли   исполне́|нїе   бж҃тва̀   всели́тисѧ   пло́скы⁴.
lege"⁵,   in   quo   complacuit   plenitudinem   divinitatis   habitare   corporaliter⁶.

ѿ   ѻ҆ц҃а   без   нача́ла⁷   и҆   вес   конца̀. | ѿ   мт҃ре   нача́ло   име́ѧ.   и҆
De   Patre   sine   initio   et   sine   fine,   de   matre   initium   habens   et

никаки́мъ   заключа́етсѧ   конце́." |
nullo   concluditur   fine.

(ѵ)   сꙋ҆щее.   дх҃ъ   ст҃ый⁸   ѿ   ѻ҆ц҃а.   несотворе́нъ.   ни   со́зданъ.
(21)   Spiritus sanctus   a   Patre et Filio,   non factus   nec   creatus

ни   роже́ | но̀   и҆сходѧ́щь."
nec   genitus   sed   procedens.

(ѵ)   то̀кова́ё.   Оу҆своено⁹   и҆мать   дх҃ъ   ст҃ый,   и҆же | не¹⁰   ѿц҃ъ   е́сть   ни
(х)   Proprium   habet   Spiritus sanctus, quia   non   est   Pater   et

---

¹ **Tr** om.
² Isaias 53, 8: "Generationem eius quis enarrabit?".
³ **B, U, Tr** om., em. al.
⁴ **G, M, Sin, L** пло́ть|скїи.
⁵ Ad Galatas 4, 4: "Factum ex muliere factum sub lege".
⁶ Ad Colossenses 2, 9: "Quia in ipso inhabitat omnis plenitudo divinitatis corporaliter".
⁷ **Sof** add. и҆ без нача́ла.
⁸ **M, G** add. і̀.
⁹ **U** Оу҆своёноѐ.
¹⁰ **Tr** ни.

сн҃ъ. но дх҃ъ исходѧ́щь ѿ ѻ҃ца¹.
Filius, sed Spiritus procedens a Patre et Filio. Audis quia iste ab

сн҃ъ ѿ є҆ди́но ѿц҃ъ ни ѿ кого́. и҆ по сему̀ ѿ ча́сти
ambobus, Filius ab uno, Pater a nullo, ac per hoc aperte

показу́ютсѧ сво́йства и҆́хъ. того́ же ра́ди дх҃ъ бж҃їи. ст҃ы́и нарица́етсѧ.
monstrantur proprietates eorum. Ideo autem Spiritus Dei sanctus vocatur,

зане́ ѿц҃а и҆ сн҃о́вна ст҃ы́на е҆̀. ѐлма̀ оу҆́бо е҆́сть и҆ ѿц҃ъ² дх҃ъ. и҆
quia Patris et Filii sanctitas est: nam cum sit et Pater Spiritus et

сн҃ъ³ дх҃ъ. и҆ ѿц҃ъ ст҃ъ. и҆ сн҃ъ ст҃ъ. сво́йственѣ же то́и⁴
Filius Spiritus, et Pater sanctus et Filius sanctus, proprie tamen ipse

нарица́етсѧ дх҃ъ ст҃ы́и."
vocatur Spiritus Sanctus.

(ф) су́щее. Є҆ди́нъ оу҆́бо ѿц҃ъ. не трїе ѿц҃ы̀⁵. є҆ди́нъ сн҃ъ. не трїѐ
(22)   Unus ergo Pater, non tres Patres, unus filius, non tres

сн҃ы. є҆ди́нъ дх҃ъ ст҃ы́и. не трїе до́уси f 338 ст҃и.
Filii, unus Spiritus Sanctus, non tres Spiritus Sancti.

(ф) толкова́є⁶. Є҆ди́нъ ѿц҃ъ. и҆́же є҆ди́нъ себѣ̀. є҆ди́ного ро̀ сн҃а. и҆
(a)   Unus Pater, quia solus sibi unicum genuit Filium, et

є҆ди́нъ сн҃ъ. и҆́же є҆ди́ньственѣ ѿ є҆ди́ного ѿц҃а роже́нъ е҆́сть. є҆ди́нъ дх҃ъ
unus Filius, quia singulariter ab unico Patre genitus est, unus Spiritus

---

¹ **Sol** add. in marg. латы́ни глю́ть ѿ ѻ҃ца и҆ сн҃а.
² **X** add. и҆.
³ **U** om.
⁴ **U** om.
⁵ **B** ѿц҃ъ, **Tr** ѿц҃ь, em. **U, Sol, Sof, G, M, X, Sin, L, I**.
⁶ **I** om.

ст҃ый.	и́же	ѿ	ѻ҃ца	є҆ди́нъ¹	происхо́дитъ².˝		
sanctus,	quia	a	Patre et	Filio	unicus	procedit.	

(х) с҃҃цее. І́ в̾³ се́й | тр҃цы ничто́⁴ пре́же. и҆лѝ после́ди. ничто́ бо́лѣ⁵
(23)　　　　Et　in　hac　Trinitate　nihil　prius　aut　posterius,　nihil　maius

и҆ли́ⷤ ме́нши. | но̀ всѝ трѝ ли́ца̀ съпревѣ́чни⁷ себѣ̀ с҃у́ть. и҆ сра́вни.˝
aut　minus,　sed　totae　tres　personae　coaeternae　sibi　sunt　et　coaequales.

(х) то҃ковае. | Ничто̀ пе́рвѣе и҆лѝ после́ди. занѐ ники́иже преⷣнїи. и҆ ники҃й |
(b)　　　Nihil　prius　aut　posterius,　quia　nullus　anterior　et　nullus

после́днїи. ники́иже нижа́йшїи. <и҆>⁸ ники́иже вы́шшїи. но̀ с҃пре|вѣ́чни⁹ себѣ̀
posterior,　nullus　inferior　et　nullus　superior,　sed　coaeternae　sibi

с҃у́ть и҆ сра́вни¹⁰. сего̀ ра́ди ничто̀ тꙋ́ и҆лѝ¹¹ бо́ле и҆|лѝ ме́нши.˝
sunt　et　coaequales.　Ideo　nihil　ibi　vel　maius　vel　minus.

(ѿ) с҃҃цее. Та́ко и҆ по вса̀. ꙗ҆ко оу҆же вы́ше¹² рече́но е҆̀. | і҆
(24)　Ita　ut　per　omnia,　sicut　iam　supra　dictum　est,　et

є҆ди́ньство въ тр҃цы. и҆ тр҃ца въ є҆ди́ньствѣ чествꙋ́ема | да бꙋ́детъ.˝
unitas　　in　Trinitate　et　Trinitas　in　unitate　　veneranda　　sit.

---

¹ X om.
² Sol add. in marg. латыни гл҃ють и҆же ѿ ѻ҃ца и҆ сн҃а происхо́диⷮ.
³ Sol om.
⁴ G, M, I ничто́же.
⁵ Sol бо́лїи.
⁶ G, M err. і҆.
⁷ X превѣ́чни.
⁸ B, U, Sof, Tr, G, M, Sin, I, L om., em. Sol, X.
⁹ G, M, I спревѣ́чнїи.
¹⁰ G, M, X сра́|вни.
¹¹ G om.
¹² вы́ше: X om.

(ѿ)   тѡкова́ё. До́лжни єсмА ч́ествовати¹   и̂ покла́|на́тисА тр̂цы²   въ
(c)   Debemus   colere   et adorare   Trinitatem   in

є̓ди́ньствѣ. і̓ є̓ди́ньствꙋ³   въ тр̂цы."|
unitate   et unitatem   in Trinitate.

(ц)   сꙋ́щее. И̓же оу̓́бо хо́щетъ   сп҃се́нъ бы́ти.   та́ко ѿ   тр̂цы   да | разꙋмѣва́е⁴."
(25)   Qui   vult ergo   salvus   esse,   ita   de Trinitate   sentiat.

(ц)   тѡкова́ё. Здѣ̀ мо́литъ и̂ воспомина́етъ. да | є̓ди́нъ ко́ждо   оу҃ч҃тль   па́матнѣ
(d)   Hic   rogat   et admonet   ut   unusquisque   doctor   memoriter

сїю̀ съдержи́тъ. и̂ крѣ́пко | вѣ́рꙋе,   и̂ и̓ны́хъ   проповѣ́дАА   наоу̓чи́тъ."
eam   teneat   et firmiter   credat   et alios   praedicando   doceat.

(ү)   сꙋ́щее⁵.   Но потрє́|бно⁶   є̓́сть к҃ вѣ́чномꙋ   сп҃се́нїю.   да воплощє́нїю
(26)   Sed necessarium est   ad aeternam salutem   ut   incarnationem

оу̓́бо   г҃а   ншего | і҃са   х҃а   вѣ́рнѣ   вѣ́рꙋетъ⁷."
quoque Domini nostri   Iesu   Christi fideliter credat.

(ү)   тѡкова́ё. Потрє́бно бо є̓́   на́мъ. | да и̓́Акоже вы́ше⁸   рѣ́хомъ.   та́ко
(e)   Necesse est enim   nobis   ut, sicut   superius dixi||mus (566), ita

да вѣ́рꙋемъ. А̓́ще оу̓́бо вѣ́|чное⁹   сп҃се́нїе хо́щемъ и̓мѣ́ти. и̓́же є̓́   съ   х҃омъ
credamus.   Si   vero   aeternam salutem   volumus habere, id est cum Christo

---

¹ M err. чествова.
² U err. въ тр̂цы.
³ B, Tr err. є̓ди́ньство; recte U, Sol, Sof, G, M, X, Sin, I, L.
⁴ G, M err. разꙋмѣва́ютъ.
⁵ Sol add. in marg. ѡ̂ воплощенїи.
⁶ No потрє́|бно: I err. Непотребно.
⁷ G, M, X err. вѣ́рꙋемъ.
⁸ G, M om.
⁹ G вѣ́чно.

Symbolum Athanasii. Издание

бесконечно	цр̑твовати	потребно[1]	ѥсть.	да	и[2]	воплощенїю	г͞а
sine fine	regnare,	necesse	est	ut		incarnationem	Domini

нашего	і͞са	х͞рта	вѣрнѣ	вѣруемъ.	како же	вѣрнѣ.	не	прїемнаго.
nostri	Iesu	Christi	fideliter	credamus.	Quomodo	fideliter?	Non	adoptivum,

но	су҃|щаго	бж҃їа	сн҃а[3].	ꙗко	гл҃етъ	ап͞лъ.	су҃щаго	сн҃а
sed	proprium	Dei	Filium,	sicut	dixit	Apostolus:	"Proprio	Filio

своего	не	поща|дѣ[4]	б͞гъ.	но[5]	за	насъ	всѣхъ	предастъ[6]	его."
suo	non	pepercit	Deus,	sed	pro	nobis	omnibus	tradidit	illum"[7].

(ш)	су҃щее.	Ѥсть	оубо	вѣра	правая,	да	вѣруемъ	и	исповѣдаѥ.	иже[8]
(27)		Est	ergo	fides	recta,	ut	credamus	et	confiteamur,	quia

г͞ь	нашъ	і͞с	х͞с.	бж҃їи	сн҃ъ.	б͞гъ	вкупѣ.	и	ч͞лкъ	ѥсть."
Dominus	noster	Iesus	Christus	Dei	filius	Deus	pariter	et	homo	est.

(ш)	то̂.	Н͞нѣ	на|чинаетъ	по вѣдати	по	воучению	х͞въ.	что	е̂
(f)	Modo		inchoat	enarrare	secundum	humanitatem	Christi	quod	sit

вѣра	правая.	ѥсть	бо	вѣра	правая.	да	въучению	его	вѣруемъ
fides	recta.	Est	enim	fides	recta	ut	humanitatem	ipsam	credamus

въ	ср҃цы.	<и>[9]	исповѣдаемъ[10]	оусты.	ꙗко[11]	гл҃етъ	ап͞лъ.	ср҃цемъ
in	corde	et	confiteamur	ore,	sicut	dicit	Apostolus:	"Corde

---

[1] L err. потрерно.
[2] G, M om.
[3] бж҃їа сн҃а: B, U, Sof, Tr, G, M, X, Sin, I, L transp. сн҃а бж҃їа, em. Sol.
[4] M err. по̂.
[5] G, M om.
[6] G, M err. предаъ еси.
[7] Ad Romanos 8, 32: "Qui etiam Filio suo non pepercit sed pro nobis omnibus tradidit illum".
[8] G, M err. i.
[9] B, Tr om., em. al.
[10] I исполвѣдуемь.
[11] G, M ꙗкоже.

вѣ́рдѣ|тсѧ¹ <къ>² пра́вдѣ³. оу́сты же исповѣ́данїе быва́етъ къ спсе|нїю.
creditur ad iustitiam, ore autem confessio fit ad salutem"⁴.

бг҃ъ и ч҃лкъ, еди́нъ є҆́ и҆сти́нныи бж҃їи сн҃ъ. и҆же по| бж҃тв꙽оу҆
Deus et homo unus est verus Dei Filius, quia secundum divinitatem

ничи́мъ бо́лїи. и҆ли ме́нши. не́же бг҃ъ ѿц҃ъ. по| ч҃лчеств꙽оу⁵ та́коже.
nihil maius vel minus quam Deus Pater, secundum humanitatem nihil minus

кромѣ́ грѣха́. не́же⁶ ч҃лкъ."
extra peccatum quam homo.

(ц) с꙽у́щее бг҃ъ є҆́| ѿ с꙽у́щества ѿц҃а. пре́же вѣ́къ роже́нъ. и҆ ч҃лкъ
(28) Deus est ex substantia Patris ante saecula genitus, et homo

ѿ с꙽у́щест|ва мт҃рна в вѣ́цѣ⁷ роже́нъ."
ex substantia matris in saeculo natus.

(ц) то́ковае҆. ѿ с꙽у́щества ѿц҃а| и҆же є҆́ ѿ ра́веньства єс҃ства́. пре́же
(g) Ex substantia Patris, id est ex aequalitate naturae, ante

вѣ́къ роже́нъ.| и҆же е҆́сть пре́же всеѧ́ тва́ри. ꙗ҆ко гл҃етъ во ѱл҃мѣ.
saecula genitus, id est ante omnem creaturam, sicut dicit in Psalmo:

"И҆с у҆ре|ва пре́же денни́цы роди́хъ тѧ. и҆з у҆рева и҆ е҆́сть ѿ моего̀
"Ex utero ante Luciferum genui te"⁸. Ex utero, id est ex mea

с꙽у́|щества. пре҆́ денни́цы. и҆же є҆́ пре́же всеѧ́ тва́ри. и҆ ч҃лкъ|
substantia, ante Luciferum, id est ante omnem creaturam. Et homo

---

¹ G, M err. вѣ́|рду́емсѧ.

² B, G, M err. въ, em. al.

³ пра́вдѣ: G, M err. пра́вду́.

⁴ Ad Romanos 10, 10: "Corde enim creditur ad iustitiam, ore autem confessio fit in salutem".

⁵ X add. же.

⁶ Sol add. in marg. ꙗ҆ко.

⁷ в вѣ́цѣ: G, M om.

⁸ Psalmus 109, 3: "Ex utero ante luciferum genui te".

є́сть	ѿ	сꙋ́щества	мт͞рна	в҃	вѣ́цѣ	рожде́нъ.	и҆же є҆́сть |	ве́сь	ч͞лкъ с
est	ex	substantia	matris	in	saeculo	natus,	id est	totus	homo cum

тѣ́лѡ	и҆	дш͞е́ю.	во все́хъ	подо́бенъ	на́мъ кромѣ̀ |	грѣха̀.	ѿ сꙋ́щества
corpore	et	anima,	in omnia	similis	nobis	absque peccato[1].	Ex substantia

мт͞рна.	и҆же	є҆́сть	ѿ	ра́веньства[2]	є҆сте|ства̀	мт͞рна.	в҃ вѣ́цѣ[3]	рожде́нъ. и҆же
matris,	id	est	de	aequalitate	naturae	matris,	in saeculo	natus, id

є҆́сть	в	сїѧ̀	времена̀ |	не	ѿинꙋ́дꙋ.	то́чїю ѿ	сѣ́мени же́ньска[4]. бес
est	in	his	temporibus,	non	aliunde	nisi de	semine mulieris sine

по́хоти	мꙋ́жески |	пло́ть	прїа́тъ.	ꙗ҆́ко	соломо́нъ[5]	гл͞ет ѿ. премꙋ́дрость
coitu	viri	carnem	suscepit.	Unde	Salomon	dicit: "Sapientia

созда̀ || f 338v	себѣ̀	хра́мъ[6].	сі́е	є҆́сть.	х͞с	созда̀	себѣ̀[7] пло́ть.
aedificavit	sibi	domum"[8],	hoc	est	Christus	aedificavit	sibi carnem

ѿ	бл͞же́ныѧ	дв͞ы |	мр͞і́а.	і҆	и҆ндѣ̀ ᲂу҆те́тсѧ,	и҆же	вы́сть ѿ сѣ́мени дв͞да
de	beata		Maria	et	alibi legitur:	"Qui	factus est ex semine David

по̀	плѡ̀ᴛ ᪲. |
secundum	carnem"[9].

(ъ)	сꙋ́щее.	Съверше́нъ	бг͞ъ.	съверше́нъ	ч͞лкъ. ѿ дш͞а̀	сло|ве́сны, и҆
(29)		Perfectus	Deus,	perfectus	homo, ex	anima rationali et

чл͞ч́ест ѣ́й	пло́ти	поле́жа̀."
humana	carne	subsistens.

---

[1] Ad Hebraeos 4, 15: "Temptatum autem per omnia pro similitudine absque peccato".

[2] I add. ѿ.

[3] G err. в вѣ́ре; M err. в вѣ̀.

[4] сѣ́мени же́ньска: Sof err. кро́ви чи́сты же́нскы.

[5] L err. соломѫ̀.

[6] Sol add. in marg. дѡмъ.

[7] созда̀ себѣ̀: Sol transp. себѣ̀ со́за̀.

[8] Proverbia 9, 1: "Sapientia aedificavit sibi domum".

[9] Ad Romanos 1, 3: "De Filio suo qui factus est ex semine David secundum carnem".

(ъ) тѡковає. Съвершенъ | гл҃етсѧ, иже ѥсть полънъ. иже ничтоже требѹетъ. |
(h)   Perfectus   dicitur,   id   est   plenus,   qui   nihil   indiguit,

съвершенъ ч҃лкъ. иже ничтѡ[1] менши имать. кромѣ[2] грѣ|ха. неже[3] ч҃лкъ.
perfectus homo, qui   nihil   minus habuit extra   peccatum quam homo.

ѿ дш҃а словесны. х҃с истиннѹю дш҃ѹ имѣ. | идѣже премѫдростїю
Ex anima rationali Christus veram   animam habuit, ubi   sapientia

расти можаше. ӕкоже[4] гл҃е въ єѵалїи | і҃с преспѣваше премѫдростїю[5],
crescere potuisset, sicut dicit in Evangelio: "Iesus proficiebat sapientia

и возрастомъ. премѫдростїю | въ дш҃и[6]. возрастомъ в' телеси. и ч҃лчестѣи
et aetate, sapientia   in anima, aetate   in corpore"[7]. Et humana

плоти по|лежа, ѿ ч҃лчества плоть прїимъ."
carne subsistens[8] de humanitate carnem assumpsit.

(ы) сѹщее. Равенъ ѡц҃ѹ | по бж҃твѹ'[9]. мнїи ѡц҃а по
(30)   Aequalis Patri secundum divinitatem, minor Patre secundum

ч҃лчествѹ."
humanitatem.

(ы) тѡковає. Равенъ[10] по ѥ | рече. азъ і ѡц҃ъ едино есмы.
(i)   Aequalis   secundum illud: "Ego et Pater unum sumus"[11].

---

[1] G, M, L err. ничтоже; G add. требѹетъ.
[2] U err. менши.
[3] Sol add. in marg. ӕкѡ.
[4] G, M ӕко.
[5] U мѹдростїю.
[6] возрастомъ...дш҃и: G, M om.
[7] Secundum Lucam 2, 52: "Et Iesus proficiebat sapientia et aetate et gratia apud Deum et homines".
[8] Textus latinus add. quia humus terra dicitur.
[9] ѡц҃ѹ по бж҃твѹ': U transp. по бж҃твоу ѻц҃оу.
[10] U err. савенъ.
[11] Secundum Johannem 10, 30: "Ego et Pater unum sumus".

мнїи. по ёже гл︠е︡тъ. Ѿц︠ъ︡¹ | бо́лїи мене́ ёсть, и҆ поне́ ѹ҆л︠к︡ъ
Minor iuxta quod dicit: "Pater maior me est"², et in quo homo

ёсть. мнїи е҄ ѿ бж︠тва︡." |
est, minor est a divinitate.

(ь) сꙋ́щее. ѷже ѹ҆́бо бг︠ъ︡ е҄ и҆ ѹ҆л︠к︡ъ. не два́ ѹ҆́бо³. но е҆ди́нъ
(31) Qui licet Deus sit et homo, non duo tamen, sed unus

е҄ | х︠с︡.
est Christus.

(ь) то́ковⷣае҄⁴. Сего́ ра́ди си́це совокꙋпи́тисѧ восхоте́ бж︠їи︡ | сн︠ъ︡. съ ѹ҆л︠ч︡ескїй
(k) Ideo sic coniungi voluit Dei Filius cum humana

е҆стество́мъ. да ѿ си́хъ двꙋ" сꙋще́ствъ | бꙋ́детъ е҆ди́но лице́."
natura, ut ex his duabus substantiis fieret una persona.

(ѣ) сꙋ́щее. ꙖдЕ҆ди́нъ же⁵ не премѣне́нїемъ | бж︠тва︡ въ пло́ть. но
(32) 567 Unus autem non conversione divinitatis in carnem, sed

воспрїѧ́тїемъ ѹ҆л︠ч︡ества въ бз︠ѣ︡. |
assumptione humanitatis in Deo.

(ѣ) то́. Не ёже то бж︠тво︡, и́мже ёсть сн︠ъ︡ бж︠їи︡ себе́ пре|врати́лъ
(l) Non quod illa divinitas, qua est Filius Dei, se convertisset

въ ѹ҆л︠ч︡ество. ꙗ҆́ко сїе̏. ёже бѣ бж︠твено︡⁶. да | бꙋ́детъ ѹ҆л︠ч︡еско.
in humanitatem ut hoc, quod erat divinum, fieret humanum,

но воспрїе́мъ⁷ на́ше е҆ст︠ств︡о. си́це ёсть | съе҆дини́лсѧ. да не ѿло́житъ
sed assumendo nostram naturam, sic est unus effectus, ut non amitteret

---

¹ G, M err. ѿ.
² Secundum Johannem 14, 28: "Quia Pater maior me est".
³ M err. оу́в.
⁴ U om.
⁵ U om.
⁶ L err. бж︠тво︡.
⁷ но воспрїе́мъ: G егг. но́во прїе́мъ.

ёже бѣ̀. но̀ воспрїи́метъ | ёже не бѣ̀. воспрїа̃ во¹ ѹ҇лѵ́чество.
quod erat, sed assumeret   quod non erat. Assumpsit enim humanitatem,

ѝ не ѿло́жь бж҇тва̀." |
et non amisit divinitatem.

(е) сꙋ́щее. Е҆ди́нъ вса́ко не <и҆>слїа́нїемъ² сꙋщества̀. но̀ еди́нь|ствомъ
(33)   Unus   omnino non confusione   substantiae, sed unitate

лица̀."
personae.

(е) то̑кова́ё. Нѣ́сть в ꙋ то̀ ест҇тва́³ смѣше́нїе. | ꙗ҆́ко и҆лѝ бж҇тво̀
(m)   Non in (eo)⁴ naturarum commixtio est, ut vel divinitas

премѣни́тса⁵, въ ест҇тво̀ ѹ҇лѵ́чества. | и҆лѝ ѹ҇лѵ́чество превратѝтса въ
mutaretur   in naturam humanitatis, vel humanitas converteretur in

ет҇во̀ бж҇тва̀. но̀ обо́ю⁶ | естеств꙽ꙋ сво́е пребꙋ́детъ сꙋ́щество в
naturam divinitatis, sed utrique naturae sua manet proprietas in

вѣ́ки. таково̀ | оу҆бо совокꙋпле́нїе є́сть єстествъ. да то́й и҆же⁷
perpetuum, tanta tamen coniunctio est naturarum, ut idem, qui

превѣ́чнѣ | ѿ б҃га ѿц҃а роже́нъ є́сть. ч҃лкъ бꙋ́детъ и҆́стиненъ. и҆ то́й. |
aeternaliter ex Deo Patre genitus est, homo sit verus, et ille,

и҆же роди́са вре́менно ѿ дв҃ы. б҃гъ бꙋ́детъ и҆́стиненъ. | ра́ди⁸.
qui natus est temporaliter ex Virgine, Deus sit verus, propter

---

¹ **Sol** оу҆бо.
² **B, Tr, I** сїа́нїемъ, **X** и҆ не сїа́|нїемъ, em. **U, Sol, Sof, G, M, Sin, L.**
³ **U** err. єстьства.
⁴ Sic **K** sicut sl., apud **D** *ea*.
⁵ **M** err. премнѝтса.
⁶ **B, Tr** err. обо́е; em. al.
⁷ то́й и҆же: **U, G, M** err. то́й же.
⁸ **B** ра́ди же, **M** err. ра́ри, em. al.

Symbolum Athanasii. Издание 165

воспрїа́таго бг҃а.   бг҃ъ   и҆́стиненъ.   бг҃ъ.   бж҃їи[1] сн҃ъ.   ра́ди <же>[2]   воспрїа́таго
suscipientem   Deum   Deus   verus,   Deus   Dei   Filius,   propter   susceptum

ч҃лка.   ч҃лкъ   и҆́стиненъ.   лице҄   оу҆́бо   сн҃а   бж҃їа[3].   не   ѿ   дв҃ꙋ
hominem   homo   verus.   Personam   quippe Filii   Dei   non ex duabus

ли́цъ   съе҆ди́нено   но   ѿ   дв҃ꙋ   е҆сте́ствъ   бы́ти   въ҆рх҃емъ.   гл҃ати
personis unitatem,   sed ex duabus naturis   existere credimus;   dicere

же   ѿ   дв҃ꙋ   ли́цъ   сло́жно.   ꙗ҆ко   не|подо́бнаго   блюде́мса.
autem ex duabus personis compositam ut   nefas   vitamus.

(ю)   сꙋ́щее.   За́не ꙗ҆ко   дш҃а   слове́сна   и҆   пло́ть.   е҆ди́нъ   е҆́сть   ч҃лкъ.   та́коже
(34)   Nam   sicut anima   rationalis   et   caro   unus   est   homo,   ita

бг҃ъ   и҆   ч҃лкъ.   е҆ди́нъ   е҆́сть   х҃с.
Deus   et   homo   unus   est   Christus.

(ю)   то́ковае҄.   ꙗ҆́коже   бо   ѿ   плоти   и҆   дш҃и   е҆ди́ного   гл҃емъ   ч҃лка.   и҆
(n)   Sicut   enim   ex   carne   et anima   unum   dicimus hominem, et

е҆ди́нъ   ко́ждо   и҆́мать   дв҃ꙋ   ч҃лкъ   в   себе́.   е҆ди́ного   пло́|танаго[4].   дрꙋ́гаго
unusquisque habet   duos   homines   in   se,   unum   carnalem,   alium

дх҃о́внаго.   е҆ди́наго   ви́дима.   а҆   дрꙋ́гаго   неви́дима.   е҆ди́наго   см҃ртна.
spiritalem,   unum   visibilem, alium   invisibilem, unum   mortalem,

а҆   дрꙋ́гаго   бесм҃ртна.   та́ко[5]   бг҃ъ   и҆   ч҃лкъ   е҆ди́нъ   е҆́сть   х҃с.
alium   immortalem;   ita   Deus   et   homo   unus   est   Christus.

(ж)   сꙋ́щее.   И҆́же   пострада́лъ   е҆́сть   ра́ди   спасе́нїа   на́шего,   сни́де   въ
(35)   Qui   passus   est   pro   salute   nostra,   descendit ad

---

[1] бг҃ъ. бж҃їи: G transp. бж҃їи бг҃ъ.
[2] B om., em. codd.
[3] сн҃а бж҃їа: Tr transp. бж҃їа сн҃а.
[4] Sol add. и҆.
[5] M err. та҃.

прейсподн҃ѧѧ¹,	воскр҃се	ѿ	мр҃твы́.ˮ
inferos,	resurrexit	a	mortuis.

(ж) то̑ковае̑. И̑же пострада́ пло́тїю в̾ не́и̑ ∥ f 339 ви́дѣнъ бы́сть. в̾ не́и̑же
(o)　　　　　　　In quo　passus,　　　　　in quo　　　videbatur,　　in quo

у҃лкъ бѣ̀. в̾ не́и̑же распѧ̑ бы́сть. | в̾ не́и̑же оу̑мре. в не́и̑же
homo erat,　in quo　crucifixus,　　in quo　mortuus,　in quo

погребе́нъ бы́сть. в не́и̑же воскр҃се. занѐ бж҃тво̀ безстр҃тно² е̑сть³. но в̾⁴
sepultus,　　in quo　resurrexit; quia divinitas impassibilis est, sed in

совокуплѐнїи лица̀. сн҃ъ бж҃їи гл҃етсѧ пострада́. и̑ во и̑стинно̀ | е̑стествѣ̀
coniunctione personae filius Dei dicitur passus, et in vera natura

сн҃ъ у҃лчь е̑сть. страда́вый⁵. сни́де во а́дъ. и̑же | е̑сть дш҃а
filius hominis est passus.　　Descendit ad inferos, scilicet anima

съ⁶ сло́вомъ. Занѐ по то́мъ ꙗ̑ко у҃лчество воспрїѧ́то е̑̀ ѿ бж҃тва̀ не
cum Verbo, quia postquam humanitas assumpta est a divinitate, non

разлуча́емо е̑сть ѿ сло́ва. но̀ е̑ді́на | дш҃а ѿ пло́ти разлуче́на е̑сть. ꙗ̑ко
est separata　a Verbo, sed ipsa　anima a corpus separata est; quia

а́ще не бы̀ ѿлуче́на, | пло́ть не можа́ше оу̑мре́ти. и̑ то̀ низъсхожде́нїе⁷.
si non esset separata, corpus non potuisset mori, et iste descensus

к само̀ˮ | дш҃и пристои́тъ: воскр҃се ѿ мр҃твыхъ. да на́мъ ѡ̑бразъ |
ad solam animam pertinet. Resurrexit a mortuis, ut nobis exemplum

воскрс҃е́нїѧ пока́жетъ. ꙗ̑ко пр҃ркъ речѐ. по двꙋ̀ дне́хъ | въста́витъ
resurrectionis ostenderet sicut propheta ait: "Post duos dies suscitabit

---

[1] **Sol** add. in marg. въ адъ.
[2] **L** err. бесмр҃тно.
[3] **B** err. бы́сть, em. codd.
[4] **I** om.
[5] **I, L** постра́|выи.
[6] **G, M** om.
[7] низъсхожде́нїе: **X** err. ни захожде́нїе.

нá, и въ трéтїи дн҃ь воскр҃немъ¹. и прѣ ни́м | жи́ви бꙋ́демъ."
nos, et tertia [die] resurgemus et in conspectu eius vivemus"².

(а) сꙋ́щее. Взы́де на нб҃са́ сѣ́де ѡ҆деснꙋ́ю | бг҃а ѿц҃а вседержи́тела."
(36) Ascendit ad coelos, sedet ad dexteram Dei Patris omnipotentis.

(а) то́кованїе. Взы́де на нб҃са́. и҆же | є҆сть самоє́ ч҃лчество. є҆же³ и҆
(р) Ascendit ad coelos, scilicet ipsa humanitas, quae

пострада́. ꙗкоже а҆́ггли ре|ко́ша. мꙋ́жи галилéйстїи. что́ стои́те⁴
fuit passa, sicut angeli dixerunt: "Viri Galilaei, quid || 568 statis

зра́ще⁵ на нб҃о | сéй і҃с. и҆же вознесéса ѿ ва́съ на нб҃о⁶.
aspicientes in coelum, hic Iesus, qui assumptus est a vobis in coelum,

та́коже⁷ прїи́де. | и҆мже ѡ҆бразомъ ви́десте є҆го́ и҆дꙋ́ща на нб҃о. и҆же
sic veniet quemadmodum vidistis eum euntem in coelum"⁸. Quia⁹

по | бж҃твꙋ̀ ни к коéмꙋ мо́жетъ взы́ти мѣ́стꙋ. но̀ вездѣ̀ | вéсь
secundum divinitatem ad nullum potest ascendere locum, sed ubique totus

є҆сть. сѣди́тъ ѡ҆деснꙋ́ю бг҃а ѿц҃а вседержи́тела. | десни́цꙋ же бж҃їю
est. Sedet ad dexteram Dei Patris omnipotentis, dexteram autem Dei

нетеле́снꙋ ни пло́тьскꙋ. ꙗкоже ч҃лческоє | и҆мать є҆стество́¹⁰. но в
non carnalem, non corporalem (sicut humana habet natura), sed in

---

¹ въ...воскр҃немъ: U transp. въскр҃немъ въ трéтїи.
² Osee 6, 3: "In die tertia suscitabit nos et vivemus in conspectu eius".
³ G, M, X и҆же.
⁴ M err. стои́ть.
⁵ M err. зра|щи.
⁶ сéй...нб҃о: X om.
⁷ G, M та́ко.
⁸ Actus apostolorum 1, 11: "Viri galilaei, quid statis aspicientes in caelum? Hic Iesus, qui adsumptus est a vobis in caelum, sic veniet quemadmodum vidistis eum euntem in caelum".
⁹ Sic K fortasse sicut sl., apud D *Quis*.
¹⁰ и҆мать є҆стество́: U transp. є҆стьство и҆мать.

се́мъ мѣ́стѣ сла́вꙋ бж҃їю подоба́е҃ | прїима́ти. і а҆́ще ѿкрове́нѣ рече҃.
hoc   loco   gloriam Dei   convenit accipere, ac si   aperte   dicat:

цр҃твꙋ́етъ въ сла́вѣ | бж҃їи. и сѣдѣ́ти. за¹ е҆́же цр҃твовати гл҃етса."
regnat   in   gloria   Dei,   et sedere   pro   regnare   dicitur.

(л)   сꙋ́щее. | Па́ки градꙋ́щь е҆́сть сꙋди́ти живы҆́ и ме́ртвы́."
(37)   Inde   venturus   est   iudicare   vivos   et   mortuos.

(л)   то́ковае҆́. | Прїи́ти и́мать в то́мъ ѿбра́зѣ, в не́мже распа҃ бы́сть. |
(q)   Venturus est in eadem forma in qua crucifixus,

в не́мже оу҆́мре.   в не́мже погребе́са². и³   в не́мже воскр҃се. |
in   qua   mortuus, in qua sepultus est, et in qua resurrexit:

но не в то́мъ оу҆́бо смире́нїи. в не́мже пре́же бы́сть. но | въ сла́вѣ
      non in ea tamen humilitate, in qua antea fuit, sed in gloria

и велелѣ́пїи⁴. и того́ ра́ди в то́мъ ѿбра́зѣ. | да ви́датъ и҆́родъ и
et maiestate.   Et ideo   in ipsa forma, ut videat   Herodes   et

пила́тъ. е҆го́же ѡсꙋди́ша. да ви́да | и҆оу҆де́и е҆го́же преда́ша. да ви́датъ
Pilatus quem iudicaverunt, ut videant Iudaei quem tradiderunt, ut videant

во́ини е҆го́же распа́|ша. да ви́датъ нечести́вїи⁵ е҆го́же ѿверго́шаса. живы́. |
milites quem crucifixerunt, ut videant impii quem negaverunt. Vivos,

и҆́хже е҆го́ прише́ствїе ѿбра́щетъ въ телеси̑ живы́хъ. | ме́ртвыхъ. и҆́же оу҆́мроша
quos eius adventus invenerit in corpore viventes, mortuos, qui mortui erant

ѿ нача́ла и до того́ дн҃е. и҆ли | и҆нако⁶, живы́хъ. и҆́же е҆́сть⁷ ст҃ы́хъ.
ab initio usque in illum diem. Vel aliter vivos, id est sanctos,

---

¹ Sof err. ꙁане.

² погребе́ са: X err. погребе́нъ.

³ G, M, X om.

⁴ Sic B, Tr; fortasse recte al. въ вее҆лѣ́пїи.

⁵ L err. нечести́и.

⁶ G, M add. и.

⁷ G, M om.

мр҃твы̏.	си́рѣ́чь	грѣ|шныхъ."
mortuos,	id est	peccatores.

(в) су́щее. Къ е҆го́же[1] прише́ствїю[2] всѣ҇ ч҃лцы воскре́|сн́ѹтъ с҃[3]
(38) Ad cuius adventum omnes homines resurgere habent cum

тѣлесы̀ свои́ми."
corporibus suis.

(в) то̂кова́ё. Въ прише́ствїе[4] г҃не | є҆ди́нъ ко́ждо. и҆ли пра́ведни́и. и҆ли
(г) In adventu Domini unusquisque, sive iusti sive

грѣ́шни́и. воскр҃н́ѹти | бу́д́ѹтъ съ тѣлесы̀ свои́ми."
peccatores, resurgere habent cum corporibus suis.

(в) су́щее. 'И воздад́ѹ ѻ҆ содѣ́|анныхъ[5] свои҆ ѿвѣща́нїе."
(39) Et reddituri sunt de factis propriis rationem.

(в) то̂кова́ё. Возда́ти[6] же ѿвѣ́|ща́нїе. не пове́стїю слове́съ. но
(s) Reddere autem rationem non fabula verborum, sed

въспомне́нїемъ[7] всѣ҇ | ꙗ҆же сотвори́лъ. и҆ли добро̀. и҆ли зло̀, и҆
recordatione omnium quae fecit, sive bonum sive malum, et

по сему̀ є҆ди́нъ | ко́ждо воспрїа́ти и҆мать, бла́зи́и бл҃га́а. зли́и же зла́а." |
secundum hoc unusquisque recipere debet: boni bona, mali vero mala.

(г) су́щее. 'І и҆же бл҃га́а содѣ́аша. и҆д́ѹтъ в" живо̀ вѣ́ны̏и. | а̀[8] и҆же
(40) Et qui bona egerunt ibunt in vitam aeternam, qui vero

---

[1] Къ є҆го́же: U, Sof, Tr, M, X, Sin, L err. ко҆є҆го́же.
[2] Sof err. прише́ствїе.
[3] I om.
[4] G, M прише́ствїй.
[5] I съдѣ́анны̏ |.
[6] M err. вода́ти.
[7] Tr, I воспомина́нїе.
[8] G, M om.

ѕлаѧ во ѡгнь в҃ѣчныи."
mala in ignem aeternum.

(г) токовѣѥ. Въ живо҃т в҃ѣчны". ‖ f 339v иже всегда б҃ꙋдѹтъ бл҃азіи. в҃
(t)   In   vitam aeternam,   quia semper erunt   boni   sine

бесконечнѣй   славѣ ц҃ртвоват". | а҃ во ѡгнь в҃ѣчныи. занѐ всегда
fine   in gloria regnaturi.   In ignem aeternum, quia semper

б҃ꙋдетъ¹   ѕлы̀и бесконечнаа | мꙋ̀ка во   а҃дѣ. и҃ без всѧкого
erit   malis sine   fine   poena inferni, et sine ulla

м҃рдїа.   съ плотїю и д҃шею | не сконѣчѧваѥми².   но всегда
miseratione cum corpore et anima non consumendi, sed semper

пражеми. и никогда̀³ избꙋ̀детꙿ | в в҃ѣчны мꙋ̀кахъ пребывающе."
arsuri,   et numquam deficient in aeternis poenis   mansuri.

(д) сꙋ̀щеѥ. Сїа҃ ѥсть вѣра | соборнаа. юже а҃ще кто вѣрнѣ
(41)   Haec est fides   catholica, quam nisi quisque fideliter

и крѣпцѣ⁴ не вѣрꙋетъ. | с҃псенъ быти не можетъ."
firmiterque crediderit,   salvus esse non poterit.

(д) то҃. Сїа҃ ѥсть вѣра соборнаа. | ꙗ҃ко выше рѣхо҃. сїа ѥсть
(v)   Haec est fides catholica,   sicut superius diximus, ista est

вѣра православнаа. по семоу | зде҃ молитъ и воспоминаѥтъ. да единъ кождо
fides catholica.   Per hoc   hic   rogat et admonet   ut unusquisque

с҃щенни | сїе вѣдати има҃⁵. и да проповѣдаетъ тꙋ҃. иже ѥсть сїю |
sacerdos hoc sciat   et praedicet.   Quam, id est   quam

---

¹ G, M err. бꙋдꙋтъ.
² G, M, I сконѣчеваѥми.
³ и никогда̀: U err. иногда же.
⁴ и крѣпцѣ: X om.
⁵ G, M има.

вѣрꙋ.	кі́йждо.	и́же	є́сть	вса́кїй	вѣрнѣ.	си́рѣчь	да	ѿ	не́й	не[1]
fidem,	quisque,	id	est	aliquis,	fideliter,		ut	de	ea	non

сꙋмни́тсѧ.	крѣпцѣ	да	никто́же	ѿ	твоеѧ̀[2]	вѣры	тебѐ	ѿврати́ти	возмо́жетъ.
dubitet,	firmiter,	ut	nullus	a	tua	fide	te	removere	possit,

никото́рымъ	раско́ло.	и́ли	є҆ресі́ю.	і҆	А҆́ще	не та́ко вѣ́ровати бꙋ́деши	сп҃сенъ	бы́ти
nullo	schismate	vel	haeresi.	Et	si	ita non credideris,	salvus	esse

не мо́жеши." |
non poteris.

---

[1] G, M, X om.
[2] ѿ твоеѧ̀: G err. ѿ своеѧ̀; M err. ѿвоеѧ̀.

Catherine Mary Macrobert

Maksim Grek in linguistic context

Abstract
This paper examines the ways in which Greek nominalized infinitives were translated in the various Church Slavonic redactions of the psalms extant from the 11th to the late 15th century, and compares them with the approaches taken in Maksim Grek's revisions of the Psalter text. It uses this material as evidence to support the view that Maksim's translations from Greek were not influenced by Latin, but were informed by the usage of Redaction V, the psalter text included in the Gennadian Bible which would have been known to his Russian assistants. It suggests that this was the route by which the grecizing infinitival constructions characteristic of fourteenth-century South Slavonic translational practice became known to Maksim and were adopted by him, together with several other morphosyntactic innovations which became established in the 14th century. On this basis proposals are made for further research.

Keywords: Maksim Grek, Church Slavonic Psalter, Catena on psalms, Gennadian Bible

Introduction

The Church Slavonic compendium of patristic comments on the psalms which was produced in the early sixteenth century by Maksim Grek and his Russian assistants Dmitrij Gerasimov, Vlasij, Mixail Mcdovarcev and Sil'van was by any standards a considerable achievement: in seventeen months, according to his own account (Sinicyna 1977: 64-65), Maksim translated from Greek into Latin and his collaborators turned from Latin into Church Slavonic (Kovtun 1975: 8, n. 2) a text which occupies 1,352 folia (288-300mm by 200mm) in the two volumes of the earliest known complete copy, MSS 116 and 117 in the Hilandar monastery on Mount Athos.[1] Moreover, this was no simple matter of finding linguistic

---

[1] Watermark datings to 1550 in Bogdanović (1978/1: 86-87). The failure to attribute the translation to Maksim here and in Matejić & Thomas (1992/1: 353-354) probably results from the fact that MS 116 is slightly defective: it starts about a folio after the beginning of the dedicatory letter to Vasilij III. The second half of the catena, from ps. 77 to the end, is attested in a manuscript dating from the 1520s, MS 63 in the Ovčinnikov collection, Russian State Library, Moscow, but the earliest attestation of the first half, in a manuscript of

equivalents for readily intelligible wordings: as he explains in his dedicatory letter (Sinicyna 2007: 162-163), from time to time Maksim found himself obliged also to engage in textual emendation.

The resulting catena on the psalms is potentially of considerable linguistic interest not only as an extended exercise in a complex process of translation but also as a rich source of information about Russian Church Slavonic in the early sixteenth century. That most of it has not been studied in any depth is regrettable but understandable: in the apparent absence of a parallel Greek compilation, the task of identifying its numerous sources would be a laborious undertaking. Instead, investigation of the language used by Maksim and his assistants has concentrated on the wording of the psalms themselves, which can readily be compared with the Greek, Latin or earlier Church Slavonic versions.

1. Aims and data used in the study

It has been asserted that Maksim's point of departure was in fact the text of the Gennadian Bible, and that in one of the manuscripts containing his catena on the psalms Gennadian readings are found in text with Maksim's corrections in the margins (Gorskij & Nevostruev 1857: 99-100). More recently Karačorova (2015) has drawn attention to the numerous similarities between the Gennadian version and the psalms in Maksim's catena. The present paper aims to show:

1) that if Maksim resorted to Latin in communicating his revisions to the translation of the Psalms, this is not apparent in his choices of wording, which for the most part can be explained simply by reference to Greek and Church Slavonic;

2) that the text of the psalms in Maksim's catena translation must in fact have been supplied by Maksim's Russian collaborators, as it is based on the pre-existing Church Slavonic version found in the Gennadian Bible, and was sporadically revised in the light of Maksim's knowledge of the Septuagint text;

the 1540s, MS ДА А.I. 171, Russian National Library, St Petersburg, covers only pss. 1-54 (Kovtun et al. 1973: 100-102; Sinicyna 1977: 12-13, 65, 71).

3) that even where Maksim's revisions diverge in detail from the text of the psalms in the Gennadian Bible, they rely for their grammatical model on the South Slavonic variety of Church Slavonic introduced into Russia in the late fourteenth century and gradually assimilated in the course of the fifteenth century, rather than on traditions of Church Slavonic usage current in Russia up to that time;

4) that although the work which Maksim carried out on the Church Slavonic psalter in the 1540s and 1550s is less closely dependent on the text of the Gennadian Bible, its syntactic usage is still informed by norms which became established in Church Slavonic during the fourteenth century.

Three sources of evidence are used to support these claims:

1) the manuscript traditions on the basis of which six[2] distinct redactions (represented by Roman numerals) of the Church Slavonic psalter text have been identified up to the end of the fifteenth century;

2) various manuscripts of the later fourteenth and fifteenth centuries (listed with sigla in the appendix) which are mentioned where they exhibit similarities to Redactions IV;[3]

3) various manuscripts associated with the work of Maksim Grek (listed with sigla in the appendix), containing either the two volumes of the catena on the Psalms, here represented by 171+116[4] and 63+117, or subsequent revisions.

---

[2] Redactions I-V of the Psalter for liturgical and devotional use, and one redaction, indicated as Th, found only in association with the commentary by Theodoret of Cyrrhus (MacRobert 1998; Thomson 1998: 797-825). In practice Redaction I seems to have been little known in the East Slav area, where Redaction II is most frequently attested up to the late fourteenth century (Ostrowski 2009; MacRobert 2013).

[3] Where the readings of these manuscripts are not specified, Fпl2 T28 8662 S64 Luck agree with Redactions I and II, Ox agrees with Redaction III and BJ with Redaction V.

[4] Pss. 55-76 are attested in 116 only.

The data collated from these sources relate to a specific problem in translation from the Greek of the Septuagint, the treatment of the nominalized infinitive. This is found in two types of construction: when introduced by a preposition and the definite article in the appropriate case,[5] it conveys the sense of a circumstantial subordinate clause; when combined simply with the definite article, it is equivalent either to a verbal noun or, with a definite article in the genitive case, to a final clause. The resulting combinations of nominal morphosyntax and verbal rection are inevitably difficult to handle in word-for-word translation, especially into languages which lack the definite article. So in the Latin versions of the Psalms, including the Vulgate which had presumably become known to Maksim during his stay in Italy, Greek prepositional phrases containing infinitives usually gave rise to subordinate clauses containing a conjunction (*cum, dum, postquam, priusquam*) and a finite verb in the appropriate tense and mood, less often to a verbal noun, while the simple article plus infinitive was rendered variously by the bare infinitive, by a final clause (introduced by *ut* or *ne*), or occasionally by the preposition *ad* plus a gerund.

2. Overview of translation technique up to the fifteenth century

The early Church Slavonic versions of the Psalter, found in manuscripts extant from the eleventh century onwards, took a similar approach to that of the Latin translators and therefore arrived at parallel solutions, though probably independently of Latin (Pastrnek 1913: 385-391): indeed the early Church Slavonic translators and revisers were rather more adventurous than their Latin predecessors, since they rendered expressions containing nominalized infinitives not only with infinitives, subordinate clauses or verbal nouns, but also by means of participial constructions, including the dative absolute. In a few instances their choices stood the test of time and survived to the sixteenth century:[6]

---

[5] Most often ἐν τῷ, also εἰς τό x3, ἀπὸ τοῦ x2, πρὸ τοῦ x5, ὑπὲρ τό, ἀντὶ τοῦ, μετὰ τό.

[6] In the examples cited here, normalized spelling is used except where a variant attested in a single manuscript is quoted. For brevity's sake introductory expressions such as (вън)егда and да are followed by the sign + when they apply to more than one reading, and a semicolon is used to mark a change from one conjunction to another (or to the absence of conjunction). The Greek text and the numbering of verses are based on Rahlfs (1979).

Maksim Grek in linguistic context 177

(1) 31:4 ἐν τῷ ἐμπαγῆναί μοι → (вън)егда оунѕзе ми I II Th III IV V 171+116
(2) 38:14 πρὸ τοῦ με ἀπελθεῖν → прѣжде даже не отидѫ I II Th III IV V 171+116
(3) 67:8 ἐν τῷ ἐκπορεύεσθαί σε ... ἐν τῷ διαβαίνειν σε → (вън)егда исхождаше ... (вън)егда мимо хождаше I II Th III IV V 116

At the same time, however, the early versions opened the way to more literalistic approaches.
Firstly, in a small number of places they admitted the use of the infinitive in subordinate clauses introduced by the conjunction (вън)егда, apparently to convey hypothetical or counterfactual situations:

(4) 9:4 ἐν τῷ ἀποστραφῆναι → (вън)егда възвратити са I II Th III IV V 171+116
(5) 18:12 ἐν τῷ φυλάσσειν → (вън)егда + съхранѣти / съхранити I II III V съхранитъ II IV 116 хранитъ J храни⟨т⟩[7] 171 съхранаџииѧ Th
(6) 50:6 ἐν τῷ κρίνεσθαί σε → (вън)егда + сѫдити са I сѫдити ти II III FпI2 T28 Luck V сѫдити та 8662 сѫдити ти са Th IV сѫдити са ти B сѫдиши са 171+116[8]
(7) 118:7 ἐν τῷ μεμαθηκέναι με → (вън)егда наоучити ми са I II Th III IV V 63+117[9]
(8) 118:9 ἐν τῷ φυλάσσεσθαι → (вън)егда + съхранити I II Th III IV V съхрани⟨т⟩ 117 съхранитъ 63
(9) 123:2 ἐν τῷ ἐπαναστῆναι ἀνθρώπους → (вън)егда въстати ѹлвкомъ I II Th III IV V 63+117
(10) 123:3 ἐν τῷ ὀργισθῆναι → (вън)егда прогнѣвати[10] са I II Th III IV V 63+117

---

[7] The ambiguity of verbal forms ending in superscript ⟨т⟩ cannot always be resolved.
[8] Also supported by MS 752/862: всегда сѫдиши са.
[9] With всегда instead of вънегда.
[10] разгнѣвати in Th.

Secondly, in one isolated instance the relative pronoun єже was deployed at an early stage to mark the infinitive used as a noun referring to a type of activity:[11]

(11) 132:1 τί καλὸν ἤ τί τερπνὸν ἀλλ᾽ ἤ τὸ κατοικεῖν ἀδελφοὺς ἐπὶ τὸ αὐτό → коль добро и коль красьно + еже жити братии въкоупѣ I II Th BJ нъ еже жити III IV FпI2 V токмо еже жити 63+117

These instances of conjunction or relative pronoun plus the infinitive persisted in later versions and were therefore available as models in the subsequent redactional history of the text. In the early fourteenth-century Redactions III and IV, revision on the basis of comparison with the Greek text gave rise to greater use of the infinitive. For Redaction III this was a sporadic tendency, producing a few more examples of conjunction plus infinitive and a rather larger number of bare infinitives (Karačorova 1989: 154-158). By contrast, Redaction IV took a systematic approach: it imitated the Greek use of the infinitive in almost all instances and generalized the use of еже as a translational equivalent to the Greek article in most infinitival constructions, apart from those introduced by ἐν τῷ, which it standardly rendered with вьнегда plus infinitive (Češko 1988: 225-226; Češko et al. 1989: 70-71).

Redaction IV is at present known only in an early fourteenth-century Bulgarian manuscript, the Norov Psalter. The extent to which this version circulated among the South Slavs has not been investigated, and such influence as it had among the East Slavs is supposed to have been mediated through Redaction V, a version associated with the name of Metropolitan Kiprian and incorporated into the Gennadian Bible at the end of the fifteenth century (Češko 1981; Thomson 1998: 823-825). However, that association is less than secure (Knjazevskaja & Češko 1980) and the exact circumstances in which Redaction V came into existence are not clear: various other revised versions of the Psalms found in East Slavonic manuscripts of the late fourteenth and early fifteenth centuries display striking similarities to Redaction IV (MacRobert 2010a, 2010b), and some show clearer

---

[11] This function is also singled out as typical in the examples of еже plus infinitive cited in the fourteenth-century Serbian account of the eight parts of speech: ѥже чисти польѕно, ѥже ꙗсти потрѣбно, ѥже играти ѹкорно (Weiher 1977: 404).

signs of a South Slavonic origin (MacRobert 2005, 2006). The possibility cannot be excluded that Redaction IV, or something like it, reached the East Slavs in the late fourteenth century under the auspices of Metropolitan Kiprian, and was then subjected to various editing processes, of which Redaction V was merely one outcome (Češko 1981: 84).

3. Analysis of data from the fourteenth and fifteenth centuries

The gradually expanding use of the infinitive in the fourteenth-century redactions, and its entrenchment in subsequent versions up to the time of Maksim Grek, can be seen in the following sets of examples.
Redaction III, which usually adheres to the option of a subordinate clause in place of Greek preposition and nominalized infinitive, substitutes an infinitive in only three instances:

(12) 38:2 ἐν τῷ συστῆναι τὸν ἁμαρτωλόν → (вън)егда + въстанетъ грѣшьникъ I II Th въстати грѣшьномоу[12] III 8662 S64 V[13] 171+116 сьстанѫти грѣшнїкоу IV

(13) 57:10 πρὸ τοῦ συνιέναι → прѣжде даже + не разоумѣете[14] I II Th не разоумѣти III IV 8662 Luck J разоумѣти V; прѣжде разоумѣниѩ Ox разумниа B; прѣже еже разоумѣти 116

(14) 89:2 πρὸ τοῦ ὄρη γενηθῆναι ... καὶ πλασθῆναι τὴν γῆν καὶ τὴν οἰκουμένην → прѣжде даже + горы не быша и създа сѧ землѩ I II Th J[15] горамъ не быти и създати сѧ земли III Luck V 63+117; прѣжде горамъ бытїа и созданїѩ земли Ox(original reading) 8662; прѣжде еже гwрамъ быти и сьздати сѧ земи IV

---

[12] грѣшникоу in 8662 and S64.
[13] In Kiprian's psalter; the Gennadian Bible has a faulty reading: въста грѣшномоу.
[14] With variants разоумѣѫтъ in some witnesses to Redaction I, разоумѣютъ in T28 and J.
[15] In B a finite verb is conjoined with an infinitive; this is presumably a case of incomplete revision.

However, this redaction is less tolerant of the final clause introduced by the conjunction да as a translation of the Greek τοῦ or εἰς τό plus infinitive; half the instances of this solution are replaced in Redaction III by bare infinitives:[16]

(15) 25:7 τοῦ ἀκοῦσαι ... διηγήσασθαι → да оуслъıшѫ ... исповѣмъ I II Th J; оуслъıшати ... повѣдати[17] III FпI2 8662 B V; еже слъıшати ми ... повѣдати IV еже оуслъıшати ... повѣдати 171+116

(16) 26:4 τοῦ θεωρεῖν με ... καὶ ἐπισκέπτεσθαι → да зьрѫ ... посѣщаѭ I II Th; зрѣти ми ... посѣщати III V 171+116; еже зрѣти ми ... посѣщати IV 8662

(17) 68:24 τοῦ μὴ βλέπειν → да не видѧтъ I II Th; не видѣти[18] III FпI2 Luck V 116 не видѣти имъ BJ; еже не блюсти IV

(18) 75:10 τοῦ σῶσαι → да съпасетъ I II Th; съпасти III V 116; еже сп̄сти IV

(19) 79:3 εἰς τὸ σῶσαι ἡμᾶς → да нъı съпасеши I II Th да съпасеши насъ Luck; съпасти насъ III V 63+117; въ еже съпасти насъ IV

(20) 100:8 τοῦ ἐξολεθρεῦσαι → да потрѣблѭ[19] I II Th; потрѣбити III V 63+117; иже потрѣбити IV; ако потрѣбити Luck

(21) 104:22 τοῦ παιδεῦσαι ... σοφίσαι → да + наоучитъ ... оумѫдритъ I FпI2 Luck накажетъ ... оумѫдритъ II S64; наоучити ... оумѫдрити III J Ꙋчити ... оумоудрити B наказати ... оумѫдрити T28 V 63+117;[20] еже наказати ... Ꙋпрѣмѫдрити IV

(22) 104:39 τοῦ φωτίσαι → да просвѣтитъ I II Th;[21] просвѣтити III V 63+117; еже просвѣтити IV

(23) 105:8 τοῦ γνωρίσαι → да скажетъ I II Th; сказати III BJ познати V показати 63+117; еже сказатї IV

(24) 105:23 τοῦ ἐξολεθρεῦσαι αὐτούς → да ѩ потрѣблѭ I II Th; потрѣбити III V 63+117; еже потрѣбити IV

---

[16] Similarly in ps. 103:27 a bare infinitive in Greek is translated with a да-clause in I II but an infinitive in III IV Luck V; there is occasional variation elsewhere between infinitive and finite verb in the witnesses to I II (Karačorova 1989: 154-156).
[17] исповѣдати in FпI2 and 8662.
[18] Also in one witness to Redaction I.
[19] да потрѣбатъ сѧ as a minority reading in Redaction I and FпI2.
[20] In Th and 8662 a finite verb is conjoined with an infinitive, reflecting incomplete revision.
[21] Without the conjunction да.

(25) 105:47 τοῦ ἐξομολογήσασθαι ... τοῦ ἐγκαυχᾶσθαι → да исповѣмъ са ... хвалимъ са I II; исповѣдати са ... хвалити са III V 63+117; еже исповѣдати са ... хвалити са IV²²
(26) 112:8 τοῦ καθίσαι → да посадитъ I Th²³ II; посадити III V 63+117; иже посадити IV
(27) 118:173 τοῦ σῶσαι → да съпасетъ I II Th J;²⁴ съпасти III V 63+117; еже спс̃ти IV

The same applies in the one place where the early redactions offer a participial construction in place of the standard Greek reading with τοῦ plus infinitive:

(28) 60:9 τοῦ ἀποδοῦναι → въздаıа I II Th; въздаıати ми III V 116; еже въздаати ми IV 8662 BJ

The examples already cited also serve to illustrate the gradual spread of South Slavonic influence into East Slavonic sources: Redaction III itself seems to have had a delayed and limited circulation among the East Slavs (Češko 1981), and the fourteenth-century conflated texts contained in the East Slavonic manuscripts FпI2 T28 8662 S64 Luck agree with it only occasionally, perhaps fortuitously. By the fifteenth century, however, the revisions found in the Russian catena manuscripts BJ and slightly later in Redaction V extend the substitution of infinitive for final clause to most remaining instances:

(29) 22:6 τὸ κατοικεῖν με → да въселѭ са I II Th III; вселити ми са V; еже вселити ми са 171+116 еже житı ми IV
(30) 26:4 τοῦ κατοικεῖν με → да живѫ I II Th III; еже жити ми IV 8662 V 171+116
(31) 35:2 τοῦ ἁμαρτάνειν → да съгрѣшаетъ I II Th III J; съгрѣшати²⁵ V 171+116; еже съгрѣшати IV

---

²² Here again Th combines finite verb with infinitive.
²³ Without the conjunction да.
²⁴ спаси in B.
²⁵ согрѣшатє in B.

(32) 35:4 τοῦ ἀγαθῦναι → да оублажитъ I II Th III V; оублженъ быти 8662 блготворити 171;[26] еже оублажити IV

(33) 38:2 τοῦ μὴ ἁμαρτάνειν → да не съгрѣш(а)ж I II Th III 171+116; еже не съгрѣшати (ми) IV 8662 S64 V

(34) 66:3 τοῦ γνῶναι → да познаемъ I II Th III; познати V 116; еже познати IV 8662

(35) 72:28 τοῦ ἐξαγγεῖλαι → да + исповѣмъ I II Th възвѣщж III; възвѣстити ми Ox(original reading) V 116 → еже извѣстити ми IV

(36) 93:13 τοῦ πραΰναι → да + оукротиши I II Th III избоудетъ BJ оукротиши 63 Sкротите 117; оукротити V; еже оукротити IV

(37) 118:37 τοῦ μὴ ἰδεῖν да не видите I II Th III не видѣти V 63+117 еже не видѣти IV

In addition, however, the East Slavonic sources can be seen occasionally[27] to follow the more radical line taken by Redaction IV, which, as mentioned above, rejects the option of final clauses introduced by да, deploying instead the combination of еже plus infinitive as a calque on Greek τοῦ plus infinitive in all the instances cited above. Similarly, and putatively under the influence of Redaction IV, the East Slavonic revised texts of the late fourteenth and fifteenth centuries sometimes add еже in places where earlier redactions employed the bare infinitive:

(38) 30:3 τοῦ σῶσαι → съпасти I II Th V 171+116→ еже съпасти IV Luck

(39) 33:14 τοῦ μὴ λαλῆσαι → не глаголати I II Th III BJ; еже не глаголати IV V 171+116

(40) 33:17 τοῦ ἐξολεθρεῦσαι → потрѣбити I II Th III J; еже потрѣбити IV V 171+116

(41) 36:32 τοῦ θανατῶσαι → оумрътвити I II III BJ оуморити Th; еже оумртвити V 171+116 еже оусмр̃тити IV

(42) 36:34 τοῦ κατακληρονομῆσαι наслѣдити I II III B прѣяти Th; еже наслѣдити V 171+116 еже наслѣдствовати IV

---

[26] 116 is illegible at this point.
[27] Examples (12), (16), (28), (34).

(43) 39:9 τοῦ ποιῆσαι → сътворити I Th III V 171+116; еже сътворити II IV T28 Luck
(44) 59:6 τοῦ φυγεῖν → оубѣжати I II Th III J; еже оубѣжати²⁸ IV Ox(original reading) V 116
(45) 67:19 τοῦ κατασκηνῶσαι → въселити I II Th III; еже въселити IV V 116
(46) 70:3 τοῦ σῶσαι → съпаси I II; съпасти Th²⁹ 8662 S64 III V 116; еже съпасти IV Luck
(47) 106:7 τοῦ πορευθῆναι → вънити I II Th III V 63+117; еже вънити IV FпI2 8662 Luck

The sporadic and unpredictable distribution of еже plus infinitive in the East Slavonic sources strongly suggests that they represent a range of conflations and compromises between Redaction IV and earlier versions; there is in fact a residue of more than seventy places where еже plus infinitive is found only in Redaction IV, while all other versions have the bare infinitive, or even retain a final clause, e.g.:

(48) 8:3 τοῦ καταλῦσαι → да раздроушиши I Th BJ; раздроушиши II III раздроуши Ox; раздроушити V?³⁰ 171+116; еже раздроушити IV
(49) 9:32 τοῦ μὴ βλέπειν → да не видитъ I II Th III V 171+116; еже не видѣти IV
(50) 9:35 τοῦ παραδοῦναι → да прѣданъ бѫдетъ I II Th III V 171+116; еже прѣдати IV
(51) 118:76 τοῦ παρακαλέσαι → да оутѣшитъ I II Th III V 63+117; еже оутѣшити IV

There is another respect, however, in which the influence of the approach taken in Redaction IV can be clearly detected in subsequent versions, particularly those of the fifteenth century. Redaction IV, with characteristic literalism, substitutes infinitives for finite verbs in those subordinate clauses which translate the Greek

---

[28] егоже оубѣжати in B.
[29] Also in one witness to Redaction I.
[30] Kiprian's psalter has раздроушити, the Gennadian Bible has раздроуши.

combination of preposition plus infinitive, and this option is often adopted by Redaction V and the closely related catenas on the psalms, BJ:

(52) 9:30 ἐν τῷ ἑλκύσαι αὐτόν → да и привлѣчетъ[31] I II Th III; (вън)егда привлѣцши его IV V 171+116
(53) 13:7 ἐν τῷ ἐπιστρέψαι κύριον → (вън)егда + възвратитъ гь I II Th III V 171+116 възвратити гоу IV BJ
(54) 21:25 ἐν τῷ κεκραγέναι με → (вън)егда + възъвахъ I II Th III B V 171+116 възъвати ми IV J
(55) 26:2 ἐν τῷ ἐγγίζειν ... κακοῦντας → (вън)егда + приближатъ са зълобоуѭщеи I II Th приближаахѫ са III приближати са зълобоуѭщимъ IV Ox(original reading) V[32]
(56) 27:2 ἐν τῷ με αἴρειν → (вън)егда + въздѣѭ / въздеждѫ[33] I II Th III BJ въздѣ(а)ти ми IV V 171+116
(57) 30:14 ἐν τῷ ἐπισυναχθῆναι αὐτούς → (вън)егда + съвирахѫ са I II Th III съврати са имъ IV Ox(original reading) Luck V 171+116
(58) 36:34 ἐν τῷ ἐξολεθρεύεσθαι ἁμαρτωλούς → (вън)егда + потрѣбатъ са грѣшници I II Th III потрѣбляти са грѣшникомъ IV V 171+116
(59) 37:17 ἐν τῷ σαλευθῆναι πόδας μου → (вън)егда + подвижасте са нозѣ мои I II Th III BJ подвизати / подвижати са ногама моима IV Ox 8662 S64 подвижати / подвизати са ногамъ моимъ V 171+116
(60) 41:4 ἐν τῷ λέγεσθαί μοι → (вън)егда + глаголахѫ мънѣ I II Th III BJ глаголати мънѣ V глаголати са мънѣ IV 171+116
(61) 41:11 ἐν τῷ λέγειν αὐτούς → (вън)егда + глахѫ I II Th III глати имъ IV V 171+116
(62) 52:7 ἐν τῷ ἐπιστρέψαι κύριον → (вън)егда + възвратитъ гъ / бъ I II Th III V 171+116 възвратити боу IV гъ възвратити BJ
(63) 63:2 ἐν τῷ δέεσθαί με → (вън)егда + молѭ са I II Th III 116 молити ми са IV V

---

[31] This reading seems to imply a variant in Greek.
[32] Here again Kiprian's psalter has a better reading than the Gennadian Bible's приближати са зълобоуѭще, which is mirrored in 116.
[33] въздѣхъ in T28.

(64) 75:10 ἐν τῷ ἀναστῆναι ... τὸν θεόν → (вън)егда + въскръснетъ бъ I II Th III въстати боу IV FпI2³⁴ 8662 S64 V 116³⁵
(65) 80:6 ἐν τῷ ἐξελθεῖν αὐτόν → (вън)егда + изиде I II Th III изыти емоу IV V 63+117
(66) 101:23 ἐν τῷ συναχθῆναι λαούς → (вън)егда + съньмѫтъ сѧ людие I Th FпI2 съберѫтъ сѧ людие I II III BJ събрати сѧ людемъ IV V 63+117
(67) 104:12 ἐν τῷ εἶναι αὐτούς → зане + бѣша I II III бахоу Th быти имъ V; вънегда быти имъ IV; въ еже быти имъ 63+117
(68) 106:6, 13, 19, 28 ἐν τῷ θλίβεσθαι αὐτούς → (вън)егда + въсътѫжиша³⁶ I II Th III BJ скръбѣти имъ IV V 63+117
(69) 108:7 ἐν τῷ κρίνεθαι αὐτόν → (вън)егда + сѫдѧтъ емоу I II III соуди⟨т⟩ емоу Th сѫдити сѧ емоу IV V 63+117
(70) 108:23 ἐν τῷ ἐκκλῖναι αὐτήν → (вън)егда + оуклонитъ сѧ I II Th III V 63+117 оуклонити сѧ еи IV 8662 T28
(71) 118:6 ἐν τῷ με ἐπιβλέπειν → (вън)егда + призьрѫ I II Th III V 63+117 призирати ми IV призрѣти ми FпI2

Even when the choice of lexical item is different, the syntactic model of Redaction IV may still be followed:

(72) 29:10 ἐν τῷ καταβῆναί με → (вън)егда + сънидѫ I II Th III сънити ми IV BJ съходити ми V; въ еже съходити ми 171+116
(73) 34:13 ἐν τῷ αὐτούς παρενοχλεῖν μοι → (вън)егда + они огавие творѣхѫ³⁷ I II Th III wни wгавьствовати IV wни стоужахоу V 171+116 онѣмъ стоужати 8662 тѣмъ стоужати Ox
(74) 70:9 ἐν τῷ ἐκλείπειν τὴν ἰσχύν μου → (вън)егда + изнемагаетъ крѣпость I II Th III скончати сѧ крѣпости IV изнемагати крѣпости BJ изчазати крѣпости V оскоудѣвати крѣпости 116

---

³⁴ стати in FпI2.
³⁵ A grecizing construction is found in the Gennadian Bible, въстати бъ, and in 116, въстати бга.
³⁶ 106:6 въстѫжїшѫ also in IV; 106:13 въскорбѣша in BJ.
³⁷ зло и поносъ творѣхоу in J, пакости дѣахоу in Luck.

(75) 105:44 ἐν τῷ θλίβεσθαι αὐτούς → (вън)егда + въсътѫжиша³⁸ I II Th III сътѫжити имь IV скръбѣти имъ V 63+117(+сѧ)

This leaves a relatively small number of places where an infinitive replaces a finite verb solely in Redaction IV:

(76) 9:31 ἐν τῷ αὐτὸν κατακυριεῦσαι τῶν πενήτων → (вън)егда + оудоблѣлъ бѫдетъ оубогъімъ I II Th III оудоленъ будеть J only оуделѣет V ѡбладаетъ FпI2 171+116 емоу оудолѣти IV
(77) 16:15 ἐν τῷ ὀφθῆναι → (вън)егда + ѩвитъ ми сѧ I II Th III V ѩвити ми сѧ IV 171+116
(78) 27:2 ἐν τῷ δέεσθαί με → (вън)егда + молѭ³⁹ сѧ I II Th III V молити ми сѧ IV 171+116
(79) 30:23 ἐν τῷ κεκραγέναι → (вън)егда + възвахъ I II Th J V 171+116 молихъ ти сѧ B възовѫ III вьзвати мї IV
(80) 41:11 ἐν τῷ καταθλάσαι → (вън)егда + съкроушахѫ сѧ кости I II Th III V съкроушати сѧ кости IV съкроушати ⟨с⟩ косте(м) 171+116
(81) 42:2 ἐν τῷ ἐκθλίβειν τὸν ἐχθρόν → (вън)егда + сътѫжаетъ (ми) врагъ I II Th III V 171+116 V ѡпечалꙋеть врагъ BJ стѫжати врагꙋ IV
(82) 45:3 ἐν τῷ ταράσσεσθαι τὴν γῆν καὶ μετατίθεσθαι ὄρη → (вън)егда + съмѫщаетъ сѧ землѣ и прѣлагаѭтъ сѧ горъі I II Th III V 171+116; съмѫщати сѧ земи и прѣдлагаѭт сѧ горы IV⁴⁰
(83) 60:3 ἐν τῷ ἀκηδιάσαι τὴν καρδίαν → (вън)егда + оунъі срълце I II Th III V 116 оуныти с҃рцоу IV
(84) 67:15 ἐν τῷ διαστέλλειν τὸν ἐπουράνιον βασιλεῖς → (вън)егда + раздѣлитъ нб҃снъіи ц҃рь I II III V 116 разлоучаетъ Th растраѩеть FпI2 разсилати небеснꙋмоу ц҃рѧ IV
(85) 91:8 ἐν τῷ ἀνατεῖλαι τοὺς ἁμαρτωλούς → (вън)егда + прозѧбнѫша / прозѧбоша грѣшьници I II Th Ox(corrected reading) V 63+117 прозѧбнѫтъ III прозѧбнѫти грѣшьникомъ IV Ox(original reading)

---

³⁸ оскорбиша in 8662, осквьниша in S64.
³⁹ помолѫ in 8662 and B.
⁴⁰ Here again syntactic inconsistency can be attributed to incomplete revision.

(86) 105:44 ἐν τῷ αὐτὸν εἰσακοῦσαι → и оуслъиша I II III; егда оуслъиша Th Ox; вънегда + оуслъишаше BJ V 63+117 емоу оуслъишати IV
(87) 118:67 πρὸ τοῦ με ταπεινωθῆναι → пръвѣе даже не съмѣрихъ са I II Th III V; прѣжде даже не съмѣрїхъ са 63+117; прѣжде еже смѣрити са мнѣ IV
(88) 119:1 ἐν τῷ θλίβεσθαί με → (вън)егда + въскръбѣхъ I II Th B скръбѣхъ III J V 1143 съкръбѣти ми IV 63+117
(89) 125:1 ἐν τῷ ἐπιστρέψαι κύριον → (вън)егда + възвратитъ гъ I II III V възвратилъ е(с) 63 възвратити га 117 възвратити гоу IV
(90) 140:1 ἐν τῷ κεκραγέναι με → (вън)егда + възовж I II Th III V 63+117 вьзывати ми IV
(91) 141:4 ἐν τῷ ἐκλείπειν → (вън)егда + ицѣзаше дхъ мои I II Th III BJ изчаза-ет V изтѣзати дхъ мои IV wскоудѣвати дхоу моемоу 63+117

There is only one counter-example where Redaction IV, as attested in the Norov Psalter, retains a finite verb while Redaction V has an infinitive:

(92) 72:18 ἐν τῷ ἐπαρθῆναι → (вън)егда + разгръдѣша I II Th III IV BJ разгор-дѣти V възнесоша(с) 116

Additionally, there are two places at the beginning of the Norov Psalter where an innovative infinitival reading has apparently been corrected to an older wording which employs a finite verb:

(93) 4:2 ἐν τῷ ἐπικαλεῖσθαί με → (вън)егда + възвахъ I II III IV (corrected reading) V 171+116 възъивахъ I Th FpI2 призывати ми IV (original reading)
(94) 4:4 ἐν τῷ κεκραγέναι με → (вън)егда + възовж I Th II III IV (corrected reading) V 171+116 вьзывати ми IV (original reading) молити ми са B

There is no perceptible rationale for the vacillations in choice of verbal form with (вън)егда which can be seen in Redaction V and other East Slavonic sources of the late fourteenth and fifteenth centuries: the same meaning may be expressed either by a finite verb or by an infinitive, e.g. for ἐπιστρέψαι in examples (53) and (89); κεκραγέναι in (54), (90) and (94); δέεσθαι in (63) and (78); θλίβεσθαι in (68) *passim*, (86) and (88).

By contrast, where the early redactions used a noun or participle to translate a Greek nominalized infinitive governed by a preposition, the later versions mostly remain true to this tradition, rather than imitating the infinitival constructions introduced in Redaction IV:

(95) 9:23 ἐν τῷ ὑπερηφανεύεσθαι τὸν ἀσεβῆ → въ гръдости нечьстивааго I II Th III V 171+116; вьнегда гръдѣти нечестивомоу IV

(96) 41:10 ἐν τῷ ἐκθλίβειν τὸν ἐχθρόν με → отъ печали[41] врага моего I II Th; (вън)егда + сътѫжаетъ врагъ III V 171+116 стѫжати врагоу IV

(97) 54:21 ἐν τῷ ἀποδιδόναι → на въздание I II Th III V 171+116; въ еже въздаати IV

(98) 108:4 ἀντὶ τοῦ ἀγαπᾶν με → въ любъве мѣсто I II Th III BJ въ мѣсто любъве V; въ мѣсто еже любити IV 63+117

(99) 126:2 μετὰ τὸ καθῆσθαι → по сѣдѣнии I II Th III V 63+117; по еже сѣдѣти IV

(100) 128:6 πρὸ τοῦ ἐκσπασθῆναι → прѣжде въздръвании / издръвении I II Th III BJ истрьженїиа Ox въстьргновении T28 въстръжении V 63+117; прѣжде еже издръвати сѧ IV

The weight of tradition in favour of these syntactically free translations was so strong that even Redaction IV retains the two examples of the dative absolute, albeit with the addition of ѿ еже as a gesture towards literal faithfulness to the Greek:

(101) 31:3 ἀπὸ τοῦ κράζειν με → зовѫщю ми I II Th III V; ѿ еже зовѫщоу ми IV; ѿ еже въпити ми 171+116

(102) 68:4 ἀπὸ τοῦ ἐλπίζειν → оупъвающю ми I II Th III V; ѿ еже оуповающоу ми IV 116

---

[41] Omitted in BJ.

However, the fact that the later redactions sometimes compromise by using a clause containing a finite verb or a bare infinitive instead of a noun or participle suggests that their compilers were not entirely at ease with the earlier solutions:

(103) 17:7 ἐν τῷ θλίβεσθαί με → въ скръбь моѫ I II Th III; вънегда скръбѣти ми IV V 171[42]

(104) 39:14 εἰς τὸ βοηθῆσαι → на помощь моѫ I II Th въ помощь моѫ III 8662 S64 171+116; помоции ми V; на еже помоции ми IV[43]

(105) 48:18 ἐν τῷ ἀποθνήσκειν → иде оумираѩ I II III; ꙗко оумираюцю ѥмоу Th; зане оумираѩ B; ꙗко да оумираеть J; ꙗко вънегда оумираетъ V 171+116; ꙗко не вънегда ли оумирати емоу IV

(106) 136:1 ἐν τῷ μνησθῆναι ἡμᾶς → помѣнѫвъше I II Th III; вънегда + помѣноу-хомъ Ox(original reading) FпI2 T28 помѣнѫти ны IV помѣнѫти намъ V 63+117

All these revisions clearly aim at approximation to Greek syntax, but whereas in Redaction IV they are carried through almost without exception, in the subsequent versions attested in East Slavonic manuscripts piecemeal change produces inconsistent outcomes which appear to be less well motivated than the usage of the early redactions.

4. Impact of tradition on Maksim Grek's early translational practice

Such was the linguistic complexity which confronted Maksim Grek in Muscovy; what may we suppose he made of it? On the one hand his Russian assistants were able to offer him in Redaction V a Church Slavonic translation of the psalms which was recognizably based on Greek. This must have obviated the need to explain to them, through the inconvenient medium of Latin, the uses of the Greek nominalized infinitive: Redaction V and allied fifteenth-century versions exhibit a far higher rate of formal correspondence between Greek and Church Slavonic infinitival constructions than the Vulgate does. The degree to

---

[42] Missing in 116.
[43] Similarly in the heading to 69:2 for εἰς τὴν βοήθειάν μου either a prepositional phrase or an infinitive may be found: помощи ми V and въ еже помоции ми IV, but въ помощь мою 116.

which Maksim and his assistants relied on Redaction V or some very similar version can be traced through the attestations of 171+116 and 63+117 in the citations above and summed up in simple numerical terms. Where the Greek text has a preposition governing a nominalized infinitive, Maksim's catena version usually agrees with Redaction V. Consequently, just like Redaction V, it is inconsistent in its treatment of these constructions: not infrequently it preserves the combination of conjunction, usually внегда, with a finite verb (x24)[44] or a preposition plus verbal noun (x5)[45] inherited from the earlier redactions; but just as often (x24)[46] it combines the conjunction with an infinitive in the style of Redaction IV, or even uses a bare infinitive, in example (19). There are a very few places where an older variant seems to have slipped into the catena version, but this presumably happened because it was known either to Maksim's assistants or to a copyist: there is one instance of preposition plus noun instead of infinitive, in example (104), and a finite verb is found instead of an infinitive at most six times, five of them securely attested only in one of the witnesses used here.[47]

On the other hand the inconsistent treatment of Greek nominalized infinitives in Redaction V cannot have escaped Maksim's notice, and it is hardly surprising that the other divergences from Redaction V in the manuscript copies of his catena appear to be sporadic attempts to harmonize Church Slavonic syntax with Greek by extending the use of infinitival constructions. In four places[48] the change is only in the form of the verb, and the conjunction вънегда is retained as a conventional equivalent to ἐν τῷ. Consequently the catena readings coincide syntactically, and for the most part lexically, with those of Redaction IV at these points, and the relevance of this redaction, both as an indirect model and as a parallel example of revision, begins to emerge. Moreover, although Redaction IV

---

[44] Examples (1), (2), (3), (53), (54), (62), (70), (71), (73), (76), (79), (81), (82), (83), (84), (85), (86), (87), (90), (92), (93), (94), (96), (105).

[45] Examples (95), (97), (99), (100) and heading in 69:2 (fn. 43).

[46] Examples (4), (9), (10), (12), (14), (18), (52), (55), (56), (57), (58), (59), (60), (61), (65), (66), (68) x4, (69), (74), (103), (106).

[47] Examples (5) as in 116 but not in 171; (6) where a desire to clarify meaning may have prompted the use of the finite verb in the catena and in MS 1143; (8) and (89) as in 63 but not in 117; (63) and (92) in 116, lacking in 171.

[48] Examples (77), (80), (88), (91).

uses вънегда plus infinitive with a high degree of consistency[49] to render infinitival constructions introduced by ἐν τῷ, it tends to employ the combination of preposition plus еже and infinitive where other prepositions govern nominalized infinitives in Greek.[50] This type of calque on Greek syntax must have been the starting point for the sporadic use of preposition with еже plus infinitival construction in subsequent Church Slavonic versions, including Maksim's; consequently the process of revision by which they were introduced occasionally produces convergent readings in the Norov Psalter and Maksim's catena.[51] What is remarkable, and demonstrates yet again the dependence of Maksim's catena on Redaction V, is the limited use of such literal translations: Maksim adds one more example of ѿ еже plus infinitive, in example (101), and deploys въ еже rather than вънегда for ἐν τῷ only in four places.[52]

The mediating and moderating role of Redaction V is likewise apparent in the treatment in Maksim's catena of nominalized infinitives introduced simply by τό or τοῦ. There are over a hundred instances of these in the Greek Psalter: in Redaction IV, as explained above, they are systematically rendered as еже plus infinitive, but Redaction V follows this option only in a handful of places, reverting for the most part to the bare infinitives or final clauses introduced by да which are found in earlier redactions. In large part Maksim's catena follows the same pattern. So it shares with Redaction V eight instances[53] of еже plus infinitive, but also four instances[54] of да plus finite verb, and in more than eighty places[55] both versions translate the Greek article plus infinitive with bare infini-

---

[49] Exceptions only in the places noted above: examples (1), (2), (3), (5), (68) (fn. 36), (82), (92), (93), (94).
[50] Examples (14), (19), (87), (97), (98), (99), (100), (104) and heading in 69:2 (fn. 43).
[51] Examples (98), (102) retaining the dative absolute as in Redaction IV.
[52] Examples (13), (67), (72) and in ps. 51:5 ὑπὲρ τὸ λαλῆσαι → неже глати I II Th III V паче еже глати 171+116, likewise in MS 1143 and Verner (2013: 110); omitted in IV.
[53] Examples (11), (30), (39), (40), (41), (42), (44), (45).
[54] Examples (33), (49), (50), (51).
[55] Examples (15), (16), (17), (18), (20), (21), (22), (23), (24), (25), (28), (31), (34), (35), (37), (38), (43), (46), (47), (107) and pss. 9:30, 10:2, 13:2, 26:2, 26:13, 30:14, 35:3, 36:14, 36:20, 39:13, 39:14, 40:7, 40:9, 52:3, 58:16, 61:10, 62:3, 63:5, 63:6, 67:31, 76:8, 77:5, 77:17, 77:18, 77:38, 84:10, 85:11, 88:23, 90:11, 91:2, 91:3, 100:6, 101:5, 101:14, 101:21-22,

tives. The number of divergences between the catena and Redaction V is correspondingly small. In a couple of examples the lingering influence of earlier redactions can once again be detected in the use of a clause with a finite verb where Redaction V has either the bare infinitive, in example (93), or єже plus infinitive, in example (33). Equally, there are only a few places where Maksim's catena either substitutes an infinitive for a final clause introduced by да, in examples (32) and (48) or adds єже to the bare infinitive found in Redaction V, in examples (15) and (29). Thus it appears that when dealing with the text of the psalms within his catena, Maksim accepted the short cut which his Russian assistants offered him: he used Redaction V, which was palpably based on Greek, introducing modifications only where they seemed to him essential, as far as the tempo of his work allowed.

5. Developments in Maksim Grek's later translational practice

Subsequently, however, Maksim had leisure – perhaps more leisure than he might have wished – and opportunity to revisit the Church Slavonic translation of the Psalter. Unfortunately some of the sources for his later work on the text provide only selective information, while others are copies produced after his death. The picture which they present is not easy to interpret; sometimes, indeed, it contains internal contradictions. For instance, two psalters of the late sixteenth century from the Soloveckij collection, MSS 752/862 and 753/863, are both explicitly associated with Maksim. MS 752/862 starts with an introduction which states that its text of the psalms is a copy of a new translation made by Maksim during his imprisonment, though it continues with the dedicatory letter to Tsar Vasilij Ivanovič which Maksim prefaced to his catena. The colophon to MS 753/863, written in a different hand from the rest of the manuscript (Porfir'ev et al. 1881: 19-20), asserts that the version of the psalms which it accompanies was dictated to Nil Kurljatev by Maksim as a translation from Greek in 1552. Yet the versions of the text in these two manuscripts differ systemat-ically from each other in lexical and grammatical preferences (Porfir'ev et al. 1881: 17-18; Kov-

---

101:23, 102:20, 103:14, 103:15, 103:21, 104:25, 105:5, 105:26, 105:27, 108:16, 108:31, 110:6, 117:13, 118:5, 118:20, 118:60, 118:62, 118:95, 118:106, 118:112, 118:126, 118:148, 121:4, 125:3, 126:2, 140:4, 141:8, 144:12, 149:7-9.

tun 1975: 90-93), including their treatments of nominalized infinitives, and neither corresponds closely to that of the catena. Similar consider-ations apply to the selected corrections to the Church Slavonic psalter translation which are listed in the seventeenth-century MS 1143 (Kovtun 1975: 65-72): they are prefaced by the account of Maksim's work with Kurljatev (with minor variations in wording) and share many of the distinctive readings which occur in 753/863. The recent investigation (Verner 2013) of two early seventeenth-century interlinear Greek and Church Slavonic manuscripts of the Psalter, in which the translation and marginal glosses reflect Maksim's later work on the text, may bring some clarity to this complex tradition.

The material which can be attributed with confidence to Maksim himself consists of glosses on the texts contained in a fifteenth-century Russian Church Slavonic psalter, MS 315, and a Greek psalter, MS 78; the date at which these annotations were made is not precisely known, but their linguistic character is thought to ally them to his later work (Kovtun et al. 1973: 104-9). The version of the psalms in MS 315 seems to belong to the same ill-defined category as the other late fourteenth and fifteenth century East Slavonic psalters used in the present study: to a considerable extent it agrees with Redaction V, though with aberrations which deserve further investigation.[56]

Consequently Maksim seems to have felt little need to correct its treatment of infinitival constructions, even when he chose a different verb, such as прѣхождаше in example (3) and in ps. 77:38 ѽвратити, though he found it necessary in example (92) to instate the reading of Redaction V разгордѣти rather than a finite verb, and in example (8) he added an isolated gloss, еже, presumably in place of въногда. There is however a correction from infinitive to participle which suggests that Maksim referred to a Greek text with distinctive variant readings when entering his glosses:

---

[56] Some of the reading which MS 315 shares with Redaction V were the target of Maksim's interventions, e.g. the substitutions of кр҃ѣпо(с) for дръжава in pss. 30:11, 42:2, хр҃(с)ть for помазанный in pss. 104:15, 131:10 and 17; but elsewhere in MS 315 Maksim's corrections introduce Kiprianic readings in preference to variants which are characteristic of earlier redactions, e.g. 40:10 пату for ковъ, 72:27 любы дѣющаа(г) for блоудацша(г), 77:14 настави for веде, 77:51 порази for пови.

(107) 67:21 θεὸς τοῦ σῴζειν → бъ спсати I II Th III V 116; бъ еже спсати IV; бъ спсали 315

Evidence of textual variation in the Greek text which Maksim used can also be detected in MS 78:

(108) 126:2 ἐγείρεσθε → въстанѣте I II Th III IV V 63+117 315, but ἐγείρεσθαι → въстати 78

The other Church Slavonic glosses on infinitival constructions in MS 78 are once again few in number. This fact may in itself indicate that Maksim regarded a literal treatment of Greek infinitives in Church Slavonic as unproblematic, and he took the trouble to indicate this explicitly only in four places:[57]

(31) еже сьгрѣшати
(88) въ еже скорбити ми
(98) в мѣсто е⟨ж⟩ любити
(101) ѿ еже звати ми

The later revisions ascribed to Maksim in the seventeenth century MS 1143 are similarly inconsequential. Sometimes, in fact, they reinstate readings found in Redaction V: so an infinitive rather than a noun is recommended in example (104) помощи мнѣ; the traditional conjunction governing an infinitive is preferred to preposition plus еже in example (13) преже даже разумѣти;[58] and finite verbs, albeit not exactly those of Redaction V, are used in examples (80) внегда сокрȣшаю⟨т⟩ са кости and (91) внег⟨д⟩а воскȣдѣвае⟨т⟩ ... дх҃ъ мо⟨и⟩.
Even when the choice of lexical item is different from that of Redaction V, the same type of infinitival construction is used:

(4) внег⟨д⟩а ѿвратитисѧ, and ps. 105:23 ѿвратити instead of възвратити in V
(22) свѣтити

---

[57] Also once in the second Old Testament canticle (Kravec 1991: 256).
[58] Corrected to нежели разумѣло above the line.

(55) въиегда приближити са ... w⟨з⟩аоблаюци⟨м⟩

Where MS 1143 departs from Redaction V, its recommendations tend to coincide with the wording of Redaction IV. So in MS 1143 an infinitive is preferred to a finite verb after the conjunction въиегда in several, though not all, of the places where the only earlier version to use this construction is Redaction IV:

(70) внег⟨д⟩а ꙋклонити⟨с⟩ ен[59]
(76) внегда ему владѣти
(84) внег⟨д⟩а ра⟨з⟩дѣлити нб⟨с⟩номꙋ
(85) внегда прозабнꙋти[60] грѣшникw⟨м⟩
(86) внег⟨д⟩а ему ꙋслыша⟨ти⟩

The same applies to example (95) внегда ра⟨з⟩гордѣти са нечестивому, where MS 1143, like Redaction IV, opts for an infinitival clause rather than the preposition and noun used in other redactions.

This similarity in approach also gives rise in MS 1143 to a few more examples of еже plus infinitive in place of a bare infinitive: example (16) е⟨же⟩ зрѣти ми (likewise Verner 2013: 118); example (31) е⟨же⟩ согрѣша⟨ти⟩ (likewise Verner 2013: 110), as in 78; ps. 126:2 е⟨же⟩ оутренѣвати (likewise Verner 2013: 110) and by extension in example (108) еже вста⟨ти⟩, with the same Greek variant reading as was cited above from MS 78. Equally, MS 1143 sometimes mirrors the combination of preposition, еже and infinitive which is otherwise peculiar to Redaction IV: examples (19) во еже сп҃сти насъ and (99) по е⟨ж⟩е сѣдѣти. Yet the scattering of instances with еже plus infinitive in MS 1143 does not even approximate the systematic use of this construction in Redaction IV, and еже as a standard equivalent to Greek τοῦ is actually omitted in (98) в мѣсто любити мене, in contrast to Redaction IV and the catena.

In fact, what is curious about the recommendations attributed in MS 1143 to Maksim Grek is that they are so unsystematic: as can be seen from the examples above, ἐν τῷ plus infinitive is variously rendered by внегда with a finite verb or

---

[59] Also in 8662 and T28.
[60] Corrected to возрасти above the line, as in the margin of 753/863.

an infinitive, but it is also translated by во еже followed by an infinitive in examples (71) во е⟨же⟩ при⟨з⟩рѣти ми and (8) во еже сохранити (likewise Verner 2013: 110) or even by a finite verb in example (1) во еже ѹнзе ми. The only point – a relatively minor one – on which MS 1143 is consistent is the substitution of an in-finitive for a dative absolute construction in examples (101) ѿ еже звати ми, as in the catena and MS 78, and (102) ѿ еже ѹповати ми.

There is however one important respect in which these later versions associated with Maksim's name differ from the catena: they share a tendency, once again sporadic and inconsistent, to use the conjunction ꙗко, rather than еже, to introduce infinitives which translate τοῦ plus infinitive in Greek. As a construction, ꙗко plus infinitive is of course not new, but it had a different function in early Church Slavonic. In the Psalter it is attested from the earliest redactions onward in two places, where it renders the consecutive construction ὥστε plus infinitive:

(109) 36:8 ὥστε πονηρεύεσθαι → ꙗко(же) лѫкавьновати I II Th III IV 171+116;
еже лѫкавьновати V
(110) 103:35 ὥστε μὴ ὑπάρχειν → ꙗко не бꙑти имъ I II Th III IV V 63+117

In addition to this, ꙗко is sometimes prefaced to a да-clause as a means of translating Greek clauses introduced by ὅπως ἄν. In Redactions I and II this option is applied in a limited subset of instances[61] where context allows either a consecutive or a final interpretation; an overlap between consecutive and final sense in clauses introduced by ꙗко is observable from Old Church Slavonic on (Večerka 2002: 289-290), no doubt because the consequence of action coincides at least sometimes with the intended aim. The revised version found in the Church Slavonic translation of the commentary on the psalms by Theodoret of Cyrrhus doubles the number of examples.[62] Redaction III then extends the use of the construction to the other places where ὅπως ἄν occurs with predominantly final

---

[61] Pss. 9:15, 47:14, 50:6, 70:8, 77:44.
[62] Pss. 67:24, 77:6, 107:7, 118:71, 118:101. The concentration of these instances in the second half of the Psalter is striking, and raises the possibility that these were early readings retained only in Th; but the evidence provided by the manuscripts of Redactions II and II is unambiguous.

sense,[63] and with minor variations Redactions IV and V do the same, adding ps. 118:80 to complete the transition from a semantically motivated distribution of ꙗко to its automatic use as an translational equivalent to ὅπως.

Thus the use of ꙗко in final clauses was well established by Maksim's time. The difference between his practice and that of his fourteenth-century predecessors is that in his later work he was apparently inclined to extend the infinitival construction with ꙗко from consecutive to final clauses, as one of the possible translations of τοῦ plus infinitive (Verner 2013:110). So there is a scattering of places[64] in the MS 78 where ꙗко (or ако) is entered as an annotation on a Greek infinitive introduced by τοῦ, and only one instance, in example (40), where ꙗко да is indicated. Among the recommendations of MS 1143 are twenty-five instances[65] where ꙗко is preposed to infinitives which in Redaction IV are introduced by еже while in other redactions, including Redaction V, they are translated either by the bare infinitive or by a final clause introduced by да. The impulse to extend the use of ꙗко could have come from the observation that it is employed in the fourteenth-century revisions as the standard equivalent of ὅπως, and therefore can introduce final clauses, but in the psalter text these normally contain finite verbs. It could have gained further impetus from the fact that Maksim, like his fourteenth-century predecessors, pre-empted да to mark 3rd person imperatives (Češko 1988: 228-9): he therefore probably felt the need of some other marker for final clauses. The combination of ꙗко plus infinitive is thus the only point in which Maksim's later revisions appear to depart from the models which Redaction V, and indirectly Redaction IV, offered him for the translation of Greek nominalized infinitives, and this peculiarity calls for further investigation.

But the sporadic, apparently random distribution of ꙗко plus infinitive in the later revisions associated with Maksim is once again perplexing: why is this construction not deployed at other points in MS 1143 rather than the bare infinitive

---

[63] Pss. 16:4, 29:13, 59:7, 91:8, 104:45, 118:11, 124:3.

[64] Pss. 26:4, 35:3, 38:2 (likewise Verner 2013: 118), 62:3, 118:5.

[65] Examples (15), (17), (20), (23), (28), (33), (34), (35), (37), (43), (44), (45), (50), and pss. 10:2, 61:10, 63:5, 77:18, 84:10, 90:11, 100:6, 101:21, 105:5(2nd instance), 118:5, 121:4, 140:4.

in final sense, e.g. in example (21) and pss. 36:14, 77:5, 108:31 or in the places mentioned above, example (22) and ps. 105:27? why does MS 1143 go so far as to reinstate the old clausal reading да ра(з)роушиши in example (48)? Here again fuller investigation of the manuscript tradition may help to clarify how far such inconsistencies are due to scribal contamination between older and newer versions, and whether for Maksim there was a rationale behind the use of іако, еже or the bare infinitive to translate the Greek τοῦ plus nominalized infinitive.

Conclusions and directions for further research

Even with these limitations, the material surveyed above allows several conclusions. First of all, there can be no question of Latin influence in Maksim's treatment of nominalized infinitives: they can be explained simply and most plausibly on the basis of the Greek text and its Church Slavonic translations. Secondly, there are numerous unquestionable coincidences of wording between Maksim's work and Redaction V, the version of the psalms familiar to his assistants from the Gennadian Bible. More generally, the changes in Church Slavonic syntactic usage which had become established in the fourteenth century and can be seen most clearly in Redaction IV were passed on to Maksim through the medium of Redaction V and probably through his assistants' familiarity with South Slavonic revisions of other church texts. These fourteenth-century norms are also reflected in other features of Maksim's linguistic usage, such as the careful distinction between definite and indefinite participles (Češko 1988: 226; Češko et al. 1989: 74), the use of the animate accusative plural (MacRobert 2005: 381, 393-394) and the generalization of perfect tense forms in place of aorist in the 2nd person singular (MacRobert 2015: 169-175).

All these parallelisms tend to vindicate the view that Maksim's usage, at any rate in his psalter translations, was influenced not simply by Greek (Olmsted 2002; Kravec 1991: 247, 265-266) but also by fourteenth-century South Slavonic developments in Church Slavonic (Baracchi 1971: 270). This does not necessarily mean (*pace* Olmsted 2002: 1) that his language would have appeared alien to educated Muscovites of his day; but there seems little ground for the claim that he and his assistants aimed at a rapprochement between Church Slavonic as used for literary purposes and the colloquial Russian language of their day (Mathauzerová 1976: 48).

From these conclusions lines of further research can be derived. It can be inferred that Maksim's Russian assistants played a rather more active part in the revision at least of the psalter text than has usually been attributed to them by modern scholars or indeed by Maksim himself. It could therefore be illuminating to compare the usage followed in the psalms of the catena with the linguistic practice of Maksim's compilatory commentary, in order to determine how far South Slavonic norms had been assimilated by educated East Slavs of the early sixteenth century and to what extent older usage (e.g. the widespread use of акы in the commentary sections of the catena) still prevailed. As indicated above, Maksim's later linguistic practice also needs to be elucidated by a textological investigation of the source material and a wider examination of contemporary Church Slavonic, particularly in texts which he is likely to have studied during his period of confinement.

Finally, the textological prehistory of Redaction V needs to be studied in greater depth: the handful of East Slavonic psalter manuscripts from the late fourteenth and early fifteenth century which are excerpted in this paper already suggest more complicated textual developments between Redaction IV and what passes for Redaction V; a fuller investigation of psalter manuscripts from this period could make a substantive difference to our understanding of the textual tradition and more generally of the development of Russian Church Slavonic in the fifteenth century.

Appendix of manuscripts consulted

A. The earliest available witnesses which reflect Maksim's revisions of 1519-1522 and 1552 (Kovtun et al. 1973: 100-102; Sinicyna 1977: 12-13, 65, 71)

MS 63, Ovčinnikov collection, Russian State Library, Moscow (1520s, Maksim's catena on the psalms, ps. 77-end).

MS ДА А.I. 171, Russian National Library, St Petersburg (1540s, Maksim's catena on the psalms, pss. 1-54).

MSS 116 and 117, Hilandar Monastery (1550s, Maksim's catena on the psalms).

MS 315, Troickij collection, Russian State Library, Moscow (late 15th century, annotated by Maksim at an uncertain date).

MS 78, Sofijskij collection, Russian National Library, St Petersburg (1540, annotated by Maksim and Veniamin).

MSS 752/862 and 753/863, Soloveckij collection, Russian National Library, St Petersburg (late 16th century, distinct versions of Maksim's later translation; pss. 1-54 excerpted).

MS 1143, Pogodinskij collection, Russian National Library, St Petersburg (17th century, selected variants from Maksim's later translation).

B. Psalter manuscripts containing revised versions of the text current in the 14th-15th centuries

Norov Psalter (Češko et al. 1989) (early 14th century) = IV

MS F.п.I.2, Russian National Library, St. Petersburg (14th century) = FпI2

MS 28, Synodal Typographic collection, Russian State Archive of Ancient Documents (RGADA), Moscow = T28.

MS 64, Sofijskij collection, Russian National Library, St. Petersburg (14th century) = S64

MS 8662, Troickij collection, Russian State Library, Moscow (14th century) = 8662

MS Acq. e doni 360, Biblioteca Medicea Laurenziana, Florence (1384) = Luck

MS 96, Barsov collection, State Historical Museum, Moscow (early 15th century) = B

MS 15231, archive of the regional history museum, Jaroslavl' (early 15th century) = J

Gennadian Bible of 1499 in Freidhof (1974) and Russkaja Biblija (1997) and readings from Kyprian's Psalter in Češko et al. (1989) = V.

Bibliography

Baracchi (1971-1972) – Mietta Baracchi, *La lingua di Maksim Grek*, «Rendiconti dell'Istituto lombardo di scienze e lettere», Classe di lettere, scienze morali e storiche, 105, 2: 253-289; 106, 2: 243-267.

Bogdanović (1978) – Димитрије Богдановић, *Каталог ћирилских рукописа манастира Хиландара*, том 1: Каталог, том 2: Палеографский албум. Београд: САНУ, НБС.

Češko (1981) – Елена Владимировна Чешко, *Второе южнославянское влияние в редакции псалтырного текста на Руси XIV-XV вв.*, «Palaeobulgarica» 5, 4: 79-85.

Češko (1988) – Елена Владимировна Чешко, *Кирилло-мефодиевский перевод Псалтыри и среднеболгарские правленые редакции. Структура слова и реляционные элементы*. In: Петър Диников и др. (ред.), *Исследования по славяно-византийскому и западноевропейскому средневековью* (Studia slavico-byzantina et mediaevalia europensia 1). София: Центр для славяно-византийских исследований имени Ивана Дуйчева, 217-230.

Češko et al. (1989) – Елена Владимировна Чешко и др. (ред.), *Норовская псалтырь: Среднеболгарская рукопись XIV века*, 2 т. София: БАН.

Freidhof (1974) – Gerd Freidhof, *Auszüge aus der Gennadius-Bibel (1499). Nr. 1: Der Psalter* (Specimina philologiae slavicae 5). Frankfurt am Main: Kubon Sagner.

Gorskij & Nevostruev (1857) – Александр Васильевич Горский, Капитон Иванович Невоструев, *Описание славянских рукописей Московской Синодальной библиотеки*, отдел 2: Писания святых отцов, 1: Толкование Священного Писания. Москва: Синодальная Типография, 83-101.

Karačorova (1989) – Ивона Карачорова, *Към въпроса за Кирило-Методиевския старобългарски превод на псалтира*, «Кирило-Методиевски студии» 6: 130-245.

Karačorova (2015) – Ивона Карачорова, *Новонайденная катена к Псалтыри в двух рукописях Хиландарского монастыря*, «Palaeobulgarica» 39, 1: 55-71.

Knjazevskaja & Češko (1980) – Ольга Александровна Князевская, Елена Васильевна Чешко, *Рукописи митрополита Киприана и отражение в них орфографической реформы Евтимия Тырновского*. In: Пеньо Русев и др. (ред.), *Ученици и последователи на Евтими Търновски. Втори международен симпозиум, Велико Търново, 20-23 май 1976* (Търновска книжовна школа 2). София: БАН, 282-292.

Kovtun (1975) – Людмила Степановна Ковтун, *Лексикография в Московской Руси XVI-начала XVII в.* Ленинград: Наука.

Kovtun et al. (1973) – Людмила Степановна Ковтун, Нина Васильевна Синицына, Борис Львович Фонкич, *Максим Грек и славянская Псалтырь (сложение норм литературного языка в переводческой практике XVI в.).* In: Лидия Петровна Жуковская, Нина Ивановна Тарабасова (отв. ред.), *Восточнославянские языки. Источники для их изучения.* Москва: Наука, 99-126.

Kravec (1991) – Елена Владимировна Кравец, *Книжная справа и переводы Максима Грека как опыт нормализации церковнославянского языка XVI века,* «Russian Linguistics» 15, 3: 247-279.

MacRobert (1998) – Catherine Mary MacRobert, *The Textual Tradition of the Church Slavonic Psalter up to the Fifteenth Century.* In: Jože Krašovec (ed.), *Interpretation of the Bible.* Ljubljana – Sheffield: Slovenska akademija znanosti in umetnosti – Sheffield Academic Press, 921-942.

MacRobert (2005) – Catherine Mary MacRobert, *The compilatory Church Slavonic catena on the Psalms in three East Slavonic manuscripts of the fifteenth and sixteenth centuries,* «Slavia» 74, 2-3: 213-238 [= CyrilloMethodiana 2005 ad honorem Zdeňka Ribarova et Ludmila Pacnerová].

MacRobert (2006) – Catherine Mary MacRobert, *The variable treatment of clitics in 14th-century South Slavonic psalter translations.* In: Лора Тасева и др. (отг. ред.), *Многократните преводи в Южнославянското Средновековие. Доклади от международната конференция (София, 7-9 юли 2005).* София: ГорексПрес, 373-395.

MacRobert (2010a) – Catherine Mary MacRobert, *The impact of interpretation on the evolution of the Church Slavonic psalter text up to the fifteenth century.* In: André Lemaire (ed.), *Congress Volume Ljubljana 2007* (Supplements to *Vetus Testamentum,* 133). Leiden – Boston: Brill, 423-440.

MacRobert (2010b) – Catherine Mary MacRobert, *The textual peculiarities of the Luck Psalter of 1384 (Acquisti e Doni MS 360, Biblioteca Medicea Laurenziana, Florence),* «Ricerche Slavistiche», Nuova serie, 8 (54): 101-125.

MacRobert (2013) – Catherine Mary MacRobert, *The linguistic peculiarities and textological importance of the Novgorod antiphonal psalters,* «Slověne» 2, 2: 31-51.

MacRobert (2015) – Catherine Mary MacRobert, *Maximos the Greek: Imprisoned in Polemic.* In: Almut Suerbaum, George Southcombe, Benjamin Thompson (eds.), *Polemic. Lan-*

guage as Violence in Medieval and Early Modern Discourse. Farnham – Burlington: Ashgate, 165-180.

Matejić & Thomas (1992) – Predrag Matejić, Hannah Thomas, *Catalog. Manuscripts on Microform of the Hilandar Research Library (The Ohio State University)*, 2 vols. Columbus, Ohio: Resouce Center for Medieval Slavic Studies.

Mathauzerová (1976) – Světla Mathauzerová, *Древнерусские теории искусства слова* (Acta universitatis Carolinae philologica, monographia, 63). Prague: Univerzita Karlova.

Olmsted (2002) – Hugh M. Olmsted, *Recognizing Maksim Grek: Features of his Language*, «Palaeoslavica» 10, 2: 1-26.

Ostrowski (2009) – Donald Ostrowski, *Identifying psalmic quotations in the Povest' vremennykh let*. In: Russell E. Martin et al. (eds.), *Culture and Identity in Eastern Christian History. Papers of the First Biennial Conference of the Association for the Study of Eastern Christian History and Culture* (Ohio Slavic Papers 9, Eastern Christian Studies 1). Columbus, Ohio: Ohio State University, 217-247.

Pastrnek (1913) – František Pastrnek, *Die griechischen Artikelkonstruktionen in der altkirchenslavischen Psalter- und Evangelienübersetzung. I - In der Psalterübersetzung*, «Archiv für slavische Philologie» 35: 366-391.

Porfir'ev et al. (1881) – Иван Яковлевич Порфирьев, Александр Васильевич Вадковский, Николай Фомич Красносельцев, *Описание рукописей Соловецкого монастыря, находящихся в библиотеке Казаньской духовной академии*, часть 1. Казань: Казанская духовная академия.

Rahlfs (1979) – Alfred Rahlfs, *Septuaginta*, X: Psalmi cum Odis, 3 ed. Göttingen: Vandenhoeck & Ruprecht.

Russkaja Biblija (1997) – *Русская Библия. Библия 1499 года и Библия в синодальном переводе*, т. 4: Псалтирь. Москва: Новоспасский монастырь.

Sinicyna (2008) – Нина Васильевна Синицына (ред.), *Преподобный Максим Грек: сочинения*, т. 1. Москва: Индрик.

Thomson (1998) – Francis J. Thomson, *The Slavonic Translation of the Old Testament*. In: Jože Krašovec (ed.), *Interpretation of the Bible*. Ljubljana – Sheffield: Slovenska akademija znanosti in umetnosti – Sheffield Academic Press, 605-920.

Večerka (2002) – Radoslav Večerka, *Altkirchenslavische (altbulgarische) Syntax*, Bd. 4 (Monumenta linguae slavicae dialecti veteris, Fontes et dissertationes, 46). Freiburg: Weiher.

Verner (2013) – Инна Вениаминовна Вернер, *Грамматическая справа Максима Грека в Псалтыри 1552 г.* In: Александр Михайлович Молдован и др. (ред.), *Письменность, литература, фольклор славянских народов. История славистики. XV Международный съезд славистов. Минск, 20-27 августа 2013 г. Доклады российской делегации.* Москва: Древлехранилище, 104-127.

Weiher (1977) – Eckhart Weiher, *Die älteste Handschrift des grammatischen Traktats "Über die acht Redeteile"*, «Anzeiger für slavische Philologie» 9: 367-427.

Инна Вениаминовна Вернер

Loci communes европейской гуманистической филологии: справа библейских текстов Эразма Роттердамского и Максима Грека*

Abstract: *Loci communes* in the European humanistic tradition: the correction of Biblical texts by Erasmus of Rotterdam and Maximus the Greek
The author examines the principles of translation from Greek in the Latin version of Desiderius Erasmus's New Testament (1516) and Maximus the Greek's Church Slavonic Psalter (1552). These translations are comparable to each other in scale, number of corrections, chronological frameworks and accompanying text annotations (Erasmus's explanatory comments and Maximus's brief marginal glosses). Linguistic innovations of both translators are determined by the same goals: striving for maximum correctness of the translations and for their accordance to the Greek text, for correspondence of Latin and Church Slavonic to the classical Ciceronian usage, and to the stylistically neutral usage devoid of archaisms and South Slavonic influence.
Both grammatical and lexical revisions in the given texts reflect the priority of exegesis for each of the translators. It enables scholars to consider Maximus the Greek's translation from the perspective of biblical humanism. Along with the works of Northern European humanists, both translators created complete Renaissance type, linguistically justified and annotated editions of Scripture.

Keywords: Erasmus of Rotterdam, Maximus the Greek, Holy scripture, Church Slavonic, Greek, Latin

Введение
Со времен А.И. Соболевского и И.В. Ягича филологическая деятельность Максима Грека на Руси оценивается славистами как исключительная по своей значимости в истории церковнославянской книжности, точно так же как уникальным авторитетом его фигура являлась для современников и последующих поколений книжников. Эти оценки справедливы, однако ограничены рамками *Pax Slavia Orthodoxa* и не вполне учитывают историко-филологический контекст и опыт работы Максима до приезда в Москву, преимущественно в итальянский период его жиз-

---

* Работа выполнена в рамках поддержанного РГНФ научного проекта № 15-04-00390а («Интерлинеарный перевод Псалтыри 1552 г. Максима Грека: лингвистическое исследование и подготовка к изданию»).

ни, обстоятельства которого стали лучше известны лишь в относительно недавнее время (Denissoff 1943; Haney 1973; Синицына 2006, 2008). Обучение юного Михаила Триволиса у знаменитого ученого гуманиста Иоанна Ласкариса, увлечение идеями религиозного обновления Савонаролы, сотрудничество с Джованни Франческо Пико делла Мирандола, принадлежность к венецианской Академии Альда Мануция – все эти факты биографии Михаила-Максима заставляют рассматривать его разностороннюю деятельность в московский период под углом зрения религиозного гуманизма XV-начала XVI вв. (Гардзанити 2015: 27). Прежде всего это справедливо в отношении филологической практики перевода, исправления и интерпретации текста Священного Писания: *studia divinitatis* у Максима занимают первостепенное место, а инструментом истолкования и понимания выступает текст. Освоение новых – лингвистических – практик работы с текстом Священного Писания и являлось центром приложения усилий итальянских филологов-гуманистов, входивших в 1492-1506 гг. в ближайшее и опосредованное окружение Михаила Триволиса.

Многолетняя работа Максима Грека над церковнославянским текстом Псалтыри, начиная с перевода Толковой Псалтыри 1522 г. и заканчивая Псалтырью без толкований 1552 г., может и должна рассматриваться в контексте европейской библейской критики текста, основы которой были заложены старшими современниками Максима - Лоренцо Валлой, Джаноццо Манетти, Пико делла Мирандола, Марсилио Фичино (Monfasani 2008).

Впервые последовательно обратился к греческому оригиналу библейского текста Лоренцо Валла в своем критическом комментарии к Новому Завету.[1] Менее известными, но не менее значимыми стали рукописные латинские переводы Нового Завета и Псалтыри, выполненные в 1447-1455 гг. Джаноццо Манетти, который при переводе Псалтыри, позже снабженном комментарием, впервые обратился к древнееврейскому языку (Haan 2014).

---

[1] Первая рукописная редакция *Collatio Novi Testamenti* была создана в конце 1440-начале 1450 гг.; над второй редакцией, опубликованной лишь в 1505 г. Эразмом Роттердамским под названием *In Novum Testamentum ex diversorum in utriusque linguae codicum collatione adnotationes,* Валла работал до конца жизни.

Джованни Пико делла Мирандола, согласно «Жизнеописанию» его племянника, на службе у которого состоял Михаил Триволис с 1498 г., вынашивал планы вновь перевести Священное Писание.[2] Наставник Пико, возглавлявший Флорентийскую Академию Марсилио Фичино в конце жизни был занят комментариями к «Посланию к римлянам» ап. Павла. Таким образом, тексты Священного Писания постоянно были объектом приложения приемов критической текстологии и связанной с нею новой филологии, выработанных итальянскими гуманистами на материале сочинений древних авторов.

Приехавшему в 1492 г. во Флоренцию вместе с Иоанном Ласкарисом Михаилу Триволису, несомненно, были так или иначе знакомы все эти труды итальянских филологов. Ласкарис, возглавлявший до 1494 г. кафедру греческого языка во Флорентийском университете, сыграл огромную роль в распространении греческого языка и греческого книгопечатания в Италии, был близко знаком с Фичино, высоко ценившим и активно использовавшим привезенные Ласкарисом греческие рукописи (часть из которых была приобретена у Димитрия Триволиса, родственника Михаила).

Филологические занятия каллиграфа Михаила Триволиса в Италии должны были включать и практику перевода с греческого на латынь, которая позже, уже в Москве, будет использована при переводе Толковой Псалтыри 1522 г.[3] Эти занятия подразумевали овладение лингвистической методологией соотнесения языков при переводе, являвшейся основой историко-филологической критики текста Священного Писания. Наиболее последовательно эта методология была воплощена современником Максима Эразмом Роттердамским в его переводе Нового Завета, впервые изданном в 1516 г. и переиздававшемся еще четырежды (в 1519,

---

[2] Эта работа не состоялась, сохранились лишь отрывки текста, рукописи книги Иова, текст «Гептапл, или Семь толкований на Шесть дней Творения» (1489 г.) и «Комментарии на Псалмы», писавшиеся между 1489 и 1492 гг.

[3] Хорошо известно, что первый перевод Псалтыри 1522 г. выполнялся в Чудовом монастыре коллективными усилиями Максима Грека, переводившего с греческого на латынь, и Дмитрия Герасимова и Власа Игнатова, переводивших с латыни на церковнославянский.

1522, 1527 и 1535 гг.).[4] Исправленный Эразмом латинский текст был напечатан параллельно с греческим и снабжен обстоятельным комментарием Эразма, в котором он объяснял большинство из исправлений, внесенных в Вульгату, привлекая греческий и еврейский текст, труды отцов церкви и своих старших современников, в частности Лоренцо Валлы. Если в отношении критики текста опыт Эразма был далеко не безупречен, поскольку он пользовался несколькими не самыми лучшими греческими рукописями византийского происхождения (Combs 1996: 45-48), то с языковой точки зрения его текст стал безусловным достижением, повлиявшим на европейскую филологию в дальнейшем и ставшим основой греческих изданий Нового Завета и его переводов на новые европейские языки XVI-XIX вв.

Начало многолетней работы Максима Грека над церковнославянской Псалтырью было положено приблизительно в то же время, когда был напечатан Новый Завет Эразма – в 1520-е гг. Совместными усилиями М. Грека, Д. Герасимова и В. Игнатова в 1522 г. в Москве был завершен перевод Толковой Псалтыри. В суровых условиях волоколамской ссылки после первого суда 1525 г., когда Максим был лишен возможности писать, свидетельством доступности для него книг монастырской библиотеки выступает рукопись Псалтыри (РГБ, ф. 113, № 152), на последних страницах которой свободные от славянского текста места занимает прописанный каламом псалтырный текст по-гречески (Фонкич 2003: 86-87). Предположительно до 1540 г. Максим правил Псалтырь с воследованием (РГБ, ф. 304.I, № 315). В период тверской ссылки, в 1540 г. была переписана греческая Псалтырь (РНБ, Соф. № 78) со славянскими глоссами, вписанными рукой Максима и его ученика Вениамина. Наконец, в Троице-Сергиевом монастыре в 1552 г. по инициативе и при непосред-

---

[4] Первое издание вышло в Базеле под названием *Novum Instrumentum omne, diligenter ab Erasmo Roterodamo recognitum et emendatum*. В 1519 г. также в Базеле с некоторыми изменениями и исправлениями вышло второе издание, в названии которого *Instrumentum* было заменено на привычное *Testamentum*. Этот текст стал основой немецкого перевода М. Лютера (1522 г.). Третье издание 1522 г. послужило основой первого английского перевода Нового Завета Уильяма Тиндейла (1526 г.), изданий греческого Нового Завета Робера Этьенна (1546 г., 1549 г., 1550 г., 1551 г.), Нового Завета в протестантской Женевской Библии (1557 г.) и Библии короля Якова (1611 г.) (Combs 1996: 41-53).

ственном участии Нила Курлятева, который учился греческому языку у Максима, была переведена Псалтырь без толкований. В переводе наиболее последовательно проведены те многочисленные грамматические и лексические исправления, которые Максим вносил в псалтырный текст на протяжении всей жизни. В некоторых рукописях вместе со списками Псалтыри 1552 г. помещены «Преводныя строки», связывающие итоговый, последний перевод с первым переводом 1522 г., и являющиеся рабочими материалами переводчика: в них содержится сравнение пяти греческих переводов в славянской передаче, причем славянские соответствия греческим разночтениям представлены уже в комментариях к Толковой Псалтыри 1522 г. (Ковтун 1975: 44-48). То есть Псалтырь в течение трех десятилетий оставалась объектом постоянного внимания Максима, и работа над ее текстом велась практически параллельно работе Эразма над новозаветным текстом – совпадения касаются как масштаба работы, ее длительности, так и хронологических рамок.

Псалтырь 1552 г., также как и Новый Завет Эразма, является билингвой: параллельный славяно-греческий текст сохранился в двух списках РГБ ф. 173.I № 8 (1619 г.) и № 9 (до 1665 г.) (Вернер 2013: 105-107). Перевод не был издан, и так же как билингва Эразма не повлияла на текстологическую историю Вульгаты, редакция Максима не нашла своего отражения в традиционном славянском псалтырном тексте (Вознесенский 2010: 211-255). Однако справа Максима в истории славянской филологии не без оснований считается образцом последовательного воплощения «хитрости грамматикийстеи» и предшественницей никоновской книжной справы.

Непосредственной связи между текстами Эразма Роттердамского и Максима Грека, разумеется, нет. Такая связь существует, например, в случае с чешским переводом Нового Завета 1533 г. Бенеша Оптата и Петра Гзела (Kyas 1997: 148-162; Dittmann 2012). Текст Эразма послужил чешским переводчикам непосредственным оригиналом, об этом упомянуто в названии их труда,[5] и они прилежно воспроизводят большинство исправлений Эразма. В данном случае речь идет о прямом заимствовании его фи-

---

[5] Nowy testament, wssecek giz nejposleze a pilnie od Erazma Roterodámského přehlédnutý: Netoliko yakž Řžecká p[ra]wda w sobie má: ale také yakž obogijho yazyku mnozý stařij a zprawenij exempláři magij: neyposléze yakž neypřigatieystij doktoři dowodij naprawugij a wykládagij. V Náměšti nad Oslavou, 1533.

лологических приемов работы: совпадений очень много, но они предсказуемы и потому менее интересны, чем ситуация с исправлениями Максима, где мы должны говорить об определенной общности лингвистической мысли и ее направленности на одни и те же локусы.

Некоторые истоки этой общности можно усмотреть в биографии обоих авторов. Единственное, что опосредованно связывает Максима Грека и Эразма Роттердамского, – это кратковременный, однако весьма значимый в жизни каждого из них итальянский период, и прежде всего период пребывания в Венеции и сотрудничества с типографией Альда Мануция. Максим, проведший молодые годы в Италии, как он сам позднее напишет в послании В.М. Тучкову о типографском знаке Мануция, «часто хаживал книжным дѣлом» к Альду. Это было между 1503 и 1505-1506 гг., до принятия Максимом пострига в Ватопедском монастыре на Афоне. Именно в это время формируется венецианская Академия Альда, сосредоточенная на развитии греческого книгоиздания. По-видимому, Максим принимал участие в корректуре и редактировании изданий для его типографии.[6] Чуть позднее, в 1507-1508 гг. с Альдом сотрудничал и Эразм Роттердамский: во время пребывания в Венеции Эразм работал над новым изданием «Адагий», активно используя сокровища библиотеки Альда, а также принимал участие в подготовке изданий Эврипида, Сенеки, Плутарха, Теренция (Володарский 1993). И Михаилу Триволису, и Эразму Роттердамскому должны были быть известны намерения Альда Мануция, восходящие к началу 1500-х гг., издать Библию параллельно на древнееврейском, греческом и латыни.[7]

---

[6] Н.В. Синицыной было высказано предположение о том, что сотрудничество Михаила Триволиса с Альдом Мануцием могло начаться гораздо раньше – в 1495 г. (Синицына 2008: 34-35). Основанием для этого предположения стала находка переписанных Михаилом как каллиграфом сочинений Феокрита, изданного Альдом в 1495 г. (Speranzi 2010: 280-281), а также присутствие в русских сочинениях Максима переводов из других ранних изданий Альда (Буланин 1984: 13-29).

[7] В качестве анонса этой работы Альд напечатал небольшой фрагмент текста на трех языках («*Introductio perbrevis ad hebraicam linguam*») в приложении к своей латинской грамматике 1501 г., который затем неоднократно был воспроизведен в изданиях грамматики *De octo partibus orationis* Константина Ласкариса, начиная с 1501 г. Издание Библии предполагалось осуществить в сотрудничестве с Юстином Декадиусом, редактором опубликованной Альдом греческой Псалтыри 1498 г.

Эти планы так и не были воплощены в жизнь самим Альдом, однако получили развитие позже в независимой друг от друга деятельности каждого из его соратников – и Эразма Роттердамского, и Максима Грека. Вероятность непосредственного знакомства последнего с вышедшим в 1516 г. изданием Эразма ничтожно мала, так как в марте 1518 г. Максим уже приехал в Москву с Афона.

1. Методология справы: лингво-экзегетический аспект

1.1. Параллельный, но взаимонезависимый процесс справы текстов Священного Писания Эразмом Роттердамским и Максимом Греком делает еще более замечательными лингвистические совпадения в их работе. Они оба преследуют как языковые, так и экзегетические цели, и одно сопряжено с другим: исправление текста призвано обеспечить его верное и однозначное истолкование, а понимание смысла текста влияет на выбор того или иного языкового средства для его выражения.

Такая взаимосвязь лингвистики и теологии определяет, во-первых, сам способ работы с текстом: в обоих случаях речь идет не о независимом от традиции переводе, а о сплошной, последовательной правке текста Вульгаты и «киприановской» редакции церковнославянской Псалтыри с помощью греческого текста. Масштаб этой правки довольно значителен: у Эразма примерно 40% текста подвергается исправлению (Jonge 1984: 82), соответствующих цифр для перевода Максима Грека нет, но они соотносимы.

Во-вторых, эта правка сопровождается комментарием: эксплицитным и собранным в один текст – «*Annotationes in Novum Testamentum*» Эразма, либо своего рода имплицитным и разрозненным у Максима, поскольку помимо глосс в самом тексте Псалтыри, свидетельствующих о детальном разборе с Нилом в процессе перевода языковых и сакральных смыслов и средств их выражения, в рукописной традиции сохранились многочисленные сводки поправок и разночтений, связанных с Максимом Греком, «Псалтырные строки», «Преводныя строки», «Изъявленіе о псалмехъ» (Ковтун 1975: 35-90), словарь «Толкования именам по алфавиту» и многочисленные послания Максима, в части из которых также объясняются те или иные исправления.

1.2. Собственно лингвистические инновации обоих авторов были продиктованы схожими целями: стремлением к точности и ясности перевода, к его верности греческому оригиналу, к чистоте латыни и ее соответствию классическому узусу[8] и к стилистически нейтральному церковнославянскому узусу, преемственно связанному с предшествующей книжной традицией, но свободному от архаизмов преимущественно южнославянского происхождения (Вернер 2013: 124-125).[9]

1.3. Разумеется, и Эразм, и Максим исправляют своего рода «технические» ошибки, связанные с рукописной традицией: речь идет о вставке пропущенных в латыни или церковнославянском слов из греческого текста, исправлении ошибок в формах глагольных времен и местоимений (чаще всего это *qui* в латыни и иже в церковнославянском), добавлении связок (*erat* и *est* или єсть и єси).
Особое внимание оба автора уделяют служебным словам, и примером здесь может служить точный перевод греческой усилительной частицы δέ. Максим последовательно восстанавливает же там, где частица есть в греческом, и устраняет лишнее же в случаях отсутствия δέ:

(1) 27:4

даждь (← дай же) имъ гд҃и по дѣломъ ихъ, и по лꙋкавствꙋ начинанїи ихъ. подѣломъ рꙋкꙋ ихъ, даждь имъ (← дай же) воздаждь (← въздай же) воздаѧнїе ихъ, имъ (δὸς αὐτοῖς … δὸς αὐτοῖς … ἀπόδος τὸ ἀνταπόδομα).[10]

---

[8] Эразм ориентировался на Цицерона, Цезаря, Саллюста, Ливия и Квинтилиана (Jonge 1986: 136).

[9] В апологетическом предисловии Нила Курлятева к Псалтыри 1522 г. перевод Максима противопоставляется старшим редакциям именно с этой точки зрения: Ѿнюд нѣтъ рѣчей по сербски или болгарски. но все по нашемꙋ ꙗзыкꙋ прамо з греческаго ꙗзыка. и без оукрашенїа (РГБ, ф. 304.I, № 62, л. 5).

[10] Здесь и далее текст Псалтыри 1552 г. приводится по интерлинеарным спискам РГБ, ф. 173.I, № 8-9. В скобках приведены отличающиеся чтения предшествующей редакции, репрезентантом которой выступает текст Псалтыри с восследованием конца XV в. (РГБ, ф. 304.I, № 315), содержащей точечные исправления, внесенные рукой Максима Грека предположительно до 1540 г. (Синицына 1977: 13). Латинский перевод Эразма Роттердамского цитируется по изданию Нового Завета 1516 г. и сопоставляется с текстом Вульгаты.

Эразм также вносит в текст отсутствующую частицу (2а); в тех случаях, когда в Вульгате на месте частицы -*que*, соответствующей греческому δέ, стоит вызванное омонимией форм некорректное чтение *quae*, во избежание путаницы Эразм также заменяет его на *autem* (2б):

(2а) Mk 1:6
Erat autem Ioannes ← *Et erat* Iohannes (ср. в комментарии: ἦν δέ id est erat autem) (Annotationes 1516: 296).

(2б) Heb 9:5
super *hanc autem* cherubim gloriae ← super *quae* erant cherubim gloriae (ὑπεράνω δὲ αὐτῆς).[11]

2. Лексические исправления

2.1. Наиболее существенные лингвотекстологические исправления связаны с лексикой и синтаксисом. В области лексики исправления Эразма и Максима мотивированы двумя обстоятельствами: во-первых, стремлением к более точной передаче значения греческой лексемы, во-вторых, устранением очевидных архаизмов в церковнославянском или вульгаризмов в латыни.

2.2. Предпочтение того или иного узуса – классической цицероновской латыни или русифицированного (как минимум нейтрального) церковнославянского – в обоих случаях хорошо демонстрирует приверженность обоих авторов выбору определенных повторяющихся союзов, наречий или местоимений.

Так, Эразм отдает предпочтение препозитивному союзу *siquidem* (*так как, поскольку*) перед постпозитивным *enim*, оставляя за последней лексемой только функцию частицы:

---

[11] Эразм не только вносит *autem* в соответствии с δέ, но и заменяет на *hanc* ошибочную форму местоимения *quae*, относящегося к существительному женского рода *arcam* в предыдущем стихе, ср. в комментарии к этому чтению: *supra illud autem, sive supra illam, ut referas ad arcam, attestantibus scholijs graecanicis* (Annotationes 1516: 593).

(3) Rom. 1:20
Siquidem quae sunt invisibilia illius ex creatione mundi dum per opera intelliguntur ← invisibilia *enim* ipsius a creatura mundi per ea quae facta sunt intellecta conspiciuntur.

Многозначное *sicut* в сравнительном значении Эразм предпочитает заменять на *quemadmodum,* поскольку последнее имеет прозрачную внутреннюю форму (4а); в свою очередь, не в обстоятельственном, а в причинном значении *quemadmodum* заменяется на *quatenus* (4б):

(4а)
Mt 6:10 veniat regnum tuum, fiat voluntas tua, *quemadmodum* (← *sicut*) in coelo, sic etiam in terra;
Mt 12:40 *quemadmodum* (← *sicut*) enim fuit Ionas in ventre ceti.

(4б) Heb 9
et *quatenus* illud manet omnes homines ut semel moriantur ← et *quemadmodum* statutum est hominibus semel mori.

В использовании *quatenus* Эразм следует предпочтениям Цицерона, и подчеркивает это в «Парафразах на Элеганции Валлы» (Jonge 1984: 84). Максим столь же последователен в замене вскоую на чего ради (5а), а выноу – на всегда (5б):

(5а)
4:3 чего́ ра́ди лю́бите су́ётнаѧ ← въскоую́;
41:12 чего́ ра́ди прискорбна є́си дша̄ моѧ́, и̇ чего́ ра́ди смущаѐши мѧ̀ ← въскоую́ ... въскоую́;
73:1 чего́ ра́ди бж҃е ѿрину́лъ є̇си ← въскоую́.

(5б)
33:2 всегда̀ хвала̀ є̇го̀ ← выноу;
37:18 болѣ́знь моѧ̀ пре^{до} мно́ю є́сть всегда̀ ← вын҄у;
34:27 да гл҃ютъ всегда̀ ← выноу.

Заменяемые лексемы очевидно архаичны для XVI в., а дополнительным основанием для предпочтения чего ради служит и его буквальное соответствие греческому ἵνα τί.
Такими же отношениями связаны и лексемы сице – тако во второй части сравнительной конструкции іако / акы / имже образомъ ... тако (ὡς / ὡςεἰ / ὃν τρόπον ... οὕτως):

(6)
41:1 Имже образомъ прежелаетъ елень. на источникы водныѧ. тако прежелаетъ дша моѧ къ тебѣ ← сице;
126:4 акы стрѣлы в' руцѣ сильнаго. тако снове ѿтрѧсшихсѧ ← сице.

2.3. Разумеется, такие замены имеют место и при исправлении не только служебных слов. Например, в Послании к Евреям Эразм заменяет глагол *propalare* (являющийся гапаксом в тексте Вульгаты) на *manifestare*, так как в классической латыни *propalare* не имел значения *manifestare*, т.е. «*открыть, сделать публичным*», это значение у *propalare* возникло только в постклассический период (De Jonge 1984: 84):

(7) Heb 9:8
hoc significante Spiritu Sancto nondum *manifestatam* (← propalatam) esse sanctorum viam adhuc priore tabernaculo habente statum.

Максим Грек также устраняет лексические архаизмы: к примеру, глагол острастити «*причинить страдания, заставить мучиться*», известный еще древнейшим переводам (Цейтлин и др. 1994: 421), заменяется на глагол озълобити с тем же значением, однако стилистически нейтральный для церковнославянского языка XVI в.:

(8)
16:9 Ѿлица нечтивых озлобивших мѧ ← ѿстрастьших мѧ (τῶν ταλαιπωρησάντων);
11:6 озлобленїѧ ради оубогых, и въздыханїа нищихъ ← стр̃ти ра^{ди} нищих, и в'здыханїа оубогых (ἀπὸ τῆς ταλαιπωρίας).

2.4. Оба автора обращают пристальное внимание на греческий, и множество лексических исправлений задается точным соответствием значению греческой лексемы. Например, в том же Послании к Евреям Эразм меняет лексему *inventa* на *reperta*:

(9) Heb 9:12
sed per proprium sanguinem introivit semel in sancta aeterna redemptione *reperta* (← inventa).

В Paraphrases in Elegantias Vallae Эразм объясняет замену тем, что *invenire* имеет значение «*найти случайно или в результате поисков*», тогда как *reperire* значит «*найти и приобрести не ища*» (Jonge 1984: 84). И именно последний вариант соответствует греческому чтению εὑράμενος от εὑρίσκω «*найти, получить*».

В тексте Псалтыри 1552 г. Максим последовательно меняет прилагательное **искрении** на **ближнии** (в тексте предшествующей редакции эти лексемы были синонимичными):

(10)
11:3 гл҃алъ кождо ближнемꙋ своемꙋ (← искренемꙋ);
37:12 дрꙋзи мои, и ближнїи мои (← искреннїи);
87:19 дрꙋга, и ближнѧ҃. и знаемыˣ моиˣ (← їскренѧго).

Переводчик очевидно стремится к передаче внутренней формы греческой лексемы: производность греческого πλησίος и славянского **ближнии** одинакова.

Максим меняет прилагательное **дръжавныи** на **нарочитыи**, поскольку последнее соответствует греческому прилагательному κράτιστος «*самый лучший, самый сильный*», а прежний перевод был связан с другой производностью – от греч. сущ. κράτος «*власть, могущество*»:

(11)
22:5 чаша твоѧ ѹпоѧвающи мѧ ꙗко҂ нарочита (← дръжавна) (κράτιστον);
15:6 ибо достоѧнїе мое, нарочито (←дръжавно) мнѣ єсть (κρατίστη).

Есть в переводе Максима и уточнение буквальных значений греческой лексемы, таких как в случае врабєн – птица:

(12) 10:1
превита́н на гора͡х ꙗко же врабєн (← птица) (στρουθίον).

2.5. Греческий для обоих авторов первостепенен не только в лингвистическом отношении, но и в смысле экзегезы: уточнения/изменения толкования состоят в прямой зависимости от «обнаружения» верного значения греческой лексемы. К примеру, Эразм с опорой на комментарии Валлы предлагает переводить греческий глагол μετανοεῖτε в Mt 3:2, 4:17, 1:15 не как *poenitentiam agite* «покайтесь», «*творите покаяние*», а как *resipiscite* «*одумайтесь*». Возвращение к изначальному греческому значению μετανοέω «*подумать иначе, изменить свои мысли*» влечет за собой истолкование этих слов как необходимости внутреннего личного покаяния, а не исполнения церковной епитимьи (Черняк 1989: 62).
В тексте «Преводных строк» (РНБ, Сол. 752/862, л. 209-222), содержащих избранные толкования из текста Толковой Псалтыри 1522 г. и послуживших, по мнению Л.С. Ковтун, подготовительными материалами для второго перевода Псалтыри 1552 г. (Ковтун 1975: 35-40, 44-48) присутствует комментарий на чтение Ис 26:19 ἀναστήσονται οἱ νεκροί σου, входящее в пятую библейскую песнь:

(13)
аки́ла и̇ си͡м҃ма͡х и̇ ѳеѡдотїѡнъ. ѡ̇живꙋ́тъ мертвїй твои и̇ вста́нꙋ͡т, возбꙋ́дꙗ́тсѧ. про́чїй преве́доша. а̇ки оу̇со́пши͡м и͡м не оу̇ме́рши͡м. тѣ͡м ст҃ы͡х см҃рть оу̇спе́нїе и̇менꙋ́е͡тсѧ. послѣ́довател́нѣ же оу̇спе́нїю воскр҃нїе (РНБ, Сол. 752/862, л. 221 об.).

Разные греческие лексемы – ζήσονται (*оживут*) и ἀναστήσονται (*воскреснут*) – послужили основой для различных толкований слов *смерть* и *успение*, последнее из которых применимо только к святым – не *умершим*, а *усопшим*, которые не *оживут*, но *воскреснут*. Греческий глагол ἀνίστημι переводится в Псалтыри 1552 г. славянским воскреснꙋ́ти как в соответствующем чтении пятой библейской песни, так и в остальных случаях:

(14)
Песнь 5:14 воскре́сн̾ꙋ̾ᵀ (ἀναστήσονται) ме́ртвїи. и̂ воста́н̾ꙋ̾ᵀ и҆ж во гробѣ́ˣ;
43:24-27 въста́ни. въскꙋ́ю спи́ши гд҃и. воскр҃ни (ἀνάστηθι) ... воскр҃ни (ἀνάστα) гд҃и, помози́ на́мъ.

2.6. Наконец, оба автора озабочены проблемой дублетов – вариантных переводов одной и той же греческой лексемы. Эразм оправдывает синонимическое варьирование в латинском переводе только в том случае, если подобная вариативность присутствует в греческом (Rummel 1985: 95). В комментарии к Mk 15:11 Эразм отмечает, что греческая лексема ἀρχιερεῖς не может переводиться как *pontifices*, если ранее (ср. Mk 14:10, 15:3) в тексте Вульгаты ей соответствовало *summos sacerdotes* (Annotationes 1516: 312), и в своем переводе последовательно придерживается последнего варианта:

(15) Mk 15:11
Summi vero *sacerdotes* excitaverunt turbam (← *pontifices* autem concitaverunt turbam).

Комментируя 14 главу Евангелия от Марка, Эразм говорит о неоправданности вариативного перевода греческого глагола φωνέω в одном и том же нарративном контексте, где речь идет о том, что запоет/запел петух: в последних стихах это *canere*, однако ранее в той же главе – *dare vocem,* и избавляется от последнего варианта:

(16)
Mk 14:72 Et iterum gallus *cecinit* (← *cantavit*). Et recordatus est Petrus verbi quod dixerat illi Iesus. Priusquam gallus cecinerit (← *cantet*) bis, abnegabis me ter;
Mk 14:30 Et dicit illi Iesus. Amen dico tibi, quia hodie in nocte hac priusquam bis gallus *cecinerit* (← *vocem dederit*), ter abnegabis me.

В Евангелии от Иоанна подобного же комментария удостаиваются варианты перевода греческого φῶς – *lumen* в J 1:7 и *lux* в J 1:8 (Rummel 1985: 160).

У Максима тоже есть стремление избегать независимого от греческого синонимического варьирования: отличительной особенностью его правки являются многочисленные пары славянских синонимов, четко и последовательно связанных с греческими эквивалентами. Эта особенность заметно противопоставляет его текст старшим переводам, где строгой зависимости славянских синонимов от греческих нет. Хорошим примером здесь выступает последовательное различение Максимом прилагательных нищии πένης («*бедный, жалкий, проситель подаяния*», «*заблуждающийся*») и оубогыи πτωχός («*зарабатывающий на хлеб тяжким трудом*», «*не обретший веры, грешник*»). В прежнем тексте различий между ними не было или их соотношение было обратным:

(17)
11:6 озлобле́нїа ра́ди оу҆бо́гыхъ, и҆ въздыха́нїа ни́щихъ ← ни́щихъ ... оу҆бо́гыхъ (τῶν πτωχῶν ... τῶν πενήτων);
9:19 забве́нъ бу́детъ оу҆бо́гый. терпѣ́нїе ни́щихъ, непоги́бнетъ ← нищіи ... оу҆бо́гыхъ (ὁ πτωχός ... τῶν πενήτων);
24:16 оу҆бо́гъ е҆́смь а҆́зъ ← нищь (πτωχός);
9:10 прибѣ́жище ни́щему ← оу҆бо́гому (τῷ πένητι).

Максим регулярно переводит греческий глагол φοβηθήσομαι как боя́тися, и потому в 13:5 заменяет в старшем переводе лексему оубоа́шася, соответствующую другому греческому глаголу δειλιάω (18а). В интерлинеарных списках эту замену комментирует глосса на полях: оубоа́шася – е҆ѳоби҆ѳнсан[12] (РГБ, ф. 173.I, № 8 л. 16). В параллельном чтении 52:6 оубоа́тися, наоборот, заменил собою глагол оустраши́тися, поскольку в греческом тексте стоит форма глагола φοβέομαι (18б):

(18а) 13:5
та́мо оустраши́шася (ἐδειλίασαν) стра́ха, и҆дѣ́ же не бѣ́ стра́ха (← оубоа́шѧ).

---

[12] Греческие маргинальные глоссы в интерлинеарных рукописях, как и весь греческий подстрочный текст, написаны славянизированным письмом: за небольшим исключением греческие буквы имеют кириллический облик.

(18б) 52:6
та́мо оу҆боа́шасѧ (φοβηθήσονται) стра́ха, и҆дѣ́ же не бѣ́ страха (← оу҆страшиша̑).

Дополнительному распределению подчиняются и такие пары, как **почки** νεφρός – **оу҆тробы** σπλάγχνα, **га́ма** λάκκος – **ро́въ** τάφρος, **лѫка́въство** πονηρία – **зло́ба** κακία (19а). Неслучайность этих замен демонстрируют глоссы на полях интерлинеарных списков Псалтыри 1552 г. (далее пагинация по ркп. РГБ, ф. 173.I, № 8), которые воспроизводят чтения старшего текста и снабжают их греческими соответствиями в качестве доказательства неправомочности прежнего перевода (19б):

(19а)
72:21 по́чкы моѧ̀ и҆змѣни́шасѧ (← оу҆тро́ба моѧ̀);
27:1 нисходѧ́щимъ въ ѧ́мꙋ (← в ровъ);
7:10 да сконча́етсѧ оу҆бо лѫка́въство грѣ́шныхъ (← зло́ба).

(19б)
по́чки   – глосса оу҆тро́бы (л. 7об.);
га́ма   – глосса ро́въ (л. 8);
лѫка́въство – глосса зло́ба (л. 7об.).

Противоположные случаи, когда в старшем переводе одна славянская лексема соответствует двум разным греческим, также подвергаются исправлению, ср. в (20) δικαιοσύνη «*законность, правосудие*» и εὐθύτης «*прямота, справедливость*»:

(20) 9:9
то́й сꙋ́дитъ вселе́нную въ пра́вдѣ. (← въ пра́вдꙋ) сꙋди́ти лю́демъ въ пра́вотѣ (← въ пра́вдꙋ) (ἐν δικαιοσύνῃ … ἐν εὐθύτητι).

В переводе Максима есть также целый ряд других близких по значению пар лексем, не смешивающихся друг с другом благодаря точному соответствию греческому источнику: среди них известная пара **хра́мъ** – ναός в значении «*место богослужения*» и **соборъ** - ἐκκλησία «*церковь как собрание христиан*», заменившая в традиционном употреблении омоним **церковь** (Кравец 1991: 262-264).

3. Грамматическая справа

3.1. Весьма интересны параллельные решения обоих переводчиков, касающиеся исправления грамматико-синтаксических форм. Эта правка затрагивает некоторые общие функционально-семантические категории, актуальные не столько в лингвистическом, сколько в лингво-экзегетическом смысле.

3.2. Наиболее важной из таких категорий является категория определенности, а точнее – категория определенного мужского лица. Формальным основанием для выражения этой категории и для Эразма, и для Максима выступает греческий артикль ὁ, семантика которого транслируется в латынь и церковнославянский с помощью различных языковых средств. У Эразма греческому артиклю соответствует местоимение *ille* или *(ille) qui*. В контекстах, где речь идет об Иисусе, преимущественно используется *ille*:

(21)
Mt 16:16 Tu es Christus *ille* filius dei viventis ← Tu es Christus, Filius Dei vivi (Σὺ εἶ ὁ Χριστὸς ὁ υἱός...);
Mt 16:13 Quem *me* dicunt homines esse filium *illum* hominis ← Quem dicunt homines esse Filium hominis (τὸν υἱόν);
Mt 1:16 Iesus, *ille* qui dicitur Christus ← Iesus, qui vocatur Christus (Ἰησοῦ ὁ λεγόμενος Χριστὸς).

В этом нельзя не видеть наложения на лингвистическую семантику семантики сакральной или даже доминирования последней – Эразм в комментарии к Mt 16:13 говорит, что речь идет об однозначно определенном лице:

(22)
Neutrum expressit articulum, cum neuter sit ociosus. Nam certum filium, ac certum hominem significat (Annotationes 1516: 272).

В издании 1516 г. не все подобные контексты переданы с помощью латинского местоимения, однако в комментарии *ille* присутствует очень часто. Ср. также два параллельных чтения:

(23)
Mt 24:23 Tunc si quis vobis dixerit, ecce hic Christus aut illic, nolite credere ← Tunc si quis vobis dixerit: "Ecce hic Christus", aut "Hic", nolite credere;
Mk 13:21 Ecce hic Christus, ecce illic, ne credate ← Ecce hic est Christus, ecce illic ne credideritis.

В комментариях Эразм специально подчеркивает, что hic в данных случаях – наречие, а не местоимение, а в соответствие греческому артиклю ставит все то же местоимение *ille*, хотя и не вносит его в текст Вульгаты:

(24)
Ecce hic Christus. Et hic adverbium est, non nomen (Annotationes 1516: 311);
hic adverbium esse non pronomen ὧδε ὁ Χριστὸς ille Christus ut certum aliquem intelligas (Annotationes 1516: 284).

Другая группа примеров использует для передачи артикля местоимение *qui* или *ille qui*, относящееся уже не только к Иисусу, но и к другим определенным лицам:

(25)
Mk 1:7 veniet *qui* fortior est me post me ← venit fortior me post me (ὁ ἰσχυρότερος);
Mt 8:33 *qui* pascebant, aufugerunt ← pastores autem fugerunt (οἱ δὲ βόσκοντες);
Mt 4:3 Et cum accessisset ad eum *ille qui* tentat dixit ← Et accedens tentator dixit (ὁ πειράζων).

Вопрос о том, имела ли место дистрибуция *ille / qui* по отношению к Иисусу и другим определенным лицам или разные местоимения выступают в разных синтаксических позициях (перед именем и глаголом), требует рассмотрения на большем количестве примеров. Однако несомненно, что определенность понималась Эразмом как семантика, обязательная для передачи в латинском переводе, и это неоднократно подчеркивается в комментариях, ср. следующее замечание к чтению Mk 1:7:

(26)
Et notandus est articulus ὁ ἰσχυρότερος, id est ille qui me fortior et potentior est (Annotationes 1516: 296).[13]

Для Максима Грека столь же императивен греческий артикль перед субстантивными причастными формами: таким конструкциям соответствуют полные церковнославянские причастия типа ходѧи и ходѧщїи/еи, тогда как греческим причастным формам без артикля – краткие причастия типа ходѧ и ходѧще. Так как используется уже освоенный в церковнославянском языке способ перевода греческих субстантивных причастий, то часть подобных форм совпадает в Псалтыри 1552 г. и в тексте предшествующей редакции:

(27а)
6:6 нѣсть ... поминаѧи тебе (ὁ μνημονεύων);
17:42 не бѣ спасаѧи (ὁ σῴζων);
21:10 исторгыи (ὁ ἐκσπάσας);
40:1 блженъ разѹмѣваѧи (ὁ συνίων);
40:9 ѥда спаи не приложит ли воскрнѹти (ὁ κοιμώμενος);
52:2 нѣсть творѧи блгтыни (ὁ ποιῶν);
93:2 сѹдѧи земли (ὁ κρίνων);
103:3 ходѧи на крылѹ вѣтренюю (ὁ περιπατῶν).

Однако намного больше случаев несовпадения:

---

[13] Чрезмерным и претенциозным употреблением указательных местоимений отличался позднее перевод Теодора Безы в его изданиях (1565, 1582, 1588-1589 и 1598 гг.), ср.: In principio erat sermo ille, et sermo ille erat apud Deum, eratque ille sermo Deus (Черняк 1989: 61).

(27б)
141:5 не бѣ знаѧй мене...нѣсть взыскаѧи дш҃ѹ мою ← знаѧ (ὁ ἐπιγινώσκων) ... не в҆зыскаѧ дш҃а моѧ (ὁ ἐκζητῶν);
146:3 считаѧй множество звѣздъ ← считаѧ (ὁ ἀριθμῶν);
143:1 бл҃гвенъ г҃дь б҃гъ мой, наоуча́ѧй рѹцѣ мои ← наоуча́ѧ (ὁ διδάσκων);
143:2 повинѹѧй люди моѧ ← повинѹѧ (ὁ ὑποτάσσων);
134:7 изводѧй вѣтры ← изводѧ (ὁ ἐξάγων);
103:5 основаѧй землю ← основаѧ (ὁ θεμελίων).[14]

Напротив, при отсутствии артикля в греческом полные формы последовательно меняются на краткие:

(27в)
13:1 нѣсть творѧ бл҃гостыни ← творѧи (ποιῶν);
14:2 ходѧ непороченъ ← ходѧи (πορευόμενος);
17:51 творѧ мл҃ть ← творѧи (ποιῶν);
117:11 ѡбышеше ѡбыдоша мѧ ← ѡбышеши (κυκλώσαντες).

Регулярный характер соответствий подтверждают любопытные случаи соблюдения буквальной последовательности полных и кратких форм при наличии в греческом однородных причастий, имеющих артикль только перед первой формой:

(27д)
103:32 призираѧй на землю и творѧ ю трѧстисѧ ← призираѧи ... и творѧ (ὁ ἐπιβλέπων ... καὶ ποιῶν);
125:5-7 сѣющеи въ слезах҃ въ радости пожнѹтъ. ходѧщіи хождахѹ. и плакахѹсѧ метающе сѣмена своѧ. грѧдѹще же прїидѹ҃т в радости. в҆землюще рѹкоѧти своѧ ← сѣющеи ... ходѧщеи ... метающеи (и стерто рукой Максима Грека) ... грѧдѹщеи (и стерто рукой Максима Грека) ... в҆землюще (οἱ σπείροντες ... πορευόμενοι ... αἴροντες ... ἐρχόμενοι ... αἴροντες).

---

[14] В Троицкой Псалтыри № 315 в чтениях 134:7, 141:5, 143:1, 143:2 присутствуют исправления кратких форм причастий на полные, внесенные рукой Максима Грека.

3.3. Примыкают к выражению определенности и те случаи, в которых речь идет о референтности, т.е. о соответствии притяжательного/возвратного местоимения антецеденту (обычно грамматическому или подразумеваемому субъекту). И в латыни, и в церковнославянском исправлению подлежат формы, соответствующие греческому местоимению αὐτός, но не удовлетворяющие отношениям кореферентности с субъектом. Эразм заменяет Род. п. указательных местоимений *ejus, eorum, earum*, выступающих в функции притяжательного местоимения, на *suus*:

(28)
Mt 8:34 et cum vidissent illum rogabant, ut decederet a finibus *suis* ← ... a finibus *eorum* (ὁρίων αὐτῶν);
Mt 4:21 vidit alios duos fratres, Iacobum filium Zebedaei et Iohannem fratrem eius, in navi, cum Zebedaeo patre *suo*, farcientes retia sua ← cum Zebedaeo patre *eorum* (πατρὸς αὐτῶν);
Lk 1:70 sicut locutus est per os sanctorum qui a saeculo fuerunt prophetarum *suorum* ← sunt prophetarum *eius* (προφητῶν αὐτοῦ);
Lk 1:59 venerunt ad circumcidendum puerum et vocabant eum nomine patris *sui* Zacharia ← nomine patris *eius* Zacchariam (πατρὸς αὐτοῦ).

Такие исправления не оговариваются в комментарии Эразма, поскольку он опирается на четко сформулированные Лоренцо Валлой в работе «De reciprocatione sui et suus» (1540) правила употребления возвратного и указательного местоимений в латыни, подведшие итог многочисленным рассуждениям средневековых грамматик о распределении этих форм. Валла оценивает подобные ошибки как *lingua peregrina* и в качестве примеров приводит немало цитат из Вульгаты, ср.:

(29)
In psalmis igitur (quo Hieronymus certe non transtulit) ubi pleraque huiusmodi recte translata sunt, illud non recte: A gloria eorum expulsi sunt: pro a gloria sua. Et iterum: Qui excaverunt ut gladium linguas eorum: pro linguas suas. Et iterum: saturati sunt filijs, et dimiserunt reliquias parvulis eorum pro suis. Et iterum: Perierunt propter iniquitatem eorum: pro suam. ...In his omnibus Graece est genitivus αὐτοῦ, αὐτῆς, αὐτῶν, ille pluralis, hic sin-

gularis. Aliquando est Eius, seu Ipsius, seu Illius tolerari potest, tamen Latinius est Suus (Valla 1548: 509).

Для Максима Грека соответствующие формы также являются объектом внимания, однако в их исправлении он непоследователен. Во многих случаях в 3 лице возвратное местоимение свои, присутствующее в старшем тексте, меняется на притяжательное:

(30а)
34:7 скры́ша ми па́гꙋбꙋ сѣтей и́хъ ← сѣти своей;
105:43 ті́и же разгнѣ́ваша є҆го̀, в совѣтѣ и́хъ ← съвѣтѡ́мъ своимь;
77:30 не лишишаса ѿ желанїа и́хъ ← ѿ жаланїи своихь;
103:5 ѡ҆снова́ай зе́млю на тве́рди єа̀ ← своей.

Однако присутствует и противоположный вариант правки:

(30б)
92:3 воздвиго́ша рѣ́кы гла́сы и́хъ. во́зм꙼ꙋтъ рѣ́ки стрꙋ́и своѧ̀ ← гла́сы своѧ ... стрꙋ́гы своѧ;
104:25 възненави́дети лю́ди своѧ. лѣсть сотвори́ти в рабѣ́х є҆го̀ (подстрочная глосса рабы̀ свои́х) ← лю́ди є҆го̀ ... въ рабѣ́хь є҆го̀;
104:27 положи́лъ въ ни́х словеса̀ зна́менїи свои́х и̂ чюде́съ є҆го̀ (глосса стра́шны́х свои́х) ← знаменїи є҆го и чюде̂ є҆го (глосса Максима Грека свои́х).

По-видимому, проблема использования возвратного местоимения свои в 3 лице для Максима осталась не решенной так же, как и для 1-2 лица. Если в переводе Толковой Псалтыри в соответствии с μοῦ и σοῦ использовались формы мои и твои (Кравец 1991: 260, 271), то в Псалтыри 1552 г. представлены вариантные формы, но окончательный выбор между греческо-латинским и славянским вариантом в пользу формы свои так и не сделан:

(31)
43:25 лицѐ своѐ ѿвраща́є́ши ← лицѐ твоѐ;

44:4 препоѩ́ши ѻрꙋ́жїе своѐ ← свое;
30:23 а́зъ же рѣ́х во ѹ́жасѣ мое́м ← мое́м;
34:24 сꙋ́ди мѝ гд҃и, по пра́вдѣ твое́и ← твое́и.[15]

4. Синтаксические исправления

4.1. Из собственно синтаксических средств и Эразм, и Максим обращают особое внимание на союзы, вводящие разные типы придаточных предложений и маркирующие прямую/непрямую речь. Эразм очень придирчив к латинскому *quia*, вводящему прямую речь и соответствующему греческому ὅτι, и в комментариях многократно настойчиво рекомендует заменить *quia* на *quod* или вовсе его устранить:

(32а)
Lk 24:7 dicens *quod* oportuerit filium hominis tradi in manus hominum peccatorum ← dicens *quia* oportet Filium hominis tradi in manus hominum peccatorum.
Ср. в комментарии: aut omittendum erat ὅτι, aut vertendum in quod (Annotationes 1516: 351).

(32б)
Lk 1:61 Et dixerunt ad illam. Nemo est in cognatione tua, qui vocet hoc nomine ← et dixerunt ad illam, *quia* nemo est in cognatione tua qui vocetur hoc nomine.
Ср. в комментарии: Quia nemo est. ὅτι prorsus hic erat omittendum, cum sermo latinis huiusmodi genus orationis respuat (Annotationes 1516: 320).

(32в)
Mt 16:20 Tunc mandavit discipulis suis, ne cui diceret *quod* ipse esset Iesus Christus ← Tunc praecepit discipulis, ut nemini dicerent *quia* ipse esset Christus.
Ср. в комментарии: ὅτι vertendum erat per quod (Annotationes 1516: 273).

---

[15] Кореферентное употребление местоимения **свои** в 3 л. будет закреплено несколько позднее в Грамматике М. Смотрицкого. Там же будет сделан грекоориентированный выбор в пользу притяжательных местоимений **мои** и **твои** вместо возвратного **свои** в 1 и 2 л.

(32г)
Mk 1:15 dicens impletum est tempus ← dicens *quoniam* impletum est tempus.
Ср. в комментарии: Quoniam impletum ὅτι, hoc loco fuerat omittendum interpreti (Annotationes 1516: 296).

Максим Грек в соответствии с изъяснительным греческим ὅτι последовательно использует ꙗко, отличая этот союз от сравнительного ꙗко же (ὡς, ὡσεί), тогда как традиционный славянский текст чаще всего использовал ꙗко в обоих случаях:

(33)
36:2 занѐ ꙗкож травà, скоро и҆сшꙋ́тъ и҆ ꙗко* зеліе злака. скоро ѿпадꙋтъ ← ꙗко ... ꙗко (ὡσεὶ χόρτος ... ὡσεὶ λάχανα);
43:12 въідалъ є҆сѝ насъ ꙗкоже ѻ҆вцы снѣ́ди ← ꙗко овца (ὡς πρόβατα);
39:13 ꙗко ѡ҆держаша мѧ злаѧ̑ ← ꙗко (ὅτι περιέσχον με κακά);
24:20 да не постъі́жю сѧ, ꙗко оу҆пова́х на́ тѧ ← ꙗко же (ὅτι ἤλπισα);
78:3 пролиꙗша кровь и҆хъ ꙗкоже водꙋ ← ꙗко водꙋ (ὡς ὕδωρ).[16]

4.2. Объединяет обоих переводчиков стремление разграничить изъяснительные контексты от прочих и прямую речь от непрямой. Придаточные предложения с прочими значениями оба переводчика стараются маркировать иными союзными средствами. Эразм, заменяя *quoniam* в изъяснительных предложениях, сохраняет его в придаточных причины:

(34а)
J 11: 40 Nonne dixi tibi, quod si credideris visura esses gloriam dei ← nonne dixi tibi quoniam si credideris videbis gloriam Dei, но

(34б)
J 11:41 Pater gratias ago tibi quoniam audisti me ← Pater gratias ago tibi quoniam audisti me.

---

[16] В Троицкой Псалтыри № 315 рукой Максима Грека в 78:3 внесена правка: ꙗко*.

Максим закрепляет за ꙗко исключительно изъяснительное значение, устраняя этот союз не только из сравнительных контекстов с ὡς (см. выше примеры 33), но и из независимых предложений с ὡς, в которых ꙗко меняется на ко́ль (35):

(35)
35:8 ко́ль оу҆мно́жилъ ма̑ть твою̀ бж҃е ← ꙗ́ко;
86:7 ко́ль веселѧ́щи͞хсѧ всѣ́м жили́ще въ тєбѣ̀ ‹ - ꙗ́ко.
91:6 ко́ль возвели́чишасѧ. дѣла̀ твоѧ̀ гд҃и ← ꙗ́ко.[17]

Выводы

Перечисленные грамматические исправления, характерные как для перевода Эразма Роттердамского, так и для перевода Максима Грека, несмотря на их связь с разными локусами грамматики, объединены общей лингво-экзегетической установкой переводчиков: их внимание сосредоточено на определенном лице, обращено на принадлежность этому лицу и направлено на его высказывание. Текст Священного Писания связан с парадигматической грамматикой, представленной в многочисленных учебниках прежде всего классических языков, посредством экзегезы, актуализирующей те или иные локусы парадигмы или синтагмы. Характерно, что ни Эразм Роттердамский, ни Максим Грек, будучи оба авторитетами в области греческого языка, а также каждый в латинской и церковнославянской грамматике соответственно, не оставили после себя традиционной (в современном понимании) кодифицирующей грамматики.[18]

---

[17] В Троицкой Псалтыри № 315 рукой Максима Грека на полях в 35:8 и 91:6 внесена правка: ко́ль.

[18] Не считая перевода на латинский язык первых двух книг греческой грамматики Теодора Газы (*Theodori Gazae Thessalonicensis Grammaticae institutiones*), изданного впервые в 1516 г., и отредактированной Эразмом грамматики Уильяма Лили *De octo orationis partium constructione libellus*, остальные лингвистические сочинения Эразма посвящены частным вопросам, как его трактат о греческом произношении (*De recta Latini Graecique Sermonis Pronunciatione*, 1528 г.), или носят характер комментариев, как Парафразы на Элеганции Валлы (*Paraphrasis seu potius epitome in Elegantiarum libros Laurentii Vallae*, 1488 г.). Максим Грек также оставил после себя лишь мелкие статьи фонетико-орфографического и компилятивно-обобщающего грамматического содержания (Ягич 1895: 582-626).

Грамматика, актуальная для каждого из переводов и переводчиков, – это не парадигматическая, а своего рода синтагматическая грамматика, выстроенная вокруг оси отношений Бога и человека и их вербальной связи друг с другом, изначально теоцентричная, но включающая в свою орбиту и человека. В центре этой грамматики оказываются не грамматические, а скорее функционально-семантические категории. Подобный подход позволяет объяснить принципиальную важность для Максима Грека таких на первый взгляд грамматически разнородных исправлений, как полные субстантивные причастия вместо кратких и формы перфекта 2 лица ед. ч. вместо аориста и имперфекта:[19] в обоих случаях маркируется определенное лицо, а в большинстве псалтырных контекстов речь идет о Боге.[20]

Степень императивности этих исправлений намного выше, чем тех, которые непосредственно не связаны с библейской экзегезой и имеют отношение лишь к формальному уподоблению греческому как языку-источнику (вариативны полные и энклитические формы местоимений в Дат. п. мнѣ / ми, тебѣ / ти, формы синтетического и аналитического пассива, Им. и Род. п. при отрицании).

Таким образом, выполненные с греческого языка латинский перевод Нового Завета Эразма Роттердамского и церковнославянский перевод Псалтыри Максима Грека обнаруживают значительное сходство в приемах лингвотекстологического обращения с текстом-источником: оба автора опираются на достижения итальянских гуманистов в области тек-

---

[19] Последовательное употребление перфектных форм 2 л. ед.ч. является характерной чертой языка Максима Грека. Она присутствует во всех его текстах, как переводных, так и оригинальных (Живов, Успенский 1986, Кравец 1991, Olmsted 2002, Ромодановская 2000), в том числе и в Псалтыри 1552 г. (Вернер 2013).

[20] В толковании на чтение 89-го псалма, вошедшем в «Послание брату Григорию», Максим называет формы 2-го и 3-го лица первым и вторым лицом – в соответствии не с субъектом, но с адресатом речи, различая эти формы как «речь к Богу» и «речь о Бозе»: а҆ разли́чїе посло́вицамъ си́мъ таково́ є҆́сть. є҆гда̀ посло́вица сїѧ̀ сочета́етсѧ къ пе́рвомꙋ лицꙋ̀ ре́кше, є҆гда̀ бл҃годарѧ́ще содѣ́телѧ гл҃емъ къ немꙋ̀ самомꙋ̀. о҆ є҆го́ же къ на́мъ мл҃рдїи тогда̀ се́и и҆́детсѧ гл҃ти соста́вне. гд҃и прибѣ́жище бы́лъ є҆сѝ въ ро́дъ и҆ ро́дъ є҆́же є҆́сть вы́нꙋ. а҆ є҆гда̀ ко второ́мꙋ лицꙋ̀ сочета́етсѧ ре́кше хвала̀ и҆́нымъ ска́зываетъ бы́вшее є҆́же є҆гѡ̀ къ на́мъ бл҃готворе́нїе. тогда̀ соста́вне гл҃емъ. гд҃и прибѣ́жище бы́сть на́мъ, а҆́коже и҆́нде гл҃етъ крѣ́пость моѧ̀ и҆ пѣ́нїе моѐ гд҃ь и҆ бы́сть мнѣ̀ во сп҃се́нїе (РГБ, ф. 304.I, № 201, л. 105об.).

стологии и комментирования Священного Писания. Приложимые к лексике, эти приемы позволяют добиться не только адекватного перевода и толкования, но и служат целям кодификации, хотя и имплицитной, соответствующего лексического узуса. Изначальная экзегетическая заданность лексической правки и общность приоритетов Эразма и Максима в исправлении грамматических форм характеризует принадлежность обоих авторов к направлению библейского или религиозного гуманизма рубежа XV-XVI вв.

Все это с полным правом позволяет рассматривать перевод Максима Грека наряду с трудами северноевропейских гуманистов, создавших законченный ренессансный тип филологически обоснованных и комментированных изданий священных текстов.

Литература

Буланин (1984) – Дмитрий Михайлович Буланин, *Переводы и послания Максима Грека*. Ленинград: Наука.

Вернер (2013) – Инна Вениаминовна Вернер, *Грамматическая справа Максима Грека в Псалтыри 1552 г.* В: Александр Михайлович Молдован и др. (ред.), *Письменность, литература, фольклор славянских народов. История славистики. XV Международный съезд славистов. Доклады российской делегации*. Москва: Древлехранилище, 104-127.

Вознесенский (2013) – Андрей Владимирович Вознесенский, *К истории печатной славянской Псалтири*. Москва-Санкт-Петербург: Альянс-Архео.

Володарский (1993) – Всеволод Мордухович Володарский, *Эразм Роттердамский и «Дом Альда»*. В: Александр Николаевич Немилов (ред.), *Культура и общество Италии накануне Нового времени*. Москва: Наука, 209-215.

Гардзанити (2015) – Марчелло Гардзанити, *Максим Грек и конец средневековья в России*, «Древняя Русь. Вопросы медиевистики» 3 (61): 27-28.

Живов, Успенский (1986) – Виктор Маркович Живов, Борис Андреевич Успенский, *Grammatica sub specie theologiae. Претеритные формы глагола «быти» в русском языковом сознании XVI-XVIII веков*, «Russian Linguistics» 10, 3: 259-279.

Ковтун (1975) – Людмила Степановна Ковтун, *Лексикография в Московской Руси XVI - начала XVII в.* Ленинград: Наука.

Кравец (1991) – Елена Владимировна Кравец, *Книжная справа и переводы Максима Грека как опыт нормализации церковнославянского языка XVI века*, «Russian Linguistics» 15, 3: 247-279.

Ромодановская (2000) – Варвара Андреевна Ромодановская, *«Седе одесную отца» или «сидел еси»? К вопросу о грамматической правке Максима Грека*. В: Елена Константиновна Ромодановская и др. (отв. ред.), *Проблемы истории, русской книжности, культуры и общественного сознания* (Археография и источниковедение Сибири 20). Новосибирск: Сибирский хронограф, 232-238.

Синицына (1977) – Нина Васильевна Синицына, *Максим Грек в России*. Москва: Наука.

Синицына (2006) – Нина Васильевна Синицына, *Новые данные об итальянском периоде жизни преподобного Максима Грека*, «Вестник церковной истории», 1: 193-199.

Синицына (2008) – Нина Васильевна Синицына, *Максим Грек*. Москва: Молодая гвардия.

Фонкич (2003) – Борис Львович Фонкич, *Греческие рукописи и документы в России*. Москва: Индрик.

Цейтлин и др. (1994) – Раля Михайловна Цейтлин, Радослав Вечерка, Эмилия Благова (под ред.), *Старославянский словарь (по рукописям X-XI веков)*. Москва: Русский язык.

Черняк (1989) – Илья Хацкелевич Черняк, *Библейская филология Лоренцо Валлы и Эразмов перевод Нового Завета*. В: Всеволод Мордухович Володарский и др. (ред.), *Эразм Роттердамский и его время*. Москва: Наука, 59-66.

Ягич (1895) – Игнатий Викентьевич Ягич, *Рассуждения южнославянской и русской старины о церковнославянском языке* (Исследования по русскому языку 1). Санкт-Петербург: Типография императорской академии наук.

Combs (1996) – Willam W. Combs, *Erasmus and the Textus Receptus*, «Detroit Baptist Seminary Journal» 1: 35-53.

Denissoff (1943) – Élie Denissoff, *Maxime le Grek et l'Occident. Contribution à l'histoire de la pensée religieuse et philosophique de Michel Trivolis* (Recueil de travaux d'histoire et de philologie, Université de Louvain, série 3, 14). Paris-Louvain: Brouwer.

Dittmann (2012) – Robert Dittmann, *The Czech New Testament of 1533*, «Acta Musei Nationalis Pragae», Series C – Historia Litterarum, 57, 3: 95-102.

Haan (2014) – Annet den Haan, *Giannozzo Manetti's New Testament: Translation Theory and Practice in Fifteenth-Century Italy*, «Renaissance Studies» 28, 5: 731-747.

Haney (1973) – Jack V. Haney, *From Italy to Muscovy: The Life and Works of Maxim the Greek* (Humanistische Bibliothek, Reihe 1: Abhandlungen, 19). Munich: Fink.

Jonge (1984) – Henk Jan de Jonge, *The character of Erasmus' translation of the New Testament as reflected in his translation of Hebrew 9*, «Journal of Medieval and Renaissance Studies» 14, 1: 81-87.

Jonge (1986) – Henk Jan de Jonge, *Erasmus' method of translation in his version of the New Testament*, «The Bible Translator» 37, 1: 135-138.

Kyas (1997) – Vladimír Kyas, *Česká bible v dějinách národního písemnictví*. Praha: Vyšehrad.

Monfasani (2008) – John Monfasani, *Criticism of Biblical Humanists in Quattrocento Italy*. In: Erika Rummel (ed.), *Biblical Humanism and Scholasticism in the Age of Erasmus*. Leiden-Boston: Brill, 15-39.

Olmsted (2002) – Hugh M. Olmsted, *Recognizing Maksim Grek: Features of his Language*, «Palaeoslavica» 10, 2: 1-26.

Rummel (1985) – Erika Rummel, *Erasmus as a translator of the classics*. Toronto-Buffalo-London: University of Toronto Press.

Speranzi (2010) – David Speranzi, *Michele Trivoli e Giano Lascari. Appunti su copisti e manoscritti greci tra Corfù e Firenze*, «Studi Slavistici» 7: 263-297.

Valla (1548) – Lavrentius Valla, *De reciprocatione sui et suus libellus*. In: Lavrentii Vallae *Elegantiarum latinae linguae libri VI*. Lugduni: Apud Seb. Gryphium, 492-522.

Elias Bounatirou

Zum Konzept ‚Fehler' am Beispiel der Analyse des „Novyj Margarit" des A. M. Kurbskij. Die Frage der Bewertung sprachlicher Richtigkeit in historischen slavischen Texten

Abstract: On the concept of error, based on the analysis of the "Novyj Margarit" by A. M. Kurbskij. The problem of the evaluation of linguistic correctness in historical Slavic texts

The "Novyj Margarit" (NM) is a collection of texts which consists chiefly of homilies or other theological treatises translated into East Slavic Church Slavonic, obviously, for the most part from Latin sources. The collection was composed, as it seems, by Prince Andrej Michajlovič Kurbskij (1528-1583), or at least under his aegis. The NM contains numerous passages that pose problems for the linguistic interpretation of the text. Usually, interpretational difficulties like these in Kurbskij's translations have been explained as mistakes, i.e., by the fact that the translator or the group of translators working on the text had insufficient knowledge of the source or the target language. However, as can be shown, the number of mistakes one has to assume when following studies of Kurbskij's language published so far can be remarkably reduced by an improved systematisation of "anomalies". Such a systematisation must consist especially of an enhanced search for passages with similar peculiarities within the NM, in other works by Kurbskij or in works by other authors.

Keywords: A. M. Kurbskij, Novyj Margarit, historical Slavic texts, Latin, concept of linguistic error

Einleitende Bemerkungen zur Wahl des Themas

Beginnt man das erste Mal im sogenannten „Novyj Margarit" (NM) zu lesen, ist der Eindruck, den man erhält, vielleicht der eines sprachlichen Chaos. So begegnet man etwa in (1) einem sonderbaren *us*-Partizip auf -шү:

(1) и се оужаснүвшүсѧ и о(у)молъкшимъ всѣ(м), и запрещающе о(у)ста(м) сво-и(м), ѡнъ [sc. Judas] о(у)пра(м)ство(м) и бе(з)встыдїе(м) коею продати мѣлъ, рүкү съ о(у)чителе(м) в трївлеѡ(не) омочи(л): [...] NM 27v6-9
Et ecce paventibus, et reticentibus cunctis, et interdicentibus ori suo, ille temeritate et impudentia, qua proditurus erat, manum cum magistro in paropsidem mittit: [...] Basel 1558 3, 805, 47-50.

Dabei liegt natürlich der Gedanke nahe, dass im Fall des eigenartigen оужас-нүвшүсѧ ein Numerusfehler vorliegt. Das gilt umso mehr, als sich ein mit вс҃ѣ(м), dem Subjekt des Dativus absolutus, kongruierendes unauffälliges о(у)молъкшимъ anschließt, dann aber wiederum ein kongruenzloses запрещающе im Text steht. Man mag also überlegen, ob оужаснувшуся auf Schwächen in der korrekten Verwendung des Dativus absolutus deutet. Die Annahme sprachlicher Schwächen liegt auch deshalb nahe, weil kurz darauf das ebenfalls eigenartige feminine коею folgt, das sich auf die koordinative Junktur о(у)пра(м)ство(м) и бе(з)встыдие(м) zu beziehen scheint. Dies ist zumindest entsprechend dem Bezug von „qua" auf „temeritate et impudentia" in der lateinischen Übersetzungsvorlage der Passage zu erwarten. Das auffällige коею für lateinisch „qua" könnte dabei auf einen Kongruenzfehler im Slavischen oder auf die fälschliche Übernahme des Genus aus der Vorlage zurückgeführt werden.

Beim in diesem Beitrag untersuchten NM handelt es sich um eine Textsammlung, die aller Wahrscheinlichkeit nach unter der Leitung von Fürst Andrej Michajlovič Kurbskij (1528-1583) zusammengestellt wurde. Die Sammlung besteht zum größten Teil aus Homilien und anderen Schriften religiösen Inhalts, die unter der Ägide des Fürsten ins Ostslavisch-Kirchenslavische oder, anders ausgedrückt, in die ostslavische Buchsprache übertragen wurden. Dies geschah offenbar insbesondere unter Benutzung lateinischer Vorlagen, darunter vor allem der lateinischen Chrysostomus-Edition Basel 1558 (s. hieraus auch das Zitat in (1); Passagen aus Basel 1558 sind angeführt nach Band, Spalte und Zeile).

Die bisher einzige vollständige und kritische Edition des NM stammt von Auerbach (1976ff.). Der Haupttext der Edition, nach dem auch hier aus dem NM zitiert wird, basiert auf der Abschrift des Wolfenbütteler Kodex (W). Zusätzlich stand bei der vorliegenden sprachlichen Untersuchung des NM ein Mikrofiche von W zur Verfügung. Wegen ihres schlechten Erhaltungszustandes kann die Handschrift selbst dagegen nicht mehr eingesehen werden (E-Mail-Auskunft von Christian Heitzmann, Herzog August Bibliothek Wolfenbüttel, vom 11.04.2007).

Wie auch der NM selbst bieten die vermutlich von Kurbskij bzw. von ihm und seinen Mitarbeitern angefertigten Übersetzungen allgemein eine Fülle von sprachlichen Deutungsschwierigkeiten, darunter nicht zuletzt solche syntaktischer Art. Zurückgeführt hat man diese Auffälligkeiten in der Forschung zum großen Teil auf mangelnde Kenntnisse der Ausgangssprache, insbesondere des Lateinischen, darüber hinaus aber auch auf mangelnde Kenntnisse der Zielsprache der Übersetzungen, und d. h. im Wesentlichen des Kirchenslavischen (der ostslavischen Buchsprache). In diesem Zusammenhang wurde oft von Fehlern Kurbskijs gesprochen. Nicht von ungefähr resümiert Besters-Dilger (1992: 32) deshalb zu den sprachlichen Fähigkeiten von Fürst Andrej:

> [...] eine exzellente Kenntnis der Quellensprache, das umfassende Verstehen des Vorlagetextes und die Beherrschung der kirchenslavischen Grammatik [...] - Fertigkeiten, die bei Kurbskij nicht unbedingt vorauszusetzen sind.

Die Annahme unzureichender Kenntnisse zumindest des Kirchenslavischen erfolgt nicht ohne Grund, da Kurbskij selbst von Mängeln in der Beherrschung der Buchsprache bei sich spricht, so nicht zuletzt auch im Vorwort des NM (vgl. 6v6-8; 7r14-19). Bei der Annahme von Fehlern Kurbskijs und in historischen slavischen Texten überhaupt ist jedoch mit deutlicher Vorsicht zu verfahren. Dabei ist nicht zuletzt zu bedenken, dass die Sprache buchsprachlicher Texte, die in jüngeren Epochen entstanden sind, immer noch unzureichend untersucht ist. Darüber hinaus ist auch die Glaubwürdigkeit von Fürst Andrejs Feststellung im Vorwort des NM, seine Kirchenslavischkenntnisse seien nicht vollkommen, etwas einzuschränken. Zu berücksichtigen ist selbstverständlich, dass man gerade im Vorwort des Übersetzers mit der Verwendung des Bescheidenheitstopos zu rechnen hat (s. bereits Auerbach 1976ff., Bd. 3: 19). Überdies ergibt sich aus der Formulierung des Schlussteils des Vorworts zumindest indirekt, dass Kurbskij sich auch gewisser sprachlicher Fertigkeiten bei sich selbst bewusst war:

(2) аще ли хто въсхоще(т), спа(д)ки и часы, и прочіе чыны пре(д)рече(н)ные грамотическіе исправля(ти), [...] може(т) и зѣло може(т) исправляти, хто искусе(н) в грамот҃ѣческих(х) чинѣ(х), и во прочіи(х) наука(х) сове(р)шенъ нежели а(з), аще ли хто тѣ(л) [lies <tě(ch)> oder <tě(m)>[1]] неискусе(н) будучи да не дръзне(т) исправля(ти), понеже препо(р)ти(т), и растли(т), а ис-

---

[1] Die Konjektur <tě(ch)> wird im Apparat von Auerbachs Edition zur Stelle (vgl. dort Anm. 8) vorgeschlagen. Zur möglichen Verbesserung von W zu <tĕmъ> s. Auerbachs Kommentar zu NM 7r26 (1976ff., Bd. 4: 184 und ferner ebd., S. 173). Liewehr, der in seiner Arbeit ebenfalls einige Texte des NM herausgibt, schreibt dagegen fälschlich <тѣ(м)> direkt in seinem Editionstext (Liewehr 1928: 64, Z. 360), als sei dies die Lesart von W.

правити не може(т)[,] но первие да о(у)чи(т)са, искуси(т)са трудолю(б)не мног‍ѣми лѣты. да навыкаетъ: а пото(м) ины(х) оучи(т), и писаниѧ исправлѧе(т), ибо ва(р)варъ не може(т) философски(х) ра(з)умѣти, [...] NM 7r21-7v4.

Insgesamt ist also im Rahmen einer genaueren sprachlichen Analyse des NM im Einzelnen zu prüfen, in welchem Ausmaß wirklich Fehler Kurbskijs im Gebrauch des Slavischen und namentlich im Slavischen seiner Übersetzungen anzunehmen sind. Es ist also mit anderen Worten zu untersuchen, in welchem Umfang von Fehlern in der Übertragung der Vorlage oder ggf. im Sprachgebrauch an sich auszugehen ist. Eben dieser Thematik soll im vorliegenden Beitrag nachgegangen werden.

Der Einfachheit halber ist in dieser Arbeit meist von Kurbskij als Verfasser oder Übersetzer die Rede, auch wenn zu beachten ist, dass Fürst Andrej über Mitarbeiter verfügte, die ihm bei der Abfassung seiner Werke und speziell beim Übersetzen halfen (Besters-Dilger 1995: XXf., besonders Anm. 42-45). Insofern ist im Fall der Werke Kurbskijs und insbesondere bei Kurbskijs Übersetzungen eher von einem Verfasserkreis auszugehen.

1. Zum Forschungsstand

Auch die Sprache des NM wurde bisher in der Forschung nur in sehr begrenztem Umfang untersucht. Unter entsprechenden Vorarbeiten sind Abschnitte in Auerbach (1976ff.) zu nennen, außerdem die vergleichsweise kurze Studie Liewehr (1928) sowie Besters-Dilger (1992). Besters-Dilger behandelt dabei jedoch nur 16 Texte von den insgesamt 103 Abschnitten des NM. In dieser Arbeit wird zudem vornehmlich die Lexik und insbesondere die „Wiedergabe lateinischer deverbativer Adjektive" analysiert (Besters-Dilger 1992: 33).

Im Unterschied zu den häufig negativen Urteilen über Kurbskijs Übersetzungen bemerkt Liewehr (1928: 15) über den NM, den er in der Überlieferung von W untersucht: „die Zahl [der Mißverständnisse in der Übersetzung] ist verhältnismäßig klein". Bezüglich dieser Einschätzung ist jedoch zugleich zu beachten, dass Liewehr im Ganzen nur auf eine relativ geringe Anzahl sprachlicher Auffälligkeiten aufmerksam macht, die W aufweist. Es erscheint darum unsicher, wie genau er die gesamte Handschrift sprachlich analysiert und mit den ihm zugänglichen Vorlagen verglichen hat.

Aufgrund der hier in Ansätzen skizzierten Forschungslage lag es nahe, die Sprache des NM insgesamt und namentlich dessen Syntax eingehender zu beschreiben. Diese Aufgabe wurde deshalb in einer von mir verfassten Untersuchung (Bounatirou, im Druck) unternommen. Im vorliegenden Aufsatz soll mit der Behandlung des Konzepts ‚Fehler' ein Thema aufgegriffen werden, das bereits in der vorausgehenden Studie in detaillierterer Form bearbeitet wurde. Die Ausführungen hier beschränken sich jedoch auf eine reduzierte Darstellung einiger der zuvor geäußerten Thesen. Diese werden dabei mit Belegen illustriert, die von mir ebenfalls im selben Zusammenhang bereits besprochen worden sind (vgl. unten die Analyse in Abschnitt 4; s. Bounatirou, im Druck, passim aber ebenfalls für die „Einleitenden Bemerkungen zur Wahl des Themas" und die Abschnitte 1-3 der vorliegenden Untersuchung). Zugleich sollen die ausgewählten Thesen aber auch hinsichtlich ihrer Gültigkeit durch neues Material zusätzlich untermauert und zudem auch noch weiter ausgebaut werden (vgl. dazu unten Abschnitt 6 und teilweise auch 5).

Für die Analyse der Sprache des NM ist natürlich auch die Sprache anderer Werke Kurbskijs von Bedeutung und selbstverständlich besonders die anderer Übersetzungen von Fürst Andrej.[2] Unter den Arbeiten, die die Sprache von Übersetzungen Kurbskijs behandeln, ist die bereits erwähnte Studie Besters-Dilger (1992) zu nennen. In dieser werden neben Abschnitten aus dem NM noch die folgenden drei weiteren Übertragungen analysiert: die Übersetzung der „Paradoxa Stoicorum" II und IV Ciceros (Parad.), die Übersetzung von Abschnitten über die Syllogismen aus der lateinischen Schrift Johann Spangenbergs „Trivii erotemata, [...]" (Silog.) und die Übertragung der „Dogmatik" des Johannes von Damaskus (Dg.).[3]

Ferner enthält Besters-Dilger (1995) als zweiter Teil von Besters-Dilger (1992) eine Edition der Dg. mit einem umfassenden, detaillierten sprachlichen Kommentar zu dieser Übersetzung, die wie der NM zu den umfangreicheren Übertragungen Kurbskijs gehört (vgl. zur sprachlichen Analyse der Dg. zudem noch den früheren Aufsatz Besters-Dilger 1982). Zu Parad. sind vor al-

---

[2] Vgl. aber als Beispiel für Untersuchungen der Sprache von Originalwerken Kurbskijs die Abhandlungen zur „Istorija o velikom knjaze Moskovskom" (bzw. „Istorija velikago knjazja Moskovskago") Damerau (1963) und Boretzky (1964).

[3] Vgl. Besters-Dilger (1992: 34-36) zu NM, Parad., Silog. und Dg. als Übersetzungen, die „mit hoher Wahrscheinlichkeit [...] Kurbskij [...] zuzuschreiben" sind.

lem Baluchatyj (1916), Freydank (1988) sowie auch die neueren Arbeiten Tomelleri (2013a), (2013b) und (2015) zu vergleichen, zu Silog. der in Eismanns Ausgabe enthaltene Kommentar (= Eismann 1972).[4] Auch wenn man annimmt, dass Übersetzungstexte wie NM, Parad., Silog. und Dg. n i c h t alle vom gleichen Verfasser bzw. Verfasserkreis stammen,[5] so darf ein Vergleich dieser und sonstiger Kurbskij zugeschriebenen Werke in jedem Fall als zweckmäßig gelten. Die fraglichen Texte weisen nämlich allesamt Einflüsse e i n e r umfassenderen kulturellen Gemeinschaft auf, des kirchenslavischen Kulturkreises bzw. der Slavia orthodoxa. Zudem sind im Fall von NM, Parad., Silog. und Dg. natürlich auch deshalb sprachliche Parallelen und speziell gemeinsame Übersetzungslösungen zu erwarten, weil die Texte ausschließlich oder gerade im Fall der Dg. wohl vorrangig auf der Basis lateinischer Vorlagen angefertigt wurden.

Kurbskijs Übertragung der „Dogmatik" ins Slavische basiert dabei offenbar hauptsächlich auf einer lateinischen Übersetzung des ursprünglich griechischen Textes. Bei der benutzten lateinischen Fassung handelt es sich nach Besters-Dilger um die in der zweisprachigen griechisch-lateinischen Ausgabe Basel 1559 enthaltene (Besters-Dilger 1995: XXIII-XXX; der lateinische Text dieser Ausgabe, auf die im Folgenden mit <Jo. D. Basel 1559> verwiesen wird, ist nach der graphisch modernisierten Form zitiert, wie er in der Edition der Dg. angeführt wird).

Jedoch zog Fürst Andrej zusätzlich auch eine ältere Teilübersetzung der „Dogmatik" ins Slavische heran, das „Bogoslovie" (Bogosl.) des Exarchen Johannes, und außerdem möglicherweise mitunter auch den griechischen Text (Besters-Dilger 1995: XXVI; 1992: 64). Es erscheint nun m. E. aber besonders wahrscheinlich, dass Kurbskij – falls er den griechischen Text berücksichtigte – auf denjenigen zurückgriff, den die griechisch-lateinische Edition bot, die er ja nach eigenem Bekunden (s. Besters-Dilger 1995: XXIII) verwendet hat und die Besters-Dilger als Jo. D. Basel 1559 identifiziert.

---

[4] S. außerdem insbesondere auch den allgemeineren Literaturüberblick Lichačev et al. (1987ff., vyp. 2, Teil 1: 501-503), s. v. *Kurbskij Andrej Michajlovič* und Lichačev et al. (1987ff., vyp. 2, Teil 3: 236-246), s. v. *Kurbskij Andrej Michajlovič*.

[5] S. zum Problem der Annahme der Autorschaft Kurbskijs u. a. Tomelleri (2013b: 157f. und 175f.).

Unwahrscheinlicher dürfte es dagegen sein, dass er zusätzlich für das Griechische eine weitere separate Vorlage heranzog. Bei der Analyse von Zitaten aus der Dg. wird darum in diesem Beitrag der griechische Text aus Jo. D. Basel 1559 berücksichtigt. Im Unterschied hierzu untersucht Besters-Dilger offensichtlich ausschließlich das Verhältnis der Dg. zur griechischen Überlieferung, wie sie sich aus Kotters Ausgabe der „Dogmatik" (Jo. D. f. o.) ergibt. Ein expliziter Hinweis hierauf findet sich leider, soweit zu sehen, in Besters-Dilger (1992) und (1995) nicht. Allerdings lässt sich dies aus Verweisen auf Lesarten griechischer Handschriften im Kommentar zur Dg. schließen, die „nach den bei Kotter üblichen Sigla" (!) angegeben sind (Besters-Dilger 1995: LXXVIII), so z. B. zu Dg. 147a21: „Wortstellung wie im Lat. und in den gr. HSS [sc. Handschriften] bMN.", ferner aus dem Verweis auf Kotters Ausgabe bei Besters-Dilger (1992: 43, Anm. 61) sowie insbesondere aus dem Zitat des Griechischen im Anhang in Besters-Dilger (1992: 191, Beleg 846).

Auch das Phänomen des Fehlers im Sprachgebrauch und namentlich des Übersetzungsfehlers wurde selbstverständlich schon früher aus paläoslavistischer Perspektive behandelt und speziell auch unter Berücksichtigung von Texten aus dem kirchenslavischen Kulturkreis. So wird die Erscheinung des Übersetzungsfehlers namentlich in Thomson (1988) und Tomelleri (2013c) untersucht (s. zu älteren Abhandlungen zum vorliegenden Thema Thomson 1988: 351, Anm. 1; allgemein zum Phänomen des Übersetzungsfehlers vgl. außerdem Hansen 2010). Als Studie, die sich generell mit dem sprachlichen Fehler im Kirchenslavischen beschäftigt, ist Zapol'skaja (2013b) zu nennen.

2. Die Wiedergabe des NM und anderer älterer slavischer und lateinischer Textquellen

Die Wiedergabe älterer slavischer Quellen folgt im vorliegenden Beitrag im Wesentlichen der Textgestalt der jeweils zitierten Vorlage. In den Zitaten vorkommende Ligaturen werden jedoch aufgelöst.

Im Fall historischer kyrillischer Texte wird dabei allerdings <ȣ> beibehalten. Die Entscheidung einer angemessenen Auflösung von <ȣ> bereitet nämlich u. U. Schwierigkeiten, so nicht zuletzt im Fall von W, wo neben <оу> auch <оѵ> als explizite Schreibung für *u* begegnet. <ɪ> gibt in angeführten Zitaten kyrillisches <i> in der Edition des NM wieder sowie darüber hinaus auch sonstige, in anderen Quellen vorkommende Sonderformen des *i desjateričnoe* wie <ɪ>. In ähnlicher Weise wird in allen weiteren Fällen bei Zitaten aus historischen kyrillischen Texten auf eine Wiedergabe verschiedener Buchstabenvarianten verzichtet. Supralineare Buchstaben erscheinen ferner als in runde Klammern gesetzte Buchstaben auf der Zeile unabhängig von ihrer Kennzeichnung in der zugrundeliegenden Quelle (vgl. z. B. in der Edition des NM die Markierung durch Unterstreichung). Mit Ausnahme des Titlo – von mir durchweg vereinheitlicht wiedergegeben als <˝> – fallen andere supralineare Zeichen, darunter *Pokrytie* und *Paerki*, sowie das Trennzeichen am Zeilenende bei der Anführung von Zitaten normalerweise fort. Erstreckt sich das Titlo in der herangezogenen Quelle über mehrere Zeichen, wird es bei der Anführung des Zitats über dem ersten der jeweiligen Zeichen platziert. Auf die Wiedergabe des Titlo kann jedoch dann ebenfalls verzichtet werden, wenn in der verwendeten Edition Abkürzungen aufgelöst sind, so im Fall der Ausgabe des NM. Als supralineare Diakritika, die in der hier gewählten Form der Zitation weggelassen werden, sind dabei durchgängig auch die beiden Punkte über <ї> behandelt. Nicht wiedergegeben werden überdies Marker von Anmerkungen, die zur Kennzeichnung des Bezugselements der Randnote in älteren Quellen in den Text gesetzt sind. Andererseits wird in Zitaten aus der Edition des NM das Breve über <и> immer beibehalten, auch wenn sonstige Diakritika fortfallen. Als Rechtfertigung hierfür lässt sich u. a. darauf verweisen, dass auf der Zeile stehendes <и> in W öfter sowohl mit Breve als auch mit Gravis versehen begegnet (so z. B. in <нѣкой> 76r1; <стражей> 88v2; <мой> 109r26). Dies könnte ein Indiz dafür sein, dass <й> als zusammengehörige Einheit, als Buchstabe, zu interpretieren ist.

Dieselbe Schriftart, wie wir sie hier zur Wiedergabe von Belegen aus Quellen in altkyrillischer Schrift benutzen, wird im Übrigen auch zur Zitation von Belegen aus neuzeitlichen Editionen verwendet, die den Buchstabenbestand nicht auf den der vorrevolutionären oder der modernen bürgerlichen Schrift reduzieren. Zu solchen Ausgaben ist ebenfalls Auerbachs Edition des NM zu zählen (vgl. den Gebrauch u. a. von <ѕ>, <ж>, <ѱ> im Editionstext).

Eine Unterscheidung zwischen Majuskeln und Minuskeln, wie sie Auerbach im Text ihrer Ausgabe vornimmt, scheint insbesondere im Fall von W fragwürdig zu sein. So ist nämlich u. a. festzustellen, dass abgesehen von Text in Vjaz' und Initialen in W größer als üblich geschriebene Buchstaben oft recht unregelmäßig benutzt werden. Zudem lassen sich solche Buchstaben z. T. nicht von Buchstaben gewöhnlicher Größe unterscheiden (vgl. dazu ebenfalls Auerbach 1976ff., Bd. 1: IV, wo die Herausgeberin selbst auf das Interpretationsproblem „halbgroßer" Buchstaben hinweist). Aus diesem Grund werden Majuskeln im kyrillischen Text der Ausgabe als Kleinbuchstaben wiedergegeben, außer wenn es sich um Passagen handelt, die durchgehend in Majuskeln geschrieben sind. Solche Segmente entsprechen in W Passagen in Vjaz', wie der Vergleich mit dem Mikrofiche der Handschrift zeigt. Auf die Frage, inwiefern eine Differenzierung zwischen Majuskeln und Minuskeln auch für andere ältere slavische Quellen in kyrillischer Schrift gerechtfertigt ist, kann hier nicht weiter eingegangen werden. Zur Erläuterung der gewählten Wiedergabe nicht aus dem NM stammender Textstellen genügt der Hinweis, dass normalerweise die Unterscheidung übernommen wurde, wie sie die zugrunde gelegten modernen Editionen bieten. Zudem ist festzustellen, dass die diskutierte Unterscheidung im Fall von Zitaten aus älteren kyrillischen Drucken kaum Schwierigkeiten zu bereiten schien. Die Wiedergabe folgt darum der Differenzierung, wie sie sich aus den jeweiligen historischen Drucken ergibt. Auerbach fügt mitunter aus nicht ganz verständlichen Gründen in den Text von W die Zeichenfolge <[...]> ein (vgl. 245v12; 272r9; 447v24 und öfter). Diese hat keine Entsprechung im Text der Handschrift und entfällt deshalb in Zitaten aus der Ausgabe.

Die Abgrenzung einzelner (graphischer) Wortformen in kyrillischen Zitaten aus historischen Drucken erfolgt nach den Regeln des modernen Russischen. Ist eine Worttrennung bereits in der benutzten modernen Edition vorhanden (so im Fall des NM), wird diese normalerweise beibehalten.

Die Verwendung von Auerbachs Edition des NM erfordert eigentlich eine genaue Analyse und Kritik ihrer Ausgabe, die nur einmal von Weiher (1982) rezensiert wurde. Eine solche Untersuchung kann im Rahmen dieses Beitrages nicht erfolgen (s. dagegen ausführlich zur Kritik der Edition Auerbachs und ebenfalls zur Anführung von Zitaten aus Auerbachs Ausgabe Bounatirou, im Druck, Kap. „Die Wiedergabe des Textes des NM sowie anderer slavischer Textquellen"; s. überdies unten Abschnitt 6, Beispiel (12) mit Anm. 30 zur Wiedergabe eines tschechischen Zitats und Beispiel (15) mit Anm. 36 zur Zitation aus einer polnischen Quelle). Die Ausführungen zuvor beschränken sich daher nur auf einige Angaben, die für das Zitieren aus der Edition des NM im vorliegenden Zusammenhang besonders wesentlich sind.

Der lateinische Text aus Basel 1558 erscheint in einer graphisch leicht modernisierten Form. Dabei wird der Gebrauch verschiedener Buchstabenvarianten aufgegeben und auf denjenigen Typ eingeschränkt, der in der Form des lateinischen Alphabets üblich ist, wie es etwa für das heutige Deutsch oder Englisch benutzt wird. Die Verteilung von <i> und <j> sowie <u> und <v> bzw. der entsprechenden Versalien folgt ferner der modernen Orthographie, wie sie u. a. im ThlL benutzt wird. Schließlich werden Ligaturen und Kürzungen aufgelöst.

Ähnlich erfolgt auch die Zitation des Griechischen aus Jo. D. Basel 1559 unter Verzicht auf Buchstabenvarianten, die bei einer modernen Wiedergabe historischer griechischer Texte unüblich sind. Ebenso werden auch Ligaturen und Kürzungen aufgelöst. Ferner sind Akzent und ggf. Spiritus, die in Jo. D. Basel 1559 mitunter nicht über dem zugehörigen Vokalbuchstaben, sondern über einem angrenzenden Zeichen stehen, wie heute üblich über dem zugehörigen Vokalbuchstaben platziert.

Schließlich sei angemerkt, dass für den Verweis auf Kapitel und Vers von Bibelstellen die neukirchenslavische Bibel (Ksl. Bib.) als Bezugspunkt dient. Im Übrigen erfolgen Stellenverweise für Belege aus edierten handschriftlichen Quellen nach Möglichkeit mit Bezug auf Blatt und Zeile der der Ausgabe zugrundeliegenden Handschrift.

Für die Wiedergabe ostslavischer Namen historischer Personen und geographischer Bezeichnungen oder solcher Eigennamen historischer Personen, die zumindest vornehmlich aus ostslavischen Texten bekannt sind, gilt, dass diese in neurussischer oder einer dem Neurussischen angenäherten Form erscheinen. Ausgenommen sind hiervon selbstverständlich Namen, für die eingebürgerte deutsche Äquivalente zur Verfügung stehen. Mit der am Neurussischen orientierten Vereinheitlichung ist keine sprachliche oder kulturelle Zuordnung beabsichtigt. Vielmehr wurde diese Entscheidung aus pragmatischen Gründen getroffen. Es wird damit namentlich von einer historisch großenteils problematischen Differenzierung abgesehen, insbesondere von einer Wiedergabe von Namen aus den ostslavisch besiedelten Gebieten Polen-Litauens in ukrainischer und weißrussischer Form, unterschieden nach der Herkunft der Namen aus der heutigen Ukraine oder dem heutigen Weißrussland (vgl. zum Problem Bunčić 2006: 21-54).

3. Grundsätzliche Überlegungen zur Untersuchungsmethode

Man darf für die Texte Kurbskijs (bzw. die ihm zugeschriebenen Werke) voraussetzen, dass im Normalfall bei ihrer Abfassung Einheiten, die sprachlich

richtig und d. h. ebenfalls sinnvoll deutbar sind, absichtlich und mithin auch systematisch verwendet wurden.[6]
Dass eine bestimmte sprachliche Erscheinung mehrfach in einem Text, so im NM, auftritt bzw. an konkreten Stellen der handschriftlichen oder gedruckten Überlieferung eines Werkes, kann damit also als ein Indiz für die Richtigkeit oder auch sinnvolle Deutbarkeit der Erscheinung aufgefasst werden, bzw. das mehrfache Auftreten lässt sich zugleich ebenfalls ggf. als ein Indiz gegen einen Übersetzungsfehler deuten.

Andererseits ist selbstverständlich zu bedenken, dass auch Fehler in einem Text systematisch auftreten können, so Fehler des Verfassers im Sprachgebrauch des Slavischen oder in der Wiedergabe der Übersetzungsvorlage und zudem speziell in den Abschriften eines Werkes Überlieferungsfehler wie Verschreibungen von Kopisten.

Gerade aus diesem Grund mögen Zweifel daran bestehen, dass das wiederholte Vorkommen einer sprachlichen Erscheinung als Indiz für die Bestimmung ihrer Richtigkeit verwendbar ist. Die beschriebenen Zweifel lassen sich aber dadurch mindern, dass bei der Annahme von Fehlern generell mit Vorsicht zu verfahren ist. Dabei ist, wie erwähnt, zu beachten, dass buchsprachliche Denkmäler aus jüngeren Epochen immer noch nicht ausreichend erforscht sind. Dementsprechend sollte die Bewertung des ungewöhnlich oder gar befremdlich Erscheinenden als schlecht oder falsch ebenfalls mit äußerster Umsicht erfolgen. Der Versuch, sprachliche Normen im NM anhand wiederkehrender sprachlicher Phänomene zu bestimmen, muss zudem aus einem weiteren Grund als legitim gelten: Es lassen sich nämlich nur sehr eingeschränkt Grammatiken oder Wörterbücher heranziehen, um direkt über die Normen der ostslavischen Buchsprache und speziell über die für den NM gültigen Normen Auskunft zu erhalten. Denn die ersten eigentlichen Grammatiken und Wörterbücher für das bei den Ostslaven benutzte Kirchenslavisch entstehen erst nach Kurbskijs Tod am Ende des 16. Jahrhunderts (vgl. Keipert 1984: 468; zudem Worth 1978: 385-389).

---

[6] Zugunsten der Annahme, dass Kurbskij versucht, namentlich in seinen Übersetzungen des NM keinen sinnlosen Text zu erzeugen, lässt sich dabei etwa eine Bemerkung Fürst Andrejs im Vorwort des NM (7r9-13) anführen. Aus ihr ergibt sich recht deutlich, dass Kurbskij sich bemüht, den Inhalt seiner Vorlage, d. h. also vor allem Basel 1558, möglichst genau („ohne Entstellungen') wiederzugeben.

Wie erwähnt, können sicherlich auch bestimmte Typen von Überlieferungsfehlern gewissermaßen systematisch in Textzeugen oder in ganzen Überlieferungszweigen vorkommen. Man darf darüber hinaus zugleich aber davon ausgehen, dass die Existenz von Parallelbelegen auch als Indiz gegen das Vorliegen von Überlieferungsfehlern verwendbar ist, u. a. nicht zuletzt z. B. dann, wenn sich Auffälligkeiten in voneinander unabhängig überlieferten Werken, so etwa zugleich in NM und Dg., nachweisen lassen.[7]

In dieser Weise können durch eine Suche nach Parallelbelegen zweifellos zu einem Teil auch Mängel der Edition von Auerbach wettgemacht werden wie etwa die noch immer unzureichende Erforschung der gesamten Überlieferungslage (s. hierzu Bounatirou, im Druck, Kap. „Zur Überlieferung des NM und zur Auswahl des Zeugen W als Grundlage der Analyse") oder auch etwaige Fehler der Herausgeberin in der Lesung einzelner Passagen im Text der Zeugen des NM (s. besonders Bounatirou, im Druck, Kap. „Die Wiedergabe des Textes des NM sowie anderer slavischer Textquellen").

Nach Parallelen für auffällige sprachliche Phänomene als Indiz für deren absichtlichen Gebrauch und ihre Richtigkeit ist, wie bereits festgestellt wurde, nicht nur innerhalb ein und desselben Textes wie etwa des NM zu suchen. Es ist vielmehr auch danach Ausschau zu halten, ob sich Parallelen in anderen Texten desselben Autors (derselben Autoren) oder selbstverständlich ebenfalls in Texten ganz anderer Verfasser finden. Gerade bei Kurbskij, der in Moskowien geboren wurde und später nach Polen-Litauen floh, sind Parallelbelege aus Texten in sehr unterschiedlichen Idiomen zu berücksichtigen, darunter u. a. Parallelen in ostslavischen Denkmälern der Moskauer Rus' und solche in ostslavischen Denkmälern Polen-Litauens,[8] ferner aber nicht zuletzt auch Parallelen in westslavischen, namentlich polnischen Texten und im südslavischen Schrifttum.

---

[7] Zur Überlieferung des NM insbesondere Auerbach (1976ff., Bd. 3: 15-51), zu der der Dg. Besters-Dilger (1995: XXIII-XLVII).

[8] S. zur Annahme polnischer oder ruthenischer Einflüsse im NM bereits die Übersicht zur Sprache des NM bei Liewehr (1928: 39-47) mit Beispielen. *Ruthenisch* dient dabei als Bezeichnung der Sprache der ostslavischen Bevölkerung des polnisch-litauischen Reiches während der mittleren Periode, also bis ungefähr zum Beginn des 19. Jahrhunderts. Eine Differenzierung der Sprachkultur in eine weißrussische und ukrainische erscheint zu einem früheren Zeitpunkt noch nicht angebracht (Moser 1998: 10-16; Bunčić 2006: 21-54).

Das Bestreben, gerade wiederkehrende ähnliche sprachliche Auffälligkeiten in die Analyse zu integrieren, erweist sich im übrigen erst recht als notwendig, wenn es darum geht, den NM oder andere Werke Kurbskijs überhaupt sprachlich und speziell syntaktisch deutbar zu machen. Das Ziel muss alles in allem also in einer verbesserten Systematisierung ungewöhnlich erscheinender Sprachmerkmale bestehen und damit in einer besseren Systematisierung, als sie bisher offensichtlich erfolgt ist.

4. Sprachliche „Anomalien" revidiert
Im Fall des zu Beginn angeführten Belegs (1)

(1) и се оужаснувшуса и о(у)молъкшимъ всѣ(м), и запрещающе о(у)ста(м) свои(м), ѡнъ [sc. Judas] о(у)пра(м)ство(м) и бе(з)встыдїе(м) коею продати мѣлъ, руку съ о(у)чителе(м) в триблеѡ(не) омочи(л): [...] NM 27v6-9
Et ecce paventibus, et reticentibus cunctis, et interdicentibus ori suo, ille temeritate et impudentia, qua proditurus erat, manum cum magistro in paropsidem mittit: [...] Basel 1558 3, 805, 47-50

zeigt eine genauere Suche nach vergleichbaren „Anomalien", dass die anhand von (1) besprochen Auffälligkeiten keineswegs so isoliert und ungewöhnlich sind, wie man zuerst glauben mag. Zu beachten ist dabei im Übrigen, dass auch der zweite Zeuge zur Stelle die fraglichen Phänomene ebenso überliefert.[9]

Bereits diese Übereinstimmung der uns zugänglichen Textzeugen, die (1) überliefern, stellt natürlich ein gewisses Indiz dafür dar, dass es sich bei den auffälligen Merkmalen der slavischen Textpassage nicht um Überlieferungsfehler handelt, also um Verderbnisse bzw. Entstellungen des originalen Texts, die sekundär in der Überlieferung des NM aufgetreten sind. Weiter wird diese Annahme u. a. dadurch bestärkt, dass wir in der Dg. der folgenden vergleichbaren Partizipialform begegnen, die ebenso ungewöhnlich erscheinen mag:

---

[9] Bei Angaben zur Überlieferung des NM und anderer Texte kann dabei natürlich im Normalfall nur die Überlieferung von Textzeugen berücksichtigt werden, soweit sie uns durch Editionen zugänglich gemacht wird. Dementsprechend bezieht sich die Angabe zum „zweiten Zeugen zur Stelle" auf die Edition Auerbachs, die für die vorliegende Passage neben dem Text von W noch die Lesarten eines weiteren Textzeugen anführt.

(3) попоуцєнїє(м) бо бж҃ин(м) бы(в)шү, і силоу имѣють, і преобра(з)үются, [...]
Dg. 30a21f.
Permissione autem Dei facta, et fortitudinem habent, et transferuntur [...]
(vgl. an der entsprechenden Stelle des Bogosl. einhellig bezeugtes unauffälliges проценїю же божию бъıвъшү [...] Bogosl. 117a2f.).

Die im Fall des NM wie der Dg. einheitlich überlieferten Partizipialformen auf -šu, die scheinbar nicht in den morphosyntaktischen Kontext passen, müssen jedoch auch in sprachlicher Hinsicht nicht notwendig als fehlerhaft oder im Besonderen als Übersetzungsfehler gelten. Einen sprachlichen Fehler Kurbskijs, eine Inkongruenz im Sinne einer falschen Kongruenz, nimmt aber offensichtlich Besters-Dilger im zuletzt zitierten Beleg an. Dies zeigt sich deutlich im Kommentar zur Edition der Dg. zu (3): „Variante der Übers. [Übersetzung] eines gr. Gen. abs. [Genitivus absolutus]/lat. Abl. abs. [Ablativus absolutus] [...]: Instrumental (als mechanische Übers. des lat. Abl.) + Ptz. [Partizip] im Dat."
Belege für ganz entsprechende partizipiale Bildungen auf -u, die keine Kongruenz markieren, und zwar sowohl des us- als auch des nt-Partizips, sind auch sonst im älteren Ostslavischen bekannt. Das Vorhandensein eben dieser Parallelen spricht dafür, dass die auffälligen Partizipien in (1) und (3) Belege für eine weitere Abart kongruenzloser, unflektierter partizipialer Kurzformen darstellen.
Solche Bildungen führt man insbesondere bei Kuz'mina & Nemčenko (1982: 360-363) an. Von den dort angeführten Beispielen sei namentlich verwiesen auf die folgende Passage aus der Hypatioschronik

(4) Приславшоу же Могоучѣеви. посолъ свои к Даниилови и Василкови. боудоуцю има во Дороговьскыи[10] да и Галичь бы(с) в печали велицѣ. Ipat. let. 805, 23-26 (Jahr 6758),

---

[10] Der Ausgang <-ын> in <Дороговьскыи> erklärt sich wahrscheinlich dadurch, dass der graphematische Reflex <-ы-> hier die Lokativendung *ě fortsetzt (s. Šachmatov 1909: 118, 142 zum Lokativ in Ipat. let. vom Тур "в черторыискы"). Das auslautende <-и> dürfte als unetymologisches i zu werten sein, ebenso in <[...] в Бѣльскии. Павелъ же [...]> Ipat. let. 931, 17f. (Jahr 6797); vgl. zu solchen Schreibungen von i nach y und i entsprechende Graphien in südslavischen Denkmälern (Miklas et al. 2006: 390) und ferner im Ruthenischen (Karskij 1890: 205; Shevelov 1979: 745-747).

darüber hinaus aber auch auf Verwendungen wie in

(5) Въставшю же,[11] и не можаху ходити: бяше бо изнемогли отъ глада. Pat. KP 182r.

Gerade Belege wie den zuletzt zitierten deutet man bei Kuz'mina & Nemčenko (1982: 361-363) ausdrücklich als Ergebnis der ‚Degeneration („разрушение") der Konstruktion des Dativus absolutus'.
Zugleich stellt man bei Kuz'mina & Nemčenko aber wenigstens auch einen gewissen Usus im Gebrauch der auffälligen Partizipialformen im Dativus absolutus fest.[12]
Jüngere Belege für die diskutierten Partizipialformen auf -*u* enthält z. B. ebenfalls die älteste erhaltene Abschrift (Ende 16. - Anfang 17. Jahrhundert) der „Erzählung über die Belagerung Pleskaus durch den polnischen König Stephan Báthory", auf der die Ausgabe basiert, die der Untersuchung in Stricker (1979) zugrunde liegt (zur Datierung der Abschrift des Textes Stricker 1979: 89, zu den Belegen ebd., S. 503, 631, 634).
Darüber hinaus ist zu berücksichtigen, dass das Auftreten unflektierter partizipialer Kurzformen des *us*- und *nt*-Partizips auf -*u* in älteren ostslavischen Texten nicht nur als innerostslavische Entwicklung erklärbar ist.
Vielmehr könnte der Gebrauch der fraglichen Partizipien auf -*u* auch durch die Nachahmung entsprechender Formen im historischen südslavischen Schrifttum gefördert worden sein. D. h., die Verwendung der fraglichen Bildungen könnte mit Entlehnungsprozessen in Zusammenhang stehen, wie man sie insbesondere mit dem zweiten südslavischen Einfluss in Verbindung gebracht hat. Vergleichbare nicht kongruente bzw. unflektierte Partizipien auf -*štu* und -*šu* lassen sich nämlich z. T. auch im jüngeren Südslavischen belegen

---

[11] Das Komma fehlt wohl versehentlich in der Wiedergabe des Zitats bei Kuz'mina & Nemčenko (1982: 361).

[12] S. zudem generell zur morphologischen Interpretation kongruenzloser, unflektierter Partizipialformen und der in ihnen auftretenden formbildenden Suffixe Kuz'mina & Nemčenko (1982: 289f., 299, 335f.). Ich begnüge mich beim Verweis auf die fraglichen Partizipialformen damit, den charakteristischen suffixalen Bestandteil des Ausgangs der jeweiligen Wortformen anzugeben, so in Formulierungen wie „Partizipialformen auf -*šu*" (s. ebenso z. B. Rusek 1964: 182). Demgegenüber lautet natürlich z. B. in (1) das entsprechende vollständige verbale Suffix -вшу.

(‚im Mittelbulgarischen', vgl. Rusek 1964: 182, 186f.; Duridanov 1955: 178-181). In jedem Fall ergibt sich, dass der Gebrauch unflektierter Partizipialformen auf -šu bei Kurbskij, wie sie (1) und (3) illustrieren, aller Wahrscheinlichkeit nach nicht fehlerhaft ist. Vielmehr entspricht die Verwendung dieser Bildungen dem Usus anderer ostslavischer Werke. Bei Kuz'mina & Nemčenko (1982) weist man leider nicht darauf hin, dass diese usuell gewordenen Partizipialformen zumindest synchron im Falle Kurbskijs nicht fehlerhaft sind. Ausdrücklich als „falsch gebildete" Dativi absoluti interpretiert den auffälligen Gebrauch der Formen des us-und nt-Partizips auf -u auch Stricker (1979: 503, 631, 634).

Auch im Fall der Belege Strickers darf die Einstufung als fehlerhaft aus entsprechenden Gründen, d. h. aufgrund des nachweisbaren Usus, als fragwürdig gelten.

Das Phänomen des Auftretens unflektierter Partizipialformen, so etwa auf -šče (vgl. запрещающе in (1)), ist aus der Geschichte des Ostslavischen bzw. auch des ostslavischen Schrifttums wohl bekannt (s. u. a. Sobolevskij 2004-2006, Bd 1, II: 225-227). Vergleichbares ist überdies offenbar in der gesamten Slavia zu beobachten (Wiemer 2014: 1634-1638).

Weil hier also ein verbreiteter Usus im Gebrauch unflektierter Partizipialformen besteht (vgl. auch deren Kodifikation z. B. als Adverbialpartizipien im modernen Russischen), lässt sich ein derartiger Gebrauch bei Kurbskij kaum als fehlerhaft betrachten. Insofern ist ebenfalls die generelle Feststellung bei Zapol'skaja (2013b), eine Verwendung unflektierter Partizipia im kirchenslavischen Schrifttum des 16.-18. Jahrhunderts sei nicht korrekt, zu modifizieren (s. den folgenden Abschnitt 5).

Im Fall der in (3) angeführten slavischen Textpassage muss im Übrigen auch der Kasus des Subjekts der Absolutkonstruktion попоуще́ние(м) [...] бж҃и(м) / „Permissione [...] Dei" nicht notwendig als fehlerhaft gelten, und zwar selbst nicht dann, wenn man Besters-Dilger folgt und, wie es wohl am nächsten liegt, einen Instrumental annimmt: Man vergleiche dazu den oben bereits zitierten Kommentar der Edition der Dg. zur Stelle, wo festgestellt wird: „Instrumental (als mechanische Übers. des lat. Abl.)". Zu berücksichtigen ist nämlich, dass Kurbskij auch für Absolutkonstruktionen im Instrumental Vorbilder gehabt haben könnte. So begegnen entsprechende Syntagmen im Altpolnischen (vgl. Twardzik & Twardzik 1976: 42f., 61), ferner auch

in einigen kirchenslavischen Texten, die Večerka (1989ff., Bd. 3: 191f.) anführt.[13]
Ja, selbst wenn Kurbskij ohne Kenntnis dieser möglichen Vorbilder Instrumentales absoluti im Slavischen verwendet haben sollte,[14] also selbständig eine Lehnprägung vorgenommen haben sollte, kann ihm dies nicht als Fehler angerechnet werden. Es ist vielmehr zu beachten, dass gerade die wörtliche Übersetzung ins Kirchenslavische, aber auch in viele andere Sprachen eine lange Tradition hat. U. a. diese Tradition macht es wenig wahrscheinlich, dass die wörtliche bzw. scheinbar „mechanische" Übersetzung notwendig fehlerhaft ist und darüber hinaus auch nicht die Schaffung neuer, zuvor nicht vorhandener zielsprachlicher Strukturen nach dem Vorbild der Sprache der Vorlage (vgl. u. a. Bulanin 1995: 22-25).

Dies bedeutet vielmehr, dass gerade Parallelen in den anderssprachigen Vorlagen eines Übersetzers als Indizien für die Richtigkeit scheinbar anomaler sprachlicher Phänomene in seinem slavischen Text angesehen werden können. In diesem Sinne relativiert sich also etwa die Feststellung Freydanks, der in Parad. Verstöße „gegen die Regeln der kirchenslavischen Syntax" durch Imitation der Syntax der lateinischen Vorlage moniert (Freydank 1988: 810). Und ebenso unberechtigt erscheint die Kritik, wenn Tomelleri (2013a: 35) im Fall von Parad. – unter Verweis auf entsprechende Urteile anderer Forscher – auf den „eccessivo letteralismo praticato da Kurbskij" hinweist (s. ähnlich ebenfalls Tomelleri 2013b: 175f.).

Schließlich ist auch festzustellen, dass das vordergründig hinsichtlich seines Genus auffällige feminine Relativum кою in (1) nicht notwendig falsch sein

---

[13] Večerka zitiert dabei auch je einen Beleg aus zwei Texten, die in russischen bzw. in Russland überlieferten Handschriften enthalten sind, darunter ein Beispiel aus den „40 Evangelienhomilien Gregors des Großen" (s. zur Überlieferung der Werke – in beiden Fällen handelt es sich um Übersetzungen aus dem Lateinischen – Konzal & Čajka 2005f.: XXVI; Vašica 1929: 71).
[14] S. auch zu einem weiteren Beleg in der Dg., den Besters-Dilger offensichtlich für fehlerhaft hält, den Kommentar zu Dg. 96b10: „Statt gr. Gen. abs./lat. Abl. abs. ein 'Instr. abs.' bzw. die mechanische Übersetzung des Abl. verbo durch einen Instr. und des Ptz. [Partizips] operante durch die verallgemeinerte Ptz.-Form auf -šče." Dabei wird durch die Setzung von Anführungszeichen um <Instr. abs.> offensichtlich hervorgehoben, dass die Konstruktion fehlerhaft oder anomal ist.

muss (s. aber Besters-Dilger 1992: 64f. und öfter sowie Besters-Dilger 1995, passim zu ‚Fehlern' im Gebrauch der Genera bei Kurbskij).
Dies gilt selbst dann, wenn man annimmt, dass sich коєю ganz entsprechend dem Inhalt der Vorlage und entsprechend ihrer syntaktischen Struktur auf die koordinative Junktur о(у)пра(м)ство(м) и бє(з)встыдїє(м) bezieht (vgl. Bezug von „qua" auf „temeritate et impudentia"), d. h., obwohl man im Slavischen im vorliegenden Kontext eher ein Relativum im Neutrum erwarten würde.
Dafür, dass das Genus von коєю nicht zwingend fehlerhaft ist, spricht jedoch u. a. die Tatsache, dass die auffällige Genusverwendung durch dialektale Entwicklungen im Ostslavischen beeinflusst sein könnte, und zwar durch den z. T. begegnenden Übergang von Neutra zu den Feminina.[15]
Man muss bei der angegebenen syntaktischen Deutung für коєю im Übrigen auch nicht voraussetzen, dass das fragliche Relativum im Slavischen im Plural zu stehen hätte. Vielmehr lässt sich der Numerus (vgl. ebenso auch im Lateinischen) unmittelbar durch Kongruenz mit dem nächststehenden Substantiv in einer koordinativen Struktur erklären.
Und genauso kann natürlich auch das Genus femininum des Relativums коєю den obigen Ausführungen gemäß auf eine Kongruenz mit dem nächststehenden Substantiv in einer koordinativen Struktur zurückgeführt werden. Eine derartige Kongruenz ist typisch für das Lateinische, begegnet aber ebenso auch im Altkirchenslavischen (Večerka 1989ff., Bd. 2: 341, 390f.). Eine solche Kongruenz zeigt sich z. B. auch in der einhellig überlieferten Passage:

(6)   того ра(ди) вѣдали во истинну ѿ(т)ца и с[ы]на и св[а]таго д[у]ха єдінаго быти б[о]ж[є](с)тва и силы, [...] NM 143r24-26
      Itaque sciverunt quidem patrem et filium et spiritum sanctum <u>unius</u> esse <u>deitatis et potentiae</u>, [...] Basel 1558 3, 909, 20f.

---

[15] S. zu Belegen aus dem Großrussischen Kuznecov (1953: 115f.), ferner aus dem Ruthenischen und dem modernen Weißrussischen Karskij (1955f., Bd. 2f.: 19f., 322f.) Leider sind zahlreiche von Karskij angeführte Belege, die aus dem älteren Schrifttum und nicht aus dem modernen Weißrussischen stammen und die den Übergang von Neutra in die *a*-Deklination im Sinne einer innerostslavischen Entwicklung illustrieren sollen, problematisch. So erwägt Karskij nicht, dass viele Beispiele durch westslavischen Einfluss erklärbar sein könnten, vgl. etwa mit der bei Karskij angeführten ungewöhnlichen femininen Form SlStp Bd. 2: 348, s. v. *(ewangelia) ewanjelija*.

5. Mögliche Ursachen für Mängel in der bisherigen Fehleranalyse

Es ist anzunehmen, dass eine Ursache für die problematische Ansicht, die im vorangehenden Abschnitt behandelten auffälligen sprachlichen Phänomene seien fehlerhaft, Erwägungen sind, die die sprachhistorisch ursprüngliche Verwendung einer sprachlichen Einheit mit der richtigen gleichsetzen. Das zeigt sich besonders klar etwa, wenn von einer Degeneration des Dativus absolutus die Rede ist,[16] oder auch dann, wenn man Konstruktionen wie den Instrumentalis absolutus, die im Altkirchenslavischen nicht nachweisbar sind (Večerka 1989ff., Bd. 3: 191f.) und die wohl ebenfalls im frühen ostslavischen Schrifttum bisher eher selten belegt sind (s. hierzu bereits oben Anm. 13), als falsch oder anomal bewertet. Ähnlich geht offenbar auch Zapol'skaja in ihrem Entwurf einer ‚Grammatik der Fehler' (Zapol'skaja 2013b) von einem allgemeinen Begriff des ‚Fehlers' bzw. des ‚Agrammatismus' aus, den sie als Abweichung vom sprachhistorisch Ursprünglichen versteht: Das zeigt sich etwa, wenn in Zapol'skajas Arbeit, die vorrangig die ‚inkorrekten' („некорректные") Formen des *nt*- und *us*-Partizips in ostslavisch-kirchenslavischen Texten des 16.-18. Jahrhunderts behandelt, die Kurzform *идя* in der Verwendung als Femininum Singular als inkorrekt bewertet wird, ferner ebenso гл҃ѧ statt гл҃ющи (Femininum Singular) oder оуслышавшесѧ statt оу-

---

[16] In einer Monographie, die A. M. Moldovan nun posthum zur Veröffentlichung vorbereitet, wendet sich interessanterweise Živov ebenfalls gegen die diskutierte Vorstellung der Degeneration dieser Absolutkonstruktion. Es fällt aber zugleich auf, dass Živov trotz allem eine Sonderform der Verwendung des Dativus absolutus ausmacht („тавто-субъектный» дательный самостоятельный), die er als Neuerung und zudem als ‚defekt' einstuft. Damit folgt natürlich auch Živov selbst der fragwürdigen Degenerationsvorstellung, die er kritisiert. Denn die von ihm identifizierte defekte Neuerung, die überdies, wie es heißt, im Ostslavischen große Verbreitung gefunden habe, führt er auf vereinzelte Vorbilder in altkirchenslavischen Texten zurück und damit in Texten, die man als mustergültig („образцовые") aufgefasst habe. Somit nimmt also auch Živov an, dass im Fall des von ihm besprochenen sprachlichen Phänomens ein Usus vorliegt, der zudem auf Vorbilder in prestigeträchtigen Texten zurück. Ich danke A. M. Moldovan für den Hinweis auf Živovs Monographie im vorliegenden Zusammenhang und für die Zurverfügungstellung einer vorläufigen Version der ersten beiden Abschnitte aus dem Unterkapitel „Дательный самостоятельный и другие специфически книжные конструкции" aus der noch unpublizierten Arbeit (vgl. hierin Teil 2, Kap. 4.3 und 4.3.1).

тѣшнвса (Maskulinum Singular) (Zapol'skaja 2013b: 113, Anm. 4; 2013b: 115; Zapol'skaja sieht dabei in den genannten Beispielen jeweils Fehler in der Realisierung der grammatischen Kategorie des Numerus und des Genus). Die Problematik eines solchen sprachhistorischen Konzeptes des Fehlers bzw. des Agrammatismus wird dann deutlich, wenn Zapol'skaja (2013b: 113) feststellt, dass in Texten, die in der Standardform des Kirchenslavischen (!) verfasst sind, recht häufig hinsichtlich Genus und Numerus ‚inkorrekte' Formen dieser Partizipien vorkämen. Die Behauptung, dass ‚in der Kunst der Grammatik kompetente Sprachträger' derartige Formen als zweifelsfreie Fehler eingestuft hätten, erscheint u. a. aus diesem Grund nicht überzeugend. Die Problematik der Konzeption des Fehlers bei Zapol'skaja macht sich ferner auch darin bemerkbar, dass sich aus ihren Ausführungen z. B. ergibt, dass selbst Sil'vestr Medvedev, der doch zweifellos als sprachlich gebildet gelten darf, ‚inkorrekte' Formen des *nt*-und *us*-Partizips als Korrekturen („редакторская правка") in Texte einfügt (Zapol'skaja 2013b: 122f.). Nach Zapol'skajas Auffassung setzt Sil'vestr Medvedev die inkorrekten Formen bewusst zur Verbesserung des Ausdrucks („потребность в *выразительности*") ein, nämlich um das syllabische Versmaß zu berichten.

Bemerkenswert erscheint in diesem Zusammenhang noch ein weiteres Moment und zudem ein Indiz, das gegen die hohe und allgemeine Relevanz einer sprachhistorisch begründeten Differenzierung in Richtig und Falsch für das historische slavische Schrifttum spricht: Zapol'skaja verweist auf eine Passage aus einem großrussischen grammatischen Traktat in einem handschriftlich überlieferten Sammelband (Gram. sb.).[17]

Diesen Passus führt Zapol'skaja (2013b: 13f.) als Zeugnis dafür an, dass bereits in historischen Texten zahlreiche Beispiele für einen korrekten Gebrauch von Partizipialformen – d. h. also, für einen sprachhistorisch korrekten Gebrauch – angeführt worden seien. Dabei erwähnt die Forscherin leider nicht, dass in demselben Abschnitt aus dem grammatischen Traktat, der die Partizipialformen angibt, auch вѣ als maskuline und вѣаше als zugehörige feminine Form angeführt werden. Das fragliche Zitat lautet vollständig:

---

[17] Die Handschrift wird auf 1622 datiert, vgl. dazu die Einleitung der Edition (Kuz'minova 2002: 17).

(7) Ра(з)личїе рѣчен мѹжскн(х) w(т) же(н)скн(х); в҇ѣ [über в҇ѣ supralinear: мѹ(ж)], в҇ѣаше [über в҇ѣаше supralinear: же(н)ска], влгодара, влгодарaщи, брана, бранащи. боа(с), боащнса, бораса, борющнса. в҇ѣгаа, в҇ѣгающи. Gram. sb. 28r16-28v2.[18]

Dabei ist zu dieser Stelle auch bereits Uspenskij (2002: 225) zu vergleichen, der die Nennung von в҇ѣ und в҇ѣаше auf die offensichtliche Gleichsetzung von synthetischen Präterita und Partizipia zurückführt, wie sie sich auch sonst z. T. beobachten lässt (s. ferner zudem die ähnlichen Erläuterungen in Anm. 16 im Kommentar der Ausgabe des Gram. sb. zur Stelle, allerdings ohne Verweis auf Uspenskij). Wenn nun aber in einem grammatischen Traktat в҇ѣ als Maskulinum und в҇ѣаше als zugehöriges Femininum genannt werden, spricht dies natürlich eher dafür, dass sprachhistorisch begründete Überlegungen bei der Beurteilung von Formen keine Rolle spielten.

Wenn in (7) trotzdem eine aus moderner sprachhistorischer Sicht korrekte Klassifizierung von Partizipialformen hinsichtlich des Genus begegnet, dann entspricht dies offenbar einer persönlichen Ansicht, wie sie bei der Abfassung des Textes in der vorliegenden Form eine Rolle spielte. Es bedeutet aber nicht, dass die Norm, wie sie sich aus (7) ergibt, bei der Abfassung kirchenslavischer Texte allgemein verbindlich war (s. z. B. auch Uspenskij 2002: 224, wo dieser von der Existenz unterschiedlicher Normauffassungen im Kirchenslavischen ausgeht).

Insgesamt zeigt sich, dass eine sprachhistorisch begründete Unterscheidung in Richtig und Falsch eher als unangemessene Übertragung moderner wissenschaftlicher Kategorien auf das sprachliche Denken oder allgemeiner auf sprachliche Gegebenheiten vergangener Jahrhunderte zu betrachten ist (s. zur unangemessenen Übertragung moderner sprachlicher Vorstellungen u. a. Tomelleri 2013c: 179). Ein solches Abrücken von der Bewertung jüngerer Sprachformen nach dem Maßstab ursprünglicher oder klassischer Sprachformen besitzt im Übrigen auch eine wissenschaftsgeschichtliche Dimension und

---

[18] Der unterstrichene Teil ist bei der Anführung des Zitats in Zapol'skaja (2013b: 114) ausgelassen; diese Auslassung im Text ist jedoch natürlich als solche kenntlich gemacht. Bei der Wiedergabe von (7) in Zapol'skaja (2013b) kommen überdies einige kleinere wohl versehentliche Abweichungen von der Edition des Gram. sb. vor, nach der Zapol'skaja zitiert, so z. B. <боас> ohne Kennzeichnung von <с> als supralinear geschriebenem Buchstaben.

Relevanz. Ganz ähnlich wird ja auch das mittelalterliche Latein (Mittellatein) heute nicht mehr aufgrund der Unterschiede zum klassischen Latein der Antike pauschal als mangelhaftes Idiom abgelehnt (Leonhardt 2009: 181; Stotz 2003: 41f.).
Ebenso hat man es z. B. im Wesentlichen auch aufgegeben, das hellenistische Griechisch als „degeneriertes" Griechisch zu betrachten (Helbing 1907: 48f.). In allen Fällen zeigt sich, dass man den jüngeren Sprachformen besser gerecht wird, wenn man ihnen ihre eigenen Normen zugesteht.
Die Behandlung der Fehler namentlich in den Übersetzungen Kurbskijs (s. besonders die Analyse von Besters-Dilger) deutet darüber hinaus noch auf mindestens eine weitere Ursache für die ungerechtfertigte Annahme von Fehlern: darauf nämlich, dass bisher nur unzureichend Parallelen für auffällige Phänomene berücksichtigt wurden, oder darauf, dass bislang auch nicht genügend nach solchen Parallelen gesucht wurde.
Es ist dabei im Übrigen auch anzumerken, dass die Suche nach Parallelen als Methode, um das Vorliegen eines Fehlers zu widerlegen, zumindest in den jüngeren Abhandlungen zum Konzept des Fehlers Zapol'skaja (2013b) und Thomson (1988) gar nicht erwähnt oder berücksichtigt wird. Immerhin findet die Methode an sich aber bei Tomelleri (2013c: 176f.) zur Relativierung eines Fehlervorwurfs praktische Anwendung, ferner ebenfalls besonders oft auch in Thomson (1991, vgl. z. B. 1991: 52f. 57). Gleichwohl wird auch in Tomelleri (2013c) und Thomson (1991) nicht eigens auf die Methode allgemein eingegangen.
Dass die Suche nach Parallelen als probates Mittel anzusehen ist, um auf diese Weise eine Norm oder einen Usus zu bestimmen, bestätigt nicht zuletzt die Klassische Philologie. In diesem Fachgebiet hat das fragliche Vorgehen als Methode, um Indizien zur Bestimmung des sprachlich Richtigen zu sammeln, eine lange Tradition (vgl. z. B. Böckh 1886: 102ff.). Offensichtlich können im Fall des Lateinischen oder älteren Griechischen historische grammatische Traktate oder Wörterverzeichnisse (Lexika)[19] nicht in demselben Maße wie im Fall moderner Standardsprachen als Hilfsmittel benutzt werden, um eine Sprachnorm zu ermitteln, d. h., im vorliegenden Zusammenhang besonders eine Sprachnorm, die als für ein Werk oder für die Werke eines Autors

---

[19] S. aber zu einer solchen Kodifikation des Griechischen Leonhardt (2009: 31) und des Lateinischen Leonhardt (2009: 101-106).

maßgeblich betrachtet werden kann. Dabei ist natürlich u. a. zu bedenken, dass ein Teil der historischen grammatischen Abhandlungen oder lexikographischen Texte in der Überlieferung verloren gegangen ist (s. zu solchen verlorenen Werken Leonhardt 2009: 65f. 102). Ferner ist aber ebenfalls z. B. der Wandel der Norm im Laufe der Zeit zu beachten oder das Vorhandensein einer Vielfalt von Normen innerhalb derselben Sprache, die zum selben Zeitpunkt bestanden haben, so namentlich im Fall des Mittellateins (Leonhardt 2009: 181-186, 198f.).

Zudem stellt sich die Frage, inwieweit die einzelnen Regeln, die in Werken enthalten sind, die einer Normierung von Sprache dienen sollen, allgemein verbindlich waren oder inwieweit diese Regeln überhaupt für eine umfassende Normierung ausreichten. Dies gilt u. a. deshalb, weil ja zugleich auch von einer „impliziten Kodifizierung" durch Texte auszugehen ist, deren Sprache in der Antike als Muster für gute Sprache diente, und überdies durch Texte unterschiedlicher Autoren, so z. B. im Griechischen durch die Werke Homers und Xenophons oder im Lateinischen durch die Werke Vergils und Ciceros.[20]

In ähnlicher Weise kann auch im Fall des Kirchenslavischen nicht von einer allgemein verbindlichen Norm ausgegangen werden (Keipert 2014: 1225), und ähnlich scheint auch im Fall des Kirchenslavischen die Orientierung an anderen buchsprachlichen Texten für die Bestimmung des angemessenen bzw. richtigen Sprachgebrauchs wesentlich gewesen zu sein (Keipert 1984: 468; Živov 1988: 51-55).

6. Lexikalische „Anomalien"

In den vorangehenden Ausführungen wurde auf sprachliche Auffälligkeiten, die den Gebrauch lexikalischer Morpheme betreffen, bisher nicht eingangen, und auch in Bounatirou (im Druck) haben lexikalische „Anomalien" eher selten Berücksichtigung gefunden.

Im Folgenden soll darum anhand weiterer bisher nicht berücksichtigter Beispiele gezeigt werden, wie auch auf lexikalischem Gebiet gerade durch eine verbesserte Suche nach Parallelen weniger Fehler in der Sprache der Übersetzungstexte Kurbskijs anzunehmen sind. Besters-Dilger macht auf eine lexi-

---

[20] Vgl. zu einer solchen „impliziten Kodifizierung" Leonhardt (2009: 31f. 106ff.), außerdem allgemein zum Mittellatein ebenfalls Stotz 2003.

kalische Anomalie aufmerksam, die ihrer Meinung nach im folgenden Passus vorliegt:

(8) єсли же оубо єдино глюще єстество слова мо(л)чали быхо(м), не прилагающе воплощенно, но тако бы изо внѹтрь о(т)лоучивши строеніе, [...] Dg. 81a16-19
Si enim unam dicentes naturam verbi taceremus, non adijcientes incarnatam, sed quasi <u>forinsecus</u> locantes dispensationem, [...], (vgl. auch mit изо внѹтрь о(т)лоучивши das Äquivalent im Griechischen ἔξω τιθέντες Jo. D. Basel 1559 206, 39 [Passage fehlt dagegen im Bogosl.]).

Der Kommentar der Edition der Dg. enthält die Erläuterung zu изо внѹтрь in (8): „Für einen kurzen Textabschnitt (Hinweis auf einen anderen Übersetzer?) beginnt hier die Verwechslung von *vnutrъ* 'innerhalb' mit *vně* 'außerhalb', vgl. 90b5, 96b19." Entsprechend liest man in der Dg.:

(9) і наоученіе і таковые троуды, не ко достиженію доброты аже внѹтрь введенна, оумыслишася: но ко і(з)гнанію введенные злости та(ж) кроме єстества. Dg. 90b4-7
Et exercitatio, et huiusmodi labores, non ad acquirendam virtutem quae <u>forinsecus</u> sit inducenda, excogitati sunt: sed ad inductam et praeter naturam pravitatem expellendam. (s. zu доброты аже внѹтрь введенна in (9) auch τὴν ἀρετήν, ἔξωθεν [sic] ἐπείσακτον [sic] οὖσαν Jo. D. Basel 1559 223, 18f. [Passage fehlt im Bogosl.]),

und ähnlich heißt es Besters-Dilgers Angabe gemäß an der dritten von ihr genannten Stelle:

(10) бо не са(м) [sc. Christus] о(т) себе дѣлае(т)[21] радосне[22] ко естественномоу

---

[21] Besters-Dilger bemerkt, дѣлае(т) weiche im Tempus von der Präteritalform im Griechischen und Lateinischen ab (s. ähnlich auch Besters-Dilger 1992: 52 zu Passagen in der Dg. mit „Präsens für Präteritum" in der Vorlage, d. h. besonders als Äquivalent für das Präteritum im Lateinischen). Dabei wird allerdings nicht ausdrücklich erwähnt, dass diese Verwendung des Präsens nicht fehlerhaft sein muss, da bei Kurbskij nämlich auch mit dem Gebrauch des historischen Präsens zu rechnen ist (s. Boretzky 1964: 114, 120).

[22] Der Kommentar der Dg. zur Stelle erläutert: „*radosne:* Beruht wohl auf Lesefehler (*alacriter* statt *alacritatem*), aber auch das Lat. ist unklar. Mit ὁρμὴν ἐποιεῖτο ist 'zu etwas drängen' gemeint." Wie der Kommentar zeigt, hatte Kurbskij ebenfalls mit dem Problem u. U. mangelhafter oder zumindest unklarer Übersetzungsvorlagen zu kämpfen.

Zum Konzept ‚Fehler' bei der Analyse des „Novyj Margarit" 261

страданїю, а ни оные вины о(т) скорбны(х) сопротивленїа[23], абѡ тѣ га(ж) изѡ
внѹтрь слѹчаютсѧ претерпевалъ, но двїза(л)сѧ по послѹшанїю естества,
[...] Dg. 96b16-21
Non enim a seipso ad naturales passiones alacritatem operabatur, neque ipsam ex
tristibus occasionem et refutationem, aut ea quae <u>extrinsecus</u> accidunt passus est: sed
movebatur secundum obsequium naturae, [...]
οὐ γὰρ ἀφ' ἑαυτοῦ πρὸς τὰ φυσικὰ πάθη τὴν ὁρμὴν ἐποιεῖτο, οὐδ' αὐτὴν ἐκ τῶν
λυπηρῶν ἀφορμὴν καὶ παραίτησιν, ἢ τὰ <u>ἔξωθεν</u> προσπίπτοντα ἔπασχεν, ἀλλ'
ἐκινεῖτο κατὰ τὴν ἀκολουθίαν τῆς φύσεως, [.] Jo. D. 1559 235, 7-11;
(Passage fehlt im Bogosl.).

(In (8)-(10) liegen alle diskutierten sprachlichen Auffälligkeiten in einheitlicher Überlieferung vor.) Eine in diesem Sinne gewöhnliche Verwendung von внѹтрь mit semantischem Bezug auf das Innere begegnet dagegen in:

(11) "а(з) гако маслина пло(до)ви(т)а," не точїю ѡто внѣ вѣтве(н)на, но внѹтрь
вла(ж)на. NM 134r18f. (= Ps 51, 10)
Ego autem quasi oliva fructifera, non solum foris frondosa, sed <u>intus</u> succulenta.
Basel 1558 3, 901, 38-40.

Anders, als Besters-Dilger annimmt, lässt sich zumindest im Fall von (8) und (10) jedoch leicht zeigen, dass der Gebrauch von изѡ внѹтрь in der Bedeutung ‚außen, von außen' nicht fehlerhaft ist. Eben diese Bedeutung belegen nämlich Slov. 11-17 Bd. 6: 124, s. v. *izvnutr'*; HistSlBM Bd. 14: 66, s. v.

Eine sprachlich schlecht zu deutende slavische Übertragung solcher Passagen kann dabei natürlich kaum Kurbskij als sein Versagen, als sein Übersetzungsfehler, angelastet werden. Allerdings muss радосне nicht notwendig, wie Besters-Dilger offenbar annimmt, Adverb sein. Es lässt sich ebenso zumindest auch als Akkusativ Neutrum Singular und damit im Sinne eines ‚substantivierten' Adjektivs (‚Freudiges') deuten, was syntaktisch und semantisch dem Lateinischen *alacritatem* näher kommt (s. zur Adjektivendung *-e* in der Dg. ebenfalls bereits Besters-Dilger 1995: LXXVI).

[23] Beachte die koordinative Verbindung des Slavischen in оные вины о(т) скорбны(х) сопротивленїа. Diese weist abweichend vom Lateinischen und Griechischen in allen – in der Edition herangezogenen – slavischen Textzeugen der Dg. zur Stelle keine separate graphematische Realisierung einer Konjunktion auf. Vgl. in diesem Zusammenhang aber den Promiscuegebrauch von <ы> einerseits sowie <ын> (ggf. <ы н>) / <ый> u. Ä. andererseits Bounatirou, im Druck, Kap. „Unetymologisches <i> nach <i> und <ы> sowie zur Frage der Wiedergabe von **ij* und **yj* als <и> und <ы>".

izovnutr'; HistSlBM Bd. 13: 130f., s. v. *zovnutr'*; HistSlBM Bd. 12, 197: s. v. *zevnutr*; SłStp Bd. 11: 326f., s. v. *zewnątrz* (s. ferner unten in (12) tschechisch „ze wnitrz" als Entsprechung von lateinisch „extrinsecus").[24] Bei вноүтрь in (9) könnte demgegenüber eine sekundäre und damit nicht von Kurbskij zu verantwortende Textverderbnis vorliegen: Es könnte vor <вноүтрь> das recht kurze graphische Segment <ιзо> ausgefallen sein, oder ein Kopist könnte ein ursprünglich im Text stehendes Segment wie *vně* durch <вноүтрь> als dessen Antonym ersetzt haben.[25]
Möglicherweise ist aber auch вноүтрь als Äquivalent von „forinsecus" / ἔξω-θεν ‚von außen' nicht als Fehler zu bewerten, selbst wenn man annimmt, dass der Text in der überlieferten Form im Wesentlichen der der Kurbskij'schen Übersetzung ist. Eine Bedeutung ‚außen, von außen' für slavische Lexeme, die aus Kontinuanten der urslavischen Verbindung *$v ъ n$ $ǫtrъ$ zusammengesetzt sind, ist zwar in einschlägigen Wörterbüchern (vgl. SJS, SS, Srez., Slov. 11-14, Slov. 11-17, SORJa 16-17, Dal', Sparw., HistSlBM, SStUM, SUM, SłStp, Vok. web., Dan., Miklos., RHSJ, RCJH, RCJM) offenbar nicht verzeichnet.[26] Dennoch finden wir zumindest einmal im SłStp den Hinweis auf die Wiedergabe von lateinisch *forinsecus* in der Bedeutung „*z wierzchu, na zewnątrz, foris, extra*" mit „wnątrz" im altpolnischen Kalischer Mamotrekt (Bd. 10: 263, s. v. *wnątrz*). Das polnische „wnątrz", dessen Verwendung offenbar unmittelbar der lateinischen Vorlage folgt (vgl. „Forinsecus, id est intus"), wird im SłStp allerdings als Ergebnis einer fehlerhaften Interpretation des lateinischen *forinsecus* in Ier 32, 11 eingestuft (s. auch in der Edition MamStp 213, Spalte 2 zu Ier 32, 11) und damit also einer falschen Deutung, die bereits der lateinische Text des Mamotrekts enthält.

---

[24] Zu berücksichten ist ebenfalls, dass z. B. Slov. 11-17 Bd. 6 und HistSlBM Bd. 13 deutlich vor Besters-Dilger 1995 erschienen sind, dass diese lexikographischen Hilfsmittel aber leider für die hier behandelten Belege des Dg. nicht herangezogen wurden.

[25] S. zu Textverderbnissen im Griechischen aufgrund von Ersetzungen durch Antonyme Heyworth & Wilson 2002.

[26] Berücksichtigt sind in der angeführten Liste nur die formal besten Äquivalente von *$vъn$ $ǫtrъ$* und zudem nur solche in adverbialer Verwendung. Für eine noch umfangreichere Analyse, auf die aber vorerst verzichtet werden muss, wären selbstverständlich auch z. B. Wörterbucheinträge zu präpositional gebrauchten Kontinuanten von *$vъn$ $ǫtrъ$* oder zu Fortsetzern von *$vъn$ $ǫtri$*, Ableitungen wie *wnętrzność* u. a. heranzuziehen.

Noch bemerkenswerter aber sind zahlreiche Parallelen, die in Gestalt von Verwendungen des Adjektivs *vъnutr'nii*[27] im Sinne von ‚äußerer' (!) vorkommen und mithin ebenfalls darauf deuten könnten, dass auch вноутрь in (9) die Bedeutung ‚außerhalb, von außen' besitzen könnte. So liest man nämlich etwa im 1525 in Wilna im Druck erschienenen Apostol von Franscisk Skorina (Skor. Ap.):

(12) Кроме вну(т)рены(х) нападеннен[28] мои(х), иже на всл дни попечение имамъ о всех'ь церквахъ. Skor. Ap. II Cor 11, 28 (83r11-13)
praeter illa quae extrinsecus sunt instantia mea cotidiana sollicitudo omnium ecclesiarum Vulg.
[...] χωρὶς τῶν παρεκτὸς[29] ἡ ἐπίστασίς μοι ἡ καθ' ἡμέραν, ἡ μέριμνα πασῶν τῶν ἐκκλησιῶν. Gr. NT
Krom toho czož ze wnitrz geſt. Uſtawicżná má nakażdý den pécże o wſſech krzeſtianech. Bibl. Venedig 1506 1, 32-34.[30]

---

[27] Als Zitierform für das vorliegende Lexem und im weiteren Sinne auch seiner Äquivalente in anderen ost- wie auch süd- und westslavischen Texten wird die lateinische Umschrift der Verweisform benutzt, die der Slov. 11.-14. bietet. Auf die Einführung einer adäquateren Zitierform, wie sie in Bounatirou (im Druck) vorgeschlagen wird, verzichte ich hier der Einfachheit halber.

[28] Ohne hier auf Formen bei Skorina vom Typus нападеннен genauer eingehen zu können, sei zumindest angemerkt, dass Karskij (1955f., Bd. 2f.: 146) den auffälligen Ausgang *-iei* im Genetiv Plural als rein graphematische Erscheinung nach polnischem Vorbild erklärt. Das bemerkenswerte Phänomen bleibt bei Bulyka et al. (1990: 32) unerwähnt. Immerhin verweist Bulyka (1970: 14) auf Schreibungen vom Typ <пienкный>, <пienкность> (Varl.) unter polnischem Einfluss.

[29] Rothe (2002: 942) gibt wohl versehentlich χωρὶς als Äquivalent von вну(т)рены(х) an.

[30] Das vorliegende tschechische Zitat ist in einer dem Original möglichst nahen Wiedergabe angeführt, also im Wesentlichen transliteriert. Als Majuskeläquivalent für <u>/ <v> wird dabei <U> benutzt. Die Worttrennung folgt der des Originals. Der Stellenverweis enthält nur die Angabe der Spalte und Zeilen und keine Angabe der Seiten- oder Bogenzahl. Der zitierte Bibeldruck (Bibl. Venedig 1506) weist nämlich keine Seiten-, Bogen- oder gar Lagenzählung auf. S. zu den Entsprechungen von вну(т)рены(х) in der Vulgata und in Bibl. Venedig 1506 auch Rothe (2002: 942), ferner zur Vulgata und der tschechischen Bibel Bibl. Venedig 1506 als teilweise verwendeten Quellen für Text von Francisk Skorina Rothe (2002: 1003-1007). Einen Text, der im Wesentlichen mit Bibl. Venedig 1506 in (12) übereinstimmt, enthält überdies die Kuttenberger Bibel (s. Kuttenb. Bibl. 555v, 1, 46-48); zu Kuttenb. Bibl. als eventuelle Quelle Francisk Skorinas

Man vergleiche dabei im vorliegenden Zusammenhang Bauer (1988: 1263, s. v. παρεκτός), der für παρεκτὸς in (12) als Bedeutung ‚außerdem, außerhalb' anführt bzw. der χωρὶς τῶν παρεκτὸς in (12) als *„abgesehen von dem, was ich außen vor lasse"* versteht. Kurbskij selbst bietet im Übrigen in der folgenden Stelle aus dem NM dieselbe Bibelstelle II Cor 11, 28 mit einer weniger auffälligen Wiedergabe, ebenso wie auch z. B. die Ostroger Bibel (Bibl. Ostr.):

(13) "[...] во а(л)чи и жажде, в зимѣ и в наготѣ, кромѣ внѣшны(х) нападении, іаже по всѧ дни." зри(ш) іако чи(н) те(р)пеней и вина похвалы. NM 448r2-5
[...] In fame et siti, in frigore et nuditate. Praeter illa, quae extrinsecus sunt, incursus mei quotidiani. Vides velut seriem passionum, et gloriae occasiones. Basel 1558 5, 1015, 25-28
[...] въ алчьбѣ и въ жажди, [...] в зимѣ и наготѣ, кромѣ внѣшнихъ нападении іаже по всѧ дни, [...] Bibl. Ostr. 42r, 2, 27-30.[31]

Zugleich ist ferner zu beachten, dass Rothe (2002: 942) Francisk Skorinas Text in (12) für fehlerhaft hält, d. h. genauer, dass er den Gebrauch von вну-(т)рены(х) als Beispiel für Fehler Francisk Skorinas anführt, „die durch keine Vorlage verursacht sein können".

Nichtsdestoweniger lässt sich als weiteres Beispiel für den Gebrauch von *vъnutr'nii* im Sinne von ‚äußerer' auch auf die Evangelienausgabe von Vasilij Tjapinskij verweisen. Hier begegnet in Mt 8, 12 in der ruthenischen Fassung des zweisprachig, jeweils parallel in einer kirchenslavischen und einer ruthenischen Spalte gedruckten Evangelientextes (vgl. ruthenisch in (14) b., daneben buchsprachlich in (14) a.):

Rothe (2002: 938, 1034). Leider sind im Fall des Nachdrucks des Apostols von Francisk Skorina (Skor. Ap.) und darüber hinaus auch des Nachdrucks der Evangelienausgabe von Vasilij Tjapinskij (Tjap., s. unten Beispiel (14)) von den Herausgebern nicht ausdrücklich die Exemplare genannt worden, nach denen der moderne Wiederabdruck hergestellt wurde, bzw. es wird nicht erwähnt, in welcher Weise ggf. der Nachdruck aus Aufnahmen verschiedener Exemplare der fraglichen Drucke zusammengesetzt ist.

[31] Rothe (2002: 942) erwähnt darüber hinaus ebenfalls, dass auch die Gennadij-Bibel statt вну(т)рены(х) in II Cor 11, 28 въиѣшних [sic Rothe] bietet.

(14) a. Сынове же цр(с)твиѧ изгнани будѫть во (т)мү кромѣшнюю, ту будеть плачъ и скрѣжеть зубомъ· Tjap. Mt 8, 12 (10r, 1, 33-36)
filii autem regni eicientur in tenebras exteriores ibi erit fletus et stridor dentium Vulg.
[...] οἱ δὲ υἱοὶ τῆς βασιλείας ἐκβληθήσονται εἰς τὸ σκότος τὸ ἐξώτερον· ἐκεῖ ἔσται ὁ κλαυθμὸς καὶ ὁ βρυγμὸς τῶν ὀδόντων. Gr. NT
кромѣшнюю] Randanm.: в апракасе :дальнюю:

b. А сынове королевства выгнаны будү(т) в темность вну̑треннюю, тамъ бү-де(т) плач і скригнтаньe зубовъ· Tjap. Mt 8, 12 (10r, 2, 33-36)

Zudem begegnen in Tjap. zwei auf den griechischen Bibeltext zurückgehende Parallelstellen zu (14). Die fraglichen Parallelen zeigen dabei einen Wortlaut, der im Fall der hier näher betrachteten Präpositionalphrase in (14) (s. εἰς τὸ σκότος τὸ ἐξώτερον und dessen Äquivalente) mit diesem Beleg in den unterschiedlichen gebotenen Textfassungen praktisch völlig identisch ist. Es handelt sich um Tjap. Mt 22, 13 во тьмү кромешнюю ,in die äußerste Finsternis' 30v, 1, 42f. (kirchenslavisch) / в темносьть [sic] внү̑треннюю 30v, 2, 42f. (ruthenisch) / „in tenebras exteriores" Vulg. / εἰς τὸ σκότος τὸ ἐξώτερον Gr. NT und Tjap. Mt 25, 30 во тмү кромешнюю 36r, 1, 37f. (kirchenslavisch) / в темносьть [sic] внү̑треннюю 36r, 2, 37f. (ruthenisch) / „in tenebras exteriores" Vulg. / εἰς τὸ σκότος τὸ ἐξώτερον Gr. NT.[32] Für кромешнюю in Mt 22, 13 und Mt 25, 30 wird in einer Randanmerkung in Tjap. zudem auf Mt 8, 12 zurückverwiesen und damit auf die in (14) a. zitierte Glosse дальнюю,[33] die im Text zu Mt 22, 13 und Mt 25, 30 als solche nicht angeführt ist.

Besonders bemerkenwert erscheint, dass wir bei Tjapinskij eine gegenüberstellende Verwendung von – aus heutiger Sicht – gewöhnlichen Ausdrucksweisen (vgl. etwa кромѣшнюю / дальнюю) und ungewöhnlichem vъnutr'nii finden. Dies hängt mit der erwähnten Art des Drucks zusammen, d. h. damit,

---

[32] Vgl. die Bedeutungsangabe „d. Finsternis ganz draußen" zu τὸ σκότος τὸ ἐξώτερον in Mt 8, 12, Mt 22, 13 und Mt 25, 30 bei Bauer (1988: 566), s. v. ἐξώτερος, d. h. mit superlativisch verstandenem ἐξώτερος; s. zu dieser Bedeutung des griechischen Komparativs Blass (2001: 194-196).

[33] Die einleitende Angabe в апракасе [...] in der Randanmerkung weist darauf hin, dass die angeführte Textvariante offenbar aus einem Aprakos-Evangelium stammt (Rothe 2005: 208, 210-212; Klimaŭ 2012: 312).

dass bei Vasilij Tjapinskij, wie beschrieben, kirchenslavischer und ruthenischer Evangelientext parallel und damit synoptisch abgedruckt sind. Eben diese dreimalige Gegenüberstellung lässt sich, wie man annehmen darf, bereits als Indiz dafür werten, dass Vasilij Tjapinskij die drei fraglichen Bibelstellen auch in der ruthenischen Fassung wahrscheinlich nicht missverstanden hat. Von einem solchen Fehler geht aber Rothe aus, der überdies nur (14) berücksichtigt. Rothe bemerkt: „[Vasilij Tjapinskij] irrte sich bei der Übernahme des poln. Wortes und sagte nicht *äußere* (ze wnętrzny [sic]), sondern *innere*; so als ob er den Text gar nicht verstanden hätte" (Rothe 2005: 211). Rothes Interpretation folgt auch Klimaŭ (Klimaŭ 2012: 293), der aber zudem ebenfalls auf die beiden zusätzlichen Parallelstellen bei Tjap., Mt 22, 13 und Mt 25, 30, verweist. Trotz allem muss auch im Fall der Beispiele aus Tjap. nicht von einem wie auch immer gearteten Fehler ausgegangen werden. Statt dessen lässt sich nicht zuletzt aufgrund der vergleichbaren Passage bei Francisk Skorina annehmen, dass im 16. Jahrhundert ein Usus im Gebrauch von *vьnutr'nii* in der Bedeutung ‚äußerer' bestand. Überdies sprechen für die Existenz eines solchen Usus interessanterweise auch sogar polnische (!) Belege vom Beginn des 16. Jahrhunderts, die bisher im Zusammenhang mit den diskutierten Passagen in Tjap. oder Skor. Ap. noch nicht berücksichtigt worden sind. So liest man nämlich im „Rozmyślanie przemyskie" (Rozm.)[34] ganz wie an der entsprechenden Bibelstelle in Tjap.:

(15) „[...] a synowie krolewstwa będą wrzuceni w <u>wnętrzne</u> w[35] ćmy[e], gdzie to będzie krzyk a *s*krzytanie ząb". Rozm. 287, 16-19 (= Mt 8, 12)
filii autem regni eicientur in tenebras <u>exteriores</u> ibi erit fletus et stridor dentium Vulg.,[36]

---

[34] Für die Handschrift, die den Text enthält, vermutet W. Wydra als „frühestmöglichen Zeitpunkt der Entstehung des Kodex' [sic] das Jahr 1512" (vgl. Wydras Beschreibung der Handschrift bei Keller & Twardzik 1998ff., Bd. 1: XXIX).
[35] Zur Wiederholung der Präposition s. SłStp Bd. 10: 13, s. v. *w*.
[36] Das Rozm. ist nach dem transkribierten Text der Edition von Keller & Twardzik wiedergegeben, den ihre Ausgabe zusätzlich zur Tranliteration des Textes enthält. Die lateinische Entsprechung wird nach Vulg. zitiert, stimmt aber mit dem in der Edition als Vorlage zitierten lateinischen Bibeltext im Wesentlichen, d. h. vor allem bis auf die Interpunktion, überein. Die Ausgabe des Rozm. (s. Keller & Twardzik 1998ff. Bd. 2, 902) zitiert die Vulgata nach: „Die Heilige Schrift des Alten und Neuen Testamentes. Mit

ferner ebenso wie in Tjap. auch „w ciemnice wnętrzne" Rozm. 413, 7 (= Mt 22, 13) / „in tenebras exteriores" Vulg. und „wie[37] ćmy wnętrzne" Rozm. 490, 23 (= Mt 25, 30) / „in tenebras exteriores" Vulg. Zusätzlich findet man einmal ebenfalls: „[sc. Odstępcie] wie ćmy wnętrzne" Rozm. 379, 4f. (= Mt 25, 41) / „[sc. Discedite] in ignem aeternum" Vulg.[38] Demgegenüber kann Klimaū (2012: 293) in den fünf von ihm neben Tjap. eingesehenen jüngeren polnischen Bibeltexten des 16. Jahrhunderts, darunter in der Bibelübersetzung von Szymon Budny von 1572, nur die Verwendung von zewnętrzny an den fraglichen Stellen in Mt 8, 12; Mt 22, 13 und Mt 25, 30 feststellen. Wie Rothe zieht allerdings auch Klimaū Rozm. nicht zum Vergleich heran.[39] Zumindest im SłStp hält man andererseits alle angeführten Belege aus Rozm. für falsche Übersetzungen oder für Fehler, die auf Verschreibungen von zewnętrzny zurückgehen. Der sprachliche Kommentar der Edition des Rozm. beurteilt die angeführten Belege – bis auf Rozm. 379, 4f. (vgl. Anm. 38) – dagegen offenbar nicht ausdrücklich als fehlerhaft, wenngleich auch keine nähere Begründung hierfür angeführt wird.

Zwar finden sich nach den Angaben des SłStp für wnętrzny ‚äußerer' außerhalb des Rozm. im Polnischen bisher keine Parallelen. Dass wir aber auch im Fall des auffälligen Gebrauchs von wnętrzny im Rozm. nicht zwangsläufig von einem Fehler auszugehen haben, wird nicht nur durch das mehrfache Auftreten dieser Verwendung innerhalb des Werkes wahrscheinlich. Vielmehr ist zu berücksichtigen, dass die sprachliche Richtigkeit der fraglichen polnischen Belege ihrerseits durch die Existenz von Parallelen im ruthenischen Schrifttum, d. h. den erwähnten Passagen in Tjap. und Skor. Ap., umso wahr-

---

dem Texte der Vulgata. An Stelle des Alliolischen Bibelwerkes herausgegeben von Augustin Arndt S.J., Regensburg 1901". Vgl. zu den Quellen des Rozm. außer denjenigen, die in der Edition des Werkes selbst bereits angegeben sind, Mazurkiewicz 2007; Rojszczak 2007; Rojszczak-Robińska 2012.

[37] S. zur Form wie der Präposition ebenfalls SłStp Bd. 10: 13, s. v. w.

[38] Im Kommentar zur Edition des Rozm. wird im Fall des letzten Belegs offenbar ein Lesefehler des Übersetzers vermutet, und zwar, dass er statt „aeternum" internum las. Möglich scheint es aber auch, dass eine freie Übersetzung vorliegt, ähnlich wie ja ebenfalls bei der Wiedergabe des unmittelbar vorausgehenden „ignem" mit „ćmy".

[39] Die diskutierten besonders auffälligen Parallelen zwischen Rozm. und Tjap. werden im Übrigen auch nicht in Naumow 1994 behandelt oder überhaupt genannt.

scheinlicher wird. Im Fall von Rozm. ist dabei u. U. auch sogar ostslavischer Einfluss zu bedenken (vgl. zu lexikalischen Ruthenismen in Rozm. Laskowski et al. 2012: 79).

Dass *vъnutr'nii* (*wnętrzny*) im Sinne von ‚äußerer' nicht notwendig falsch ist, wird schließlich zudem dadurch wahrscheinlich, dass das fragliche Adjektiv auch in Wörterbüchern offenbar in der ein oder anderen Weise als Mittel zur Bezeichnung von Entferntheit aufgefasst wird.

Dies zeigt sich im Slov. 11-14, wo man zahlreiche Belege für *vъnutr'nii* im Sinne von „*отдаленный*" angibt (Bd. 2: 188f., s. v. *vъnutr'nii* [s. hier auch zu griechischen Äquivalenten wie insbesondere ἐνδότερος, ἐσώτερος] und Bd. 2: 189, s. v. *vъnutr'něi*).

Man vergleiche im Zusammenhang mit der Bedeutungsangabe des Slov. 11-14 auch die Textvariante дальнюю der Randanmerkung, die parallel zu внутренюю im ruthenischen Haupttext auftritt. Ähnlich führt man im RCJM (Bd. 2: 297, s. v. *vъnǫtrъnь*) zumindest die Wortverbindung *vъnǫtrъněja pustini* in der Bedeutung „*оддалечена област, пустина*" an und illustriert sie mit mehreren Beispielen (Griechisch entspricht ἐνδοτέρα/ ἐσωτέρα ἔρημος).[40]

Die angeführten zahlreichen lexikalischen Indizien für *vъnutr'nii* im Sinne von ‚äußerer', die aus verschiedenen Texten stammen und zudem aus unterschiedlichen Sprachregionen der Slavia, dürften die diskutierte Bedeutung recht sicher belegen. Als Beleg von *vъnutr'nii* in der hiermit verwandten Bedeutung ‚entfernt' lässt sich überdies auch die in der folgenden Passage auftretende Randglosse im NM auffassen:

(16) бы́лъ [sc. Moses] м(ү)дрый такъ домашни(м) ꙗко вн ѣ шни(м) оу҄ чениемъ. [...] NM 393v2f.

Erat itaque sapiens, tam domestica quam peregrina eruditione: [...] Basel 1558 3, 1099, 49f.

вн ѣ шни(м)] Anm. a: вн(ү)тре(н)ны(м)[41]

---

[40] In anderen Wörterbüchern (vgl. oben die Liste zu den für die Kontinuanten von *vъnutr'* konsultierten Nachschlagewerken) fehlen dagegen Belege für (etymologisch-formale Entsprechungen von) *vъnutr'nii* in der Bedeutung ‚äußerer' oder zumindest ‚entfernt'. Berücksichtigt sind dabei ggf. auch ‚substantivierte' Verwendungen der adjektivischen Äquivalente von ostslavisch *vъnutr'nii* und deren Steigerungsstufen.

[41] Wie sonst in W bei Randglossen sind auch im Fall des vorliegenden Textabschnitts die Glosse am Rand und das zugehörige Haupttextsegment mit Brevia bezeichnet, und zwar

Das bedeutet, auch in (16) muss, selbst wenn die Glossierung von вн︮ѣ︯шни(м) mit внѹтре(н)ны(м) aus moderner Sicht semantisch widersprüchlich und unsinnig erscheinen mag, in Wirklichkeit nicht notwendig ein Fehler, d. h. ein semantischer Widerspruch, vorliegen.[42] Gleichwohl bleibt zu bedenken, dass die vorliegende Glosse vielleicht nicht von Kurbskij stammt, dass sie also erst später hinzugefügt worden sein könnte. Denn der zweite Zeuge zur Stelle überliefert die Randnote im Gegensatz zu W nicht.

Schließlich sei im Zusammenhang mit dem bereits oben angeführten Beleg (8)

(8) если же оѵбо едіно г︮л︯юще естество слова мо(л)чали выхо(м), не прилагающе воплощенно, но іако бы ізо вноѵтрь о(т)лоѵчивши строеніе, [...] Dg. 81a16-19
Si enim unam dicentes naturam verbi taceremus, non adjicientes incarnatam, sed quasi forinsecus <u>locantes</u> dispensationem, [...]

noch auf einen weiteren möglichen Fehlervorwurf gegenüber Kurbskij eingegangen. So wird in Besters-Dilgers Kommentar zur Stelle auch die Wiedergabe von „locantes" mit о(т)лоѵчивши kritisch beurteilt. Zu о(т)лоѵчивши heißt es: „Zu stark für τιθέντες/locantes." In diesem Fall ist allerdings zu bedenken, dass Besters-Dilger an anderer Stelle – primär mit Bezug auf die Übersetzungstechnik in der Dg. – den „hohen Grad an übersetzerischer Freiheit, die sich Kurbskij gestattet" feststellt (Besters-Dilger 1992: 54). Wenn nun bei Kurbskij generell immer wieder Tendenzen zur freien Wiedergabe der Vorlage und damit auch zum freien Umgang mit den inhaltlichen Vorgaben durch den Ausgangstext feststellbar sind, wird es aber umso fraglicher, ob ihm eine Übersetzung von „locantes" bzw. τιθέντες mit о(т)лоѵчивши als Fehler angerechnet werden kann. Dabei ist ebenfalls zu berücksichtigen, dass sich eine derartige Freiheit in der Wiedergabe des Inhalts der Vorlage auch bei anderen Übersetzern der Zeit nachweisen lässt, so etwa im polnischen Text der Brester

---

jeweils mit vier Brevia. Eine ähnliche Kennzeichnung von Glossen begegnet ebenfalls in den Textzeugen der Dg., vgl. Besters-Dilger (1995: LXVIII). S. außerdem zur Kategorie der Randglossen unter den Marginalien von W Bounatirou (im Druck), Kap. „Die Wiedergabe des Textes des NM sowie anderer slavischer Textquellen".

[42] S. im hier besprochenen Kontext auch Slov. 11-14 Bd. 2: 194f., s. v. *вънѣшьnii* zur Bedeutung „*Чужой, посторонний; не связанный родственными или близкими отношениями*".

Bibel (Kwilecka 2001: 1567-1570) und besonders in der polnischen Psalterübersetzung des Walenty Wróbel (Kwilecka 2003: 148f.). Neben freien Übersetzungen sind im Übrigen jedoch auch Bestrebungen eines wörtlichen Übertragens bei Kurbskij beobachtbar. So bemerkt Besters-Dilger (1992: 52) zur Dg. ebenfalls: „Die syntaktischen Konstruktionen werden dem Lat. nachgebildet" (zur freien neben einer eher wörtlichen Übersetzung im NM Liewehr 1928: 15, außerdem aber auch zur problematischen Differenzierung zwischen freier und wörtlicher Übertragung Bulanin 1995: 26).

Zusammenfassung und Ausblick
Im vorliegenden Beitrag wird anhand einiger ausgewählter Beispiele des NM gezeigt, wie durch eine verbesserte Systematisierung auffälliger sprachlicher Erscheinungen deutlich weniger Fehler im NM anzunehmen sind, als man dies tun muss, wenn man bisherigen Analysen der Sprache von Werken Kurbskijs folgt. Eine bessere Systematisierung sollte dabei vor allem in einer genaueren Suche nach Parallelen für „Anomalien" bestehen. Diese genauere Suche nach Parallelen führt vor Augen, dass nicht nur im NM von weniger sprachlichen Fehlern auszugehen ist, als der bisherige Forschungsstand nahelegt, sondern auch in der Dg. und anderen Werken Kurbskijs (vgl. die Bemerkungen zu Parad.), darüber hinaus aber auch genereller in anderen Werken des älteren ostslavischen Schrifttums (s. zu Letzterem die angemerkten notwendigen Korrekturen an der Darstellung bei Kuz'mina & Nemčenko 1982, Stricker 1979, Zapol'skaja 2013b, Rothe 2002 und 2005 sowie Klimaŭ 2012). Die vorgenommene sprachliche Untersuchung macht dabei – in Ergänzung zu Bounatirou (im Druck) – nicht zuletzt deutlich, dass auch auf lexikalischem Gebiet weniger Fehler in den Werken Kurbskijs anzunehmen sind. Dies veranschaulichen vor allem die Ausführungen zu ιзо вноутрь für „forinsecus" oder „extrinsecus" und *vъnutr'nii* im Sinne von ,äußerer'.
Zugleich zeigt sich bei der lexikalischen Analyse entsprechend ebenfalls, dass auch ungewöhnliche Phänomene in slavischen Werken außerhalb des eigentlichen ostslavischen Schrifttums durch ostslavische Parallellen weitere Bestätigung erhalten. Damit wird es also noch unwahrscheinlicher, dass die behandelte lexikalische Auffälligkeit im „Rozmyślanie przemyskie" als fehlerhaft zu gelten hat, wie zumindest im SłStp und z. T. im Kommentar zur Edition des Werkes (Keller & Twardzik 1998ff.) angenommen wird.

Im Ganzen verzichtet die vorliegende Darstellung auf eine eingehendere Behandlung der Definition des von Kurbskij zu verantwortenden Fehlers an sich (s. aber hierzu Bounatirou, im Druck). Vielmehr wird umgekehrt der Versuch unternommen, als Erstes zu klären, was in einem Text Kurbskijs als aller Wahrscheinlichkeit nach richtig oder zumindest nicht notwendig fehlerhaft zu gelten hat.

Vielleicht noch wichtiger als eine Beschäftigung mit dem sprachlichen Fehler in Texten Kurbskijs, der von ihm selbst verursacht ist, scheint es darum sich um eine noch bessere, systematischere und umfassendere sprachliche Untersuchung des historischen slavischen Schrifttums überhaupt zu bemühen. Denn gerade auf diese Weise, so darf man annehmen, lassen sich mehr Parallelen für ungewöhnliche sprachliche Phänomene bei Kurbskij finden und es lässt sich hierdurch besser verstehen, was für eine sprachliche Norm man für Kurbskij voraussetzen darf.

Insgesamt wird schließlich ebenfalls deutlich, dass es unangemessen und ahistorisch wäre, Kurbskijs Texte wie auch andere Werke des historischen slavischen Schrifttums nach Erwägungen zu beurteilen, die die sprachhistorisch ursprüngliche Verwendung einer sprachlichen Einheit mit der richtigen Verwendung gleichsetzen.

Literatur

Auerbach (1976ff.) – Inge Auerbach (Hrsg.), *Andrej Michajlovič Kurbskij, Novyj Margarit. Historisch-kritische Ausgabe auf der Grundlage der Wolfenbütteler Handschrift*, Bd. 1-4 (Bausteine zur Geschichte der Literatur bei den Slawen. Editionen [4], 9). Gießen: Schmitz.

Baluchatyj (1916) – Сергей Дмитриевич Балухатый, *Переводы кн. Курбского и Цицерон*, «Гермес, иллюстрированный научно-популярный вестник античного мира» 18: 109-122.

Basel 1558 – Ioannes Chrysostomus, *Opera Divi Ioannis Chrysostomi, archiepiscopi Constantinopolitani, quotquot per Graecorum exemplarium facultatem in Latinam linguam hactenus traduci potuerunt: [...]*, Bd. 1-6. Basel: Hieronymus Froben und Nicolaus Episcopius.

Bauer (1988) – Walter Bauer, *Griechisch-deutsches Wörterbuch zu den Schriften des Neuen Testaments und der frühchristlichen Literatur*, herausgegeben von Kurt Aland und Barbara Aland, 6. Auflage. Berlin-New York: de Gruyter.

Besters-Dilger (1982) – Juliane Besters-Dilger, *Die Wiedergabe lateinischer syntaktischer Konstruktionen (Acc. cum inf., Part. coniunctum und Abl. absolutus) in Kurbskijs Damascenus-Übersetzung*, «Anzeiger für slavische Philologie» 13: 1-24.

Besters-Dilger (1992) – Juliane Besters-Dilger, *Andrej M. Kurbskij als Übersetzer. Zur kirchenslavischen Übersetzungstechnik im 16. Jahrhundert* (Monumenta linguae Slavicae dialecti veteris. Fontes et dissertationes 31). Freiburg im Breisgau: Weiher.

Besters-Dilger (1995) – Juliane Besters-Dilger (Hrsg.), *Die Dogmatik des Johannes von Damaskus in der Übersetzung des Fürsten Andrej M. Kurbskij (1528-1583)* (Monumenta linguae Slavicae dialecti veteris. Fontes et dissertationes 35, 2). Freiburg im Breisgau: Weiher.

Bibl. Ostr. – Комиссия по сохранению и изданию памятников письменности при советском фонде культуры (редкол.), *Библиа сиречь книги ветхаго и новаго завета по языку словенску*. Москва-Ленинград: Слово-Арт, 1988 [Фототипическое переиздание текста с издания: Острог, 1581 г.].

Bibl. Venedig 1506 – *Biblí Česká v Benátkách tišťená*. Benátky: Peter Liechtenstein, 1506.

Blass (2001) – Friedrich Blass et al., *Grammatik des neutestamentlichen Griechisch*, 18. Auflage. Göttingen: Vandenhoeck und Ruprecht.

Böckh (1886) – August Böckh, *Encyklopädie und Methodologie der philologischen Wissenschaften*, herausgegeben von Ernst Bratuscheck, 2. Auflage besorgt von Rudolf Klussmann. Leipzig: Teubner.

Bogosl. – Linda Sadnik (Hrsg.), *Des hl. Johannes von Damaskus Ἔκθεσις ἀκριβὴς τῆς ὀρθοδόξου πίστεως in der Übersetzung des Exarchen Johannes*, Bd. 1-4 (Monumenta linguae Slavicae dialecti veteris. Fontes et dissertationes 5). Wiesbaden: Harrassowitz – Freiburg im Breisgau: Weiher, 1967ff.

Boretzky (1964) – Norbert Boretzky, *Der Tempusgebrauch in Kurbskijs „Istorija velikago knjazja Moskovskago"*. Diss. Bonn.

Bounatirou (im Druck) – Elias Bounatirou, *Eine Syntax des „Novyj Margarit" des A. M. Kurbskij. Philologisch-dependenzgrammatische Analysen zu einem kirchenslavischen Übersetzungskorpus*. Diss. Bonn.

Bulanin (1995) – Дмитрий Михайлович Буланин, *Дреняя Русь*. In: Jurij Davidovič Levin (Hrsg.), *Schöne Literatur in russischer Übersetzung. Von den Anfängen bis zum 18. Jahrhundert*, Bd. 1 (Bausteine zur slavischen Philologie und Kulturgeschichte. Neue Folge. Reihe A: Slavistische Forschungen 13 [/3]). Köln et al.: Böhlau – Sankt Petersburg: Bulanin, 17-73.

Bulyka (1970) – Аляксандр Мікалаевіч Булыка, *Развіццё арфаграфічнай сістэмы старабеларускай мовы*. Мінск: Навука і тэхніка.

Bulyka et al. (1990) – Аляксандр Мікалаевіч Булыка і інш., *Мова выданняў Францыска Скарыны*. Мінск: Навука і тэхніка.

Bunčić (2006) – Daniel Bunčić, *Die ruthenische Schriftsprache bei Ivan Uževyč unter besonderer Berücksichtigung der Lexik seines Gesprächsbuches Rozmova / Besěda. Mit Wörterverzeichnis und Indizes zu seinem ruthenischen und kirchenslavischen Gesamtwerk* (Slavistische Beiträge 447). München: Sagner.

Dal' – Владимир Иванович Даль (1903 – 1909), *Толковый словарь великорусского языка*, т. 1 – 4, третье, исправленное и значительно дополненное, издание под редакциею проф. Ивана Александровича Бодуэна-де-Куртенэ. Санкт-Петербург–Москва: Товарищество Вольф [Réimpression Paris: Librairie des Cinq Continents 1954].

Damerau (1963) – Norbert Damerau, *Russisches und Westrussisches bei Kurbskij* (Veröffentlichungen der Abteilung für slavische Sprachen und Literaturen des Osteuropa-Instituts [Slavisches Seminar] an der Freien Universität Berlin 29). Wiesbaden: Harrassowitz.

Dan. – Ђура Даничић (1863 – 1864), *Рјечник из књижевних старина српских*, I – III. Биоград: Државна штампарија.

Dg. – Besters-Dilger (1995): 2-639.

Duridanov (1955) – Иван Дуриданов, *Към проблемата за развоя на българския език от синтетизъм към аналитизъм*, «Годишник на Софийския университет. Филологически факултет» 51, 3: 85-273.

Eismann (1972) – Wolfgang Eismann (Hrsg.), *O silogizme vytolkovano. Eine Übersetzung des Fürsten Andrej M. Kurbskij aus den Erotemata trivii Johann Spangenbergs* (Monumenta linguae Slavicae dialecti veteris. Fontes et dissertationes 9). Wiesbaden: Reichert.

Erusalimskij (2009) – Константин Юрьевич Ерусалимский, *Сборник Курбского. Исследование книжной культуры*, т. 1 – 2. Москва: Знак.

Freydank (1988) – Dietrich Freydank, *Zwischen griechischer und lateinischer Tradition. A. M. Kurbskijs Rezeption der humanistischen Bildung*, «Zeitschrift für Slawistik» 33: 806-815.
Gr. NT – Barbara Aland, Kurt Aland (Hrsgg.), *Nestle-Aland. Das Neue Testament. Griechisch und Deutsch*, 4. Auflage. Stuttgart: Deutsche Bibelgesellschaft-Katholische Bibelanstalt, 2003.
Gram. sb. – Kuz'minova (2002).
Halenčanka (2005) – Heorhi Halenčanka (Hrsg.), *Evanhelije in der Übersetzung des Vasil Tjapinski um 1580. Facsimile und Kommentare* (Biblia Slavica III, 5). Paderborn et al.: Schöningh.
Hansen (2010) – Gyde Hansen, *Translation 'Error'*. In: Yves Gambier, Luc van Doorslaer (eds.), *Handbook of Translation Studies*, Vol. 1. Amsterdam-Philadelphia: Benjamins, 385-388.
Helbing (1907) – Robert Helbing, *Die sprachliche Erforschung der Septuaginta*, «Verhandlungen der [...] Versammlung Deutscher Philologen und Schulmänner» 49: 48-50.
Heyworth & Wilson (2002) – Stephen Heyworth, Nigel Wilson, *Textverderbnis*. In: Hubert Cancik, Helmuth Schneider (Hrsgg.), *Der neue Pauly. Enzyklopädie der Antike*, Bd. 12/1. Stuttgart-Weimar: Metzler, 231-233.
HistSlBM – Аляксандр Мікалаевіч Булыка і інш. (рэд.), *Гістарычны слоўнік беларускай мовы*, вып. 1 – 35 –. Мінск: Навука и тэхніка – Беларуская навука, 1982 –.
Ipat. let. – Алексей Александрович Шахматов (ред.), *Ипатьевская летопись*, издание второе (Полное Собрание Русских Летописей 2). Санкт-Петербург: Александров, 1908.
Jo. D. Basel 1559 – Ioannes Damascenus, Τὰ τοῦ μακαρίου Ἰωάννου τοῦ Δαμασκηνοῦ ἔργα. *Beati Ioannis Damasceni opera item Ioannis Cassiani Eremitae non prorsus dissimilis argumenti libri aliquot [...]*. Basel: Heinrich Petri, 1559.
Jo. D. f. o. – Johannes Damascenus, *Die Schriften des Johannes von Damaskos II. Ἔκδοσις ἀκριβὴς τῆς ὀρθοδόξου πίστεως. Expositio fidei*, herausgegeben von Bonifatius Kotter (Patristische Texte und Studien 12). Berlin-New York: de Gruyter, 1973.
Karskij (1890) – Евфимий Федорович Карский, *К истории звуков и форм белорусской речи*, «Русский филологический вестник» 24, 4: 198-230.
Karskij (1955f.) – Евфимий Федорович Карский, *Белорусы. Язык белорусского народа*, вып. 1 – 3. Москва: Издательство Академии наук СССР.
Keipert (1984) – Helmut Keipert, *Geschichte der russischen Literatursprache*. In: Helmut Jachnow et al. (Hrsgg.), *Handbuch des Russisten. Sprachwissenschaft und angrenzende Disziplinen* (Slavistische Studienbücher, Neue Folge 2). Wiesbaden: Harrassowitz, 444-481.

Keipert (2014) – Helmut Keipert, *Kirchenslavisch-Begriffe*. In: Kempgen et al. (2009-2014), Bd. 2, 1211-1252.

Keller & Twardzik (1998ff.) – Felix Keller, Wacław Twardzik (Hrsgg.), *Rozmyślanie przemyskie*, Bd. 1-3 (Monumenta linguae Slavicae dialecti veteris. Fontes et dissertationes 40-42-48). Freiburg im Breisgau: Weiher.

Kempgen et al. (2009-2014) – Sebastian Kempgen et al. (Hrsgg.), *Die slavischen Sprachen. Ein internationales Handbuch zu ihrer Struktur, ihrer Geschichte und ihrer Erforschung*, Bd. 1f. (Handbücher zur Sprach- und Kommunikationswissenschaft 32). Berlin et al.: de Gruyter.

Klimaŭ (2012) – Ігар Паўлавіч Клімаў, *Евангелле ў перакладзе Васіля Цяпінскага*. Мінск: Беларускі дзяржаўны ўніверсітэт культуры і мастацтваў.

Konzal & Čajka (2005f.) – Václav Konzal, František Čajka (edd.), *Čtyřicet homilií Řehoře Velikého na evangelia v českocírkevněslovanském překladu*, I – II (Práce Slovanského ústavu. Nová řada 20). Praha: Euroslavica.

Ksl. Bib. – Святѣйший правительствующий синод (редкол.), *Библія сирѣчь книги священнаго писанія ветхаго и новаго завѣта с параллельными мѣстами*, изданіе второе. Санкт-Петербургъ: Синодальная типографія, 1900 [Репринтное издание по благославлению Святейшего Патриарха Московского и всея Руси Алексия II. Москва: Российское Библейское Общество 2001].

Kuttenb. Bibl. – Reinhold Olesch, Hans Rothe (Hrsgg.), *Kuttenberger Bibel / Kutnahorská Bible bei Martin von Tišnov* (Biblia Slavica I, 2). Paderborn et al.: Schöningh, 1989. [Nachdruck der älteren Variante der Ausgabe Kuttenberg: Martin von Tišnov 1489].

Kuz'mina & Nemčenko (1982) – Ирина Борисовна Кузьмина, Елена Васильевна Немченко, *История причастий*. In: Рубен Иванович Аванесов, Валерий Васильевич Иванов (ред.), *Историческая грамматика русского языка. Морфология. Глагол*. Москва: Наука, 280-411.

Kuz'minova (2002) – Елена Александровна Кузьминова, *Грамматический сборник 1620-х годов. Издание и исследование Е. А. Кузьминовой* (Annali dell'Istituto Universitario Orientale di Napoli. Aion Slavistica. Quaderno 1). Napoli: Istituto Universitario Orientale.

Kuznecov (1953) – Петр Саввич Кузнецов, *Историческая грамматика русского языка. Морфология*. Москва: Издательство Московского университета.

Kwilecka (2001) – Irena Kwilecka, *Die Brester Bibel. Kulturgeschichtliche und sprachliche Fragen der Übersetzung*. In: Hans Rothe, Friedrich Scholz (Hrsgg.), *Biblia Święta to jest Księgi Starego i Nowego Zakonu. Brest 1563*, Teil 2 (Biblia Slavica II, 2, 2). Paderborn et al.: Schöningh, 1485-1660.

Kwilecka (2003) – Irena Kwilecka, *Studia nad polskimi przekładami Biblii* (Studia i materiały 66). Poznań: Uniwersytet im. Adama Mickiewicza. Wydział Teologiczny.

Laskowski & Mazurkiewicz (2007) – Roman Laskowski, Roman Mazurkiewicz (red.), *Amoenitates vel lepores philologiae*. Kraków: Lexis.

Laskowski et al. (2012) – Роман Лясковський та ін., *Вплив староукраїнської мови на пізньосередньовічну польску мову південно-східного порубіжжя: «Розмисел перемишльський»*, «Українська мова», № 4: 66-81.

Leonhardt (2009) – Jürgen Leonhardt, *Latein. Geschichte einer Weltsprache*. München: Beck.

Lichačev et al. (1987ff.) – Дмитрий Сергеевич Лихачев и др. (ред.), *Словарь книжников и книжности Древней Руси*, вып. 1 – 3. Ленинград [Санкт-Петербург]: Наука – Буланин.

Liewehr (1928) – Ferdinand Liewehr (Hrsg.), *Kurbskijs „Novyj Margarit"* (Veröffentlichungen der Slavistischen Arbeitsgemeinschaft an der Deutschen Universität in Prag, II. Reihe: Editionen, Heft 2). Prag: Taussig & Taussig.

MamStp – Wanda Żurowska-Górecka, Vladimír Kyas (1977 nn.), *Mamotrekty staropolskie*, t. 1-3 (Prace Instytutu Języka Polskiego 9). Wrocław: Ossolineum.

Mazurkiewicz (2007) – Roman Mazurkiewicz, *Kilkanaście dalszych uzupełnień do źródeł Rozmyślania przemyskiego*. In: Laskowski & Mazurkiewicz (2007): 198-201.

Miklas (2006) – Heinz Miklas et al. (Hrsgg.), *Berlinski Sbornik. Ein kirchenslavisches Denkmal mittelbulgarischer Redaktion des beginnenden 14. Jahrhunderts ergänzt aus weiteren handschriftlichen Quellen* (Österreichische Akademie der Wissenschaften. Philosophisch-historische Klasse. Schriften der Balkan-Kommission 47. Fontes, Nr. 3). Sofia: Кирило-Методиевски научен център – Wien: Verlag der Österreichischen Akademie der Wissenschaften.

Miklos. – Franz von Miklosich (1862-1865), *Lexicon Palaeoslovenico-Graeco-Latinum. Emendatum auctum*. Wien: Braumüller.

Moser (1998) – Michael Moser, *Die polnische, ukrainische und weißrussische Interferenzschicht im russischen Satzbau des 16. und 17. Jahrhunderts* (Schriften über Sprachen und Texte 3). Frankfurt am Main et al.: Lang.

Naumow (1994) – Aleksander Naumow, *„Rozmyślanie przemyskie" w kontekście apokryfów cerkiewnosłowiańskich*. «Teksty Drugie: teoria literatury, krytyka, interpretacja» 3 (27): 165-174.

NM – Auerbach (1976ff.).

Parad. – Die Übersetzungen der Paradoxa II und IV von M. Tullius Cicero als Teil des Tret'e poslanie Kurbskogo. In: Erusalimskij (2009), Bd. 2, 147v-151r.

Pat. KP – Дмитрий Иванович Абрамович (1911), *Патерик Киевского Печерского монастыря* (Памятники славяно-русской письменности 2). Санкт-Петербург: Александров.

RCJH – Biserka Grabar et al. (ur.), *Rječnik crkvenoslavenskoga jezika hrvatske redakcije*, I-II (sv. 1-20), Zagreb: Staroslavenski institut, 1991 –.

RCJM – Зденка Рибарова (гл. ред.), *Речник на црковнословенскиот јазик од македонска редакција*, т. I – II (св. 1 – 11). Скопје: Институт за македонски јазик "Крсте Мисирков", 2006 –.

RHSJ – Đuro Daničić et al. (ur.), *Rječnik hrvatskoga ili srpskoga jezika*, I-XXIII. Zagreb: Jugoslavenska akademija znanosti i umjetnosti, (1880-1976).
Rojszczak (2007) – Dorota Rojszczak, *Do spisu źródeł Rozmyślania przemyskiego.* In: Laskowski & Mazurkiewicz (2007): 276-284.
Rojszczak-Robińska (2012) – Dorota Rojszczak-Robińska, *Jak pisano Rozmyślanie przemyskie.* Poznań: Rys.
Rothe (2002) – Hans Rothe, *Zum Apostolos, Wilna 1525. Seine Erforschung und seine Quellen.* In: Rothe & Scholz (2002): 921-1048.
Rothe (2005) – Hans Rothe, *Vasil Tjapinskij; Theologischer Wortgebrauch, kirchenslavische und polnische Evangelienübersetzungen.* In: Halenčanka (2005): 200-219.
Rothe & Scholz (2002) – Hans Rothe, Friedrich Scholz (Hrsgg.), *Biblija ruska. Vyložena doktorom Franciskom Skorinoju. Prag 1517-1519. Kommentare. Apostol. Wilna 1525. Facsimile und Kommentar* (Biblia Slavica III, 1). Paderborn et al.: Schöningh.
Rozm. – Keller & Twardzik (1998ff.), Bd. 1f.
Rusek (1964) – Jerzy Rusek, *Deklinacja i użycie przypadków w triodzie Chłudowa. Studium nad rozwojem analityzmu w języku bułgarskim* (Polska Akademia Nauk-Oddział w Krakowie. Prace Komisji Słowianoznawstwa 5). Wrocław et al.: Ossolineum.
Šachmatov (1909) – Алексей Александрович Шахматов, *Несколько заметок об языке псковских памятков XIV—XV в. (По поводу книги „Николай Каринский. Язык Пскова и его области в XV веке". С-Пб. 1909. VII+207. 8°)*, «Журнал Министерства Народного Просвещения», новая серия 22 (июль): 105-177.
Shevelov (1979) – George Y. Shevelov, *A Historical Phonology of the Ukrainian Language* (Historical Phonology of the Slavic Languages 4). Heidelberg: Winter.
Silog. – Eismann (1972): 34-76.
SJS – Josef Kurz et al. (edd.), *Slovník jazyka staroslověnského*, I-IV; V, Addenda et corrigenda (53-56). Praha: Academia, nakladatelství Československé akademie věd-Euroslavica, 1966 –.
Skor. Ap. – Rothe & Scholz (2002): 233-919.
Slov. 11-14 – Рубен Иванович Аванесов и др. (ред.), *Словарь древнерусского языка (XI – XIV вв.)*, т. 1 – 10 –. Москва: Русский язык и др., 1988 –.
Slov. 11-17 – Степан Григорьевич Бархударов и др. (ред.), *Словарь русского языка XI – XVII вв.*, вып. 1 – 30 –. Москва: Наука, 1975 –.
SłStp – Stanisław Urbańczyk (red.), *Słownik staropolski*, t. 1-11. Warszawa et al.: Wydawnictwo Polskiej Akademii Nauk, 1953 nn.
Sobolevskij (2004-2006) – Алексей Иванович Соболевский, *Труды по истории русского языка*, предисловие и комментарь Вадима Борисовича Крысько, т. 1 – 2. Москва: Языки славянских культур.

SORJa 16-17 – Ольга Сергеевна Мжельская и др. (ред.), *Словарь обиходного русского языка Московской Руси XVI–XVII вв.*, т. 1 – 6 –. Санкт-Петербугр: Наука, 2004 –.
Sparw. – Johan Gabriel Sparwenfeld, *Lexicon Slavonicum*, Bd. 1-4, edited and commented by Ulla Birgegård (Acta bibliothecae r. universitatis Upsaliensis 24). Uppsala: Almqvist & Wiksell, 1987ff.
Srez. – Измаил Иванович Срезневский, *Материалы для словаря древнерусского языка*, т. 1 – 3. Санкт-Петерург: Типография Императорской Академии Наук, 1893 – 1912 [Репринтное издание. Москва: Знак 2003].
SS – Раля Михайловна Цейтлин и др. (ред.), *Старославянский словарь (По рукописям X–XI веков)*. Москва: Русский язык, 1994.
SStUM – Иван Михайлович Керницький та ін. (ред.), *Словник староукраїньскої мови XIV – XV ст.*, т. 1 – 2. Київ: Наукова думка, 1977 – 1978.
Stotz (2003) – Peter Stotz, *Normgebundenheit, Normen-Entfaltung und Spontaneität im mittelalterlichen Latein*. In: Michèle Goyens, Werner Verbeke (eds.), *The Dawn of the Written Vernacular in Western Europe* (Mediaevalia Lovaniensia, Series 1, Studia 33). Leuven: Leuven University Press, 39-51.
Stricker (1979) – Gerd Stricker, *Stilistische und verbalsyntaktische Untersuchungen zum moskovitischen Prunkstil des 16. Jahrhunderts. Die Erzählung über die Belagerung Pleskaus durch den polnischen König Stephan Báthory 1581/82 im Vergleich mit der Erzählung über die Eroberung Konstantinopels durch die Türken 1453* (Slavistische Beiträge 127). München: Sagner.
SUM 16-17 – Дмитро Григорович Гринчишин та ін. (ред.), *Словник української мови XVI – першої половини XVII ст.*, т. 1 – 15 –. Львів: Інститут українознавства ім. І. Крип'якевича, 1994 –.
ThlL – The British Academy et al. (Hrsgg.), *Thesaurus linguae Latinae*, Bd. 1-11. Leipzig et al.: Teubner et al., 1900ff.
Thomson (1988) – Francis J. Thomson, *Towards a Typology of Errors in Slavonic Translations*. In: Edward G. Farrugia et al. (eds.), *Christianity among the Slavs. The Heritage of Saints Cyril and Methodius. Acts of the International Congress Held on the Eleventh Centenary of the Death of St. Methodius. Rome, October 8. 11. 1985* (Orientalia Christiana analecta 231). Roma: Pontificio Istituto per gli Studi Orientali, 351-380.
Thomson (1991) – Francis J. Thomson, *John the Exarch's Theological Education and Proficiency in Greek as Revealed by His Abridged Translation of John of Damascus' 'De fide orthodoxa'*, «Palaeobulgarica» 15, 1: 35-58.
Tjap. – Halenčanka (2005): 9-132.
Tomelleri (2013a) – Vittorio Springfield Tomelleri, *Ancora sulla tradizione slavo-orientale dei Paradoxa Stoicorum di Cicerone. Il quarto paradosso*, «Russica Romana» 20: 33-57.

Tomelleri (2013b) – Vittorio Springfield Tomelleri, *Il paradosso dei Paradoxa Stoicorum di Cicerone nella presunta traduzione del principe Kurbskij*. In: Marcello Garzaniti et al. (a cura di), *Contributi italiani al XV Congresso Internazionale degli Slavisti (Minsk, 20-27 agosto 2013)* (Biblioteca di Studi slavistici 19). Firenze: Firenze University Press, 157-195.

Tomelleri (2013c) – Витторио Спрингфильд Томеллери, *О типологии ошибок в новгородских переводах с латыни*. In: Zapol'skaja (2013a), 153-185.

Tomelleri (2015) – Витторио Спрингфильд Томеллери, *Вокруг «Парадоксов» Цицерона в мнимом переводе А.М. Курбского. Проблемы и перспективы*. In: Варвара Андреевна Ромодановская и др. (отв. ред.), *Круги времен. В память Елены Константиновны Ромодановской*, т. 2. Москва: Индрик, 233-244.

Twardzik & Twardzik (1976) – Jadwiga Twardzik, Wacław Twardzik, *Laciński ablativus absolutus w polskich XV-wiecznych przekladach biblii*, «Studia z polskiej składni historycznej» 1: 41-69.

Vašica (1929) – Josef Vašica, *Druhá staroslověnská legenda o sv. Václavu. Úvod a text s českým a latinským překladem*. In: Josef Vajs (usp.), *Sborník staroslovanských literárních památek o sv. Václavu a sv. Lidmile*. Praha: Česká akademie věd a umění, 69-135.

Večerka (1989ff.) – Radoslav Večerka, *Altkirchenslavische (altbulgarische) Syntax*, Bd. 1-5 (Monumenta linguae Slavicae dialecti veteris. Fontes et dissertationes 27-34 [27,2]-36 [27,3]-46 [27,4]-47 [27,5]). Freiburg im Breisgau: Weiher.

Vok. web. – Oddělení vývoje jazyka Ústavu pro jazyk český AV ČR (ed.), *Vokabulář webový. Webové hnízdo pramenů k poznání historické češtiny* (Version: 1.0.0), <http://vokabular.ujc.cas.cz>, (abgerufen am 10.02.2016).

Vulg. – Robert Weber et al. (Hrsgg.), *Biblia sacra iuxta vulgatam versionem*, 4. Auflage. Stuttgart: Deutsche Bibelgesellschaft, 1994.

W – Mikrofiche-Aufnahme der Handschrift des NM der Herzog-August-Bibliothek, Wolfenbüttel, Cod. Guelf. 64.43 Extrav., letztes Viertel des 16. Jahrhunderts.

Weiher (1982) – Eckhard Weiher, Rezension zu: Auerbach (1976ff.), «Anzeiger für slavische Philologie» 13: 136-141.

Wiemer (2014) – Björn Wiemer, *Umbau des Partizipialsystems*. In: Kempgen et al. (2009-2014), Bd. 2, 1625-1652.

Worth (1978) – Dean S. Worth, *On "Diglossia" in Medieval Russia*, «Die Welt der Slaven» 23: 371-393.

Zapol'skaja (2013a) – Наталья Николаевна Запольская (отв. ред.), *Лингвистическая эпистемология: история и современность. XV Международный съезд славистов. Минск, Республика Беларусь, 20 – 27 августа 2013 г*. Минск: ПринтЛайн.

Zapol'skaja (2013b) – Наталья Николаевна Запольская, *Церковнославянский язык XVI – XVIII вв.: грамматика ошибок*. In: Zapol'skaja (2013b), 109-128.

Živov (1988) – Виктор Маркович Живов, *Роль русского церковнославянского в истории славянских литературных языков*. In: Клавдия Васильевна Горшкова, Георгий Александрович Хабургаев (ред.), *Актуальные проблемы славянского языкознания*. Москва: Издательство Московского университета, 49-98.